Erhard Fischer

Vorhaben und Unterrichtseinheiten

Lehren und Lernen im Förderschwerpunkt geistige Entwicklung

Erhard Fischer

Vorhaben und Unterrichtseinheiten

Lehren und Lernen im Förderschwerpunkt geistige Entwicklung

borgmann

BORGMANN MEDIA

borgmann publishing KG
Hohe Straße 39 • D-44139 Dortmund

4., verb. u. überarb. Aufl. 2005
Gesamtherstellung: Löer Druck GmbH, Dortmund

Fotos: Erhard Fischer

Bestell-Nr. 8402 ISBN 3-86145-284-7

Inhalt

1. Didaktische Grundfragen und -lagen im Kontext von geistiger Behinderung

Die Schule mit dem Förderschwerpunkt geistige Entwicklung (in Rheinland-Pfalz „Schule mit dem Förderschwerpunkt ganzheitliche Entwicklung", in einigen anderen Bundesländern weiterhin „Schule für Geistigbehinderte") unterscheidet sich in ihrem Auftrag und in ihren grundlegenden Zielstellungen nicht von denen anderer Sonderschultypen oder Schularten: Die dort zu unterrichtenden Kinder und Jugendlichen sollen so mit Kompetenzen sowie Wertvorstellungen ausgestattet werden, dass sie gegenwärtige und zukünftige Lebenssituationen mit möglichst wenig Hilfe „von außen" bewältigen und sich als handelnde und erlebende Menschen verwirklichen können.
Der Erwerb von für die Lebensbewältigung erforderlichen Fähigkeiten und Fertigkeiten vollzieht sich bei nicht behinderten Kindern in allen möglichen Lebensbereichen und -situationen überwiegend „automatisch" und in der Regel ohne besondere „didaktische" Hilfen: wenn sie Gegenstände taktil oder mit dem Mund erkunden, das erste Mal mit Löffel oder Gabel essen, der Mutter beim Kuchen backen helfen, mit Kettcar oder Fahrrad die nähere Umgebung erkunden, alleine mit den Freunden telefonieren, mit dem Bus alleine zur Oma fahren oder später die Attraktivität des anderen Geschlechtes entdecken. Wenn dagegen Schädigungen in Körperstrukturen und -funktionen vorliegen, sich als Folge davon in der Bewegungsfähigkeit, in der Wahrnehmung, in der Kognition, in der zwischenmenschlichen Verständigung oder im sozialen Verhalten funktionelle Einschränkungen einstellen und so die Teilnahme am gesellschaftlichen Leben mehr oder minder stark „behindert" wird, dann bedarf es besonderer didaktischer und methodischer Hilfen. Dann ist es Aufgabe der Lehrpersonen, möglichst unter Beteiligung der Schüler, entweder „natürliche" Lernsituationen wahrzunehmen, die sich zufällig und nicht geplant ergeben und als „Gelegenheitsunterricht" umgesetzt werden können (Thomas und Anne streiten heftig um eine Schokolade; Anna hat sich mit dem Messer geschnitten, wo ist das Heftpflaster?; Draußen hat es geschneit, wollen wir einen Schneemann bauen?) oder aber lernträchtige Situationen durch die Auswahl von erforderlichen Lehr- und Lernmaterialien zu organisieren. *Unterricht* umfasst dementsprechend nicht nur Lernsituationen im Klassenzimmer, sondern auch im Schulgebäude, auf dem Schulgelände und – häufig unter Aufsicht des pädagogischen Personals – auch außerhalb des Schulgeländes.

1.1 Kinder und Jugendliche mit geistiger Behinderung: anthropologische Überlegungen

Vor allen methodischen und inhaltlichen Überlegungen, wie und was gelernt bzw. gelehrt werden soll, steht immer und zunächst die Frage nach dem Menschenbild, nach dem Verständnis vom dem zu erziehenden Schüler mit geistiger Behinderung.
Bevor wir einen Schüler mit etwas stimulieren, Wahrnehmungsschwächen mit Montessori-Material oder Übungen zur sensorischen Integration nach Ayres abbauen oder erforderliche lebenspraktische Fertigkeiten bei der Körperhygiene aufbauen wollen, sollten wir uns darüber klar werden, wie wir diesen Schüler, auch in seinem Verhalten und seinen Entwicklungsmöglichkeiten, wahrnehmen. Sehen wir Daniel, der uns liebevoll anlächelt, den Kontakt zu anderen Schülern sucht, sich gestisch und mimisch verständigen möchte und eine halbe Stunde und länger zielstrebig und vertieft im Spiel eigene Handlungspläne verfolgt? Oder betrachten wir ihn eher als kranke, gestörte Person, sehen wir die „geistige und mehrfache Behinderung“ in ihm, die vorliegende körperliche cerebrale Schädigung und die funktionellen Beeinträchtigungen in der Motorik und Kognition, also was er alles, im Vergleich zu anderen, nicht behinderten Kindern noch nicht kann? Und folgt daraus, dass der Junge für uns zum „Fall“ wird, zum Objekt von Behandlung und Therapie und dass es im Unterricht dann zunächst und primär um den Abbau von Symptomen bzw. die Kompensation von Defiziten geht? Bewerten wir nicht angemessenes, nicht erwartetes Verhalten wie sozialen Rückzug oder selbst verletzendes Verhalten dann als „syndromzugehörig“ und als Ausdruck der Behinderung, oder fragen wir auch nach besonderen Lebensumständen, nach sinnkonstitutiven Momenten einer individuellen Entwicklung und Biografie?
Diesbezüglich ist in den vergangenen Jahren in der Sonder- bzw. Geistigbehindertenpädagogik ein Wechsel der Perspektiven zu beobachten: weg von einer Orientierung an vorliegenden Schädigungen und damit verbundenen Defizite bzw. Besonderheiten – und hin zur Persönlichkeit des einzelnen Kindes und Jugendliche, mit seinen Stärken und Schwächen, Vorlieben und Abneigungen. Diese Entwicklung unterliegt folgenden Erkenntnissen:

- **Selbstorganisation:** Kindern und Jugendliche, ob mit oder ohne Behinderungen, versuchen alle in ihrem Leben Sinn zu finden und bemühen sich „selbst“, als „Akteur ihrer Entwicklung“ bzw. als „Gestalter ihrer Wirklichkeit“ ihr Leben zu meistern. Dieser Sachverhalt kommt deutlich und gut zum Ausdruck im neuen rheinland-pfälzischen Lehrplan: „Menschen werden mit unterschiedlichen Voraussetzungen, Fähigkeiten und

Möglichkeiten in diese Welt geboren. Vom ersten Tag an begeben sie sich in Interaktion mit ihren Bezugspersonen, mit ihrer personalen und dinglichen Umwelt. Durch ihre eigene Aktivität im Wechselspiel mit den an sie herangetragenen Angeboten entwickeln sie sich und entfalten ihre Fähigkeiten. Schon der Säugling und das kleine Kind sind kompetente Akteure ihrer eigenen Entwicklung, keineswegs nur Objekte von Pflege, Versorgung und Erziehung. Wir sprechen von der Selbstorganisation alles Lebendigen und meinen damit, dass die eigentlichen Kräfte für die Entwicklung im jeweiligen Menschen selbst liegen. Er wird nicht von außen 'gemacht', sondern er ist 'Subjekt', die bestimmende Größe seiner Entwicklung." (Ministerium für Bildung, Frauen und Jugend 2001, 3).

- **Systemorientierung:** Nicht so sehr der einzelne Mensch „mit" (s)einer Behinderung steht im Mittelpunkt, sondern auch die Umwelt und die Mitmenschen, mit normativen Erwartungen und Zuschreibungen darüber, was behindert ist oder auch nicht, sowie die Art und Weise, wie diese in der sozialen Begegnung Kinder und Jugendliche in deren Entwicklung und Lernen „behindern" können. Ein Beispiel: Max hat Angst und zeigt große Schwierigkeiten, mit der Straßenbahn zu seiner Praktikumsstelle zu fahren – obwohl er in seiner Bewegung nicht eingeschränkt ist, Fahrpläne lesen und sich auch sprachlich verständigen kann. Seine Eltern wie auch die Schule haben diese Möglichkeit, mobil zu sein bzw. zu werden, bisher nicht unterstützt in der Annahme, diese sei für einen „Schüler mit geistiger Behinderung" einfach zu schwer zu erreichen.

- **Kompetenzorientierung:** Der Blick richtet sich nicht so sehr darauf, was der einzelne Schüler noch nicht kann, wo seine Defizite liegen, sondern vielmehr auf vorhandene Kompetenzen, die angeeignet wurden und auf subjektive Wirklichkeitsauffassungen und Sinnstrukturen. Diese werden, auch wenn sie manchmal sonderbar erscheinen und nicht immer „von außen" verstehbar sind, als Produkt der individuellen Auseinandersetzung mit der gegenständlichen und sozialen Wirklichkeit sowie im Rahmen einer eigenen Lebensgeschichte gewertet, die sich von der anderer Menschen völlig unterscheiden kann.
  Ein Beispiel: Marina schaukelt mit ihrem Oberkörper „stereotyp", d.h. in einer ritualisierten und vertrauten Art und Weise, hin und her, vor allem in Situationen, in denen sie von außen wenig personale Zuwendung erhält oder in denen gestellte Aufgaben sie überfordern. Die Kompetenz des Schaukelns dient ihr als Möglichkeit, angenehme Reize zuzuführen wie auch Spannungen abzubauen.

1.2 Ziele von Bildung und Unterricht: telelogische Überlegungen

Neben diesen anthropologischen Überlegungen stellen sich als weitere grundlegende Fragen, in welche Richtung Bildung und Erziehung verlaufen sollen, welche Ziele im Vordergrund stehen und welche gesellschaftlichen Leitideen diesen „handlungsleitend“ zugrunde liegen, immer in Kenntnis und unter Berücksichtigung möglicher Erschwernisse, die sich aus der besonderen Lebenssituation von Menschen mit unterschiedlichen Ausgangsschädigungen, eingeschränkten Kompetenzen und sozialen Benachteiligungen ergeben können.

In der Pädagogik (bei geistiger Behinderung) geht es nicht nur darum, wie Menschen (mit geistiger Behinderung) sind, sondern wie diese sein sollen bzw. können, und insofern auch um die Suche, Bestimmung und Begründung von angemessenen Zielen von Bildung und Erziehung.
Woraus lassen sich überhaupt Ziele ableiten?

- Aus der Behinderung, also aus Art, Schwere und Umfang der jeweils vorliegenden, das Leben und Lernen erschwerenden Schädigungen und/oder den behindernden sozialen Lebensbedingungen?
- Aus Wünschen und Erwartungen von Eltern und anderer Bezugspersonen?
- Aus gesellschaftlichen Erwartungen nach einer möglichst hohen „Funktionsfähigkeit“ des Menschen mit Behinderung?
- Aus den altersbezogenen und persönlichen Bedürfnissen des einzelnen Schülers nach Selbstentfaltung und Daseinsgestaltung?
- Aus der Gegenwarts- und Zukunftsbedeutsamkeit einzelner Bildungsinhalte für die Schüler?

Die Suche nach und Bestimmung von Zielen steht insofern in einem Spannungsverhältnis zwischen dem personalen Recht und Interesse nach Selbstverwirklichung auf der einen und gesellschaftlichen Wert- und Normvorstellungen und Erwartungen auf der anderen Seite. Ausgehend von den anthropologischen Vorüberlegungen oben gilt es dann zu fragen, was der Mensch mit geistiger Behinderung an Werten, Einstellungen und Kompetenzen benötigt, um in der Gegenwart wie auch in der Zukunft möglichst selbständig, als „Akteur seiner Entwicklung“ sein Leben gestalten zu können, die Welt „an sich“ zu einer Welt „für sich“ zu machen und im Leben subjektiv Sinn zu finden.

Speck (1999, 181ff) nennt als Richtziel „personal-soziale Integration“. Der Begriff „Integration“ bezieht sich hier darauf, dass Erziehung nicht bzw.

weniger auf die Bildung einzelner Fähigkeiten und Fertigkeiten ausgerichtet sein darf, sondern dass diese vielmehr sinnvoll miteinander verbunden, in Zusammenhang gebracht, in das physische und psychische System der Persönlichkeit eingebunden werden müssen.
„Personal" bezieht sich dabei eher auf Kompetenzen, die es dem Menschen ermöglichen, sich selbst zu verwirklichen, ein „Selbst" und eine Identität zu entwickeln, die Umwelt in ihrer Bedeutungsvielfalt und für sich Sinn und Wirklichkeit zu erschließen. Dabei gilt es zu berücksichtigen, dass diese Aufgaben bei vielen Kindern und Jugendlichen aufgrund von Schädigungen von Körperfunktionen und -strukturen und damit verbundener eingeschränkter Entwicklungs- und Lernmöglichkeiten erschwert sein können und es demzufolge besonderer pädagogischer Hilfen bedarf.
„Soziale" Integration als Ergänzung zur „personalen" ergibt sich aus der Eingebundenheit des Menschen in eine Umwelt, die nicht nur aus „Sachen", sondern auch aus anderen Menschen besteht und aus dem Erfordernis, sich mit diesen über Sprache oder andere Kommunikationsmittel zu verständigen. Gemeint ist aber auch die Notwendigkeit, Barrieren in der Umwelt abzubauen und eine soziale Vereinsamung (Isolation) zu verhindern, denn „geistige Behinderung" ist keineswegs nur ein Problem des einzelnen Individuums, sondern immer auch eine soziale Erscheinung, im Hinblick auf mehr oder weniger gelungene frühkindliche soziale Interaktionen oder auf verfügbare gesellschaftliche Bildungsmöglichkeiten.

Das Spannungsverhältnis von personalen und sozialen Momenten wurde für den schulischen Sektor auch in den „Empfehlungen" der Kultusministerkonferenz von 1980 angesprochen, wenn von „Selbstverwirklichung in sozialer Integration" die Rede ist. Dabei wurden die folgenden „Lebensbereiche" unterschieden:

- Erfahren der eigenen Person und Aufbau eines Lebenszutrauens,
- Selbstversorgen und Beitragen zur eigenen Existenzsicherung
- Zurechtfinden und angemessenes Erleben in der Umwelt,
- Orientieren in sozialen Bezügen und Mitwirken bei ihrer Gestaltung und
- Erkennen und Gestalten der Sachumwelt (7).

Es gibt nun unterschiedliche Möglichkeiten, das „Richtziel" personale und soziale Integration bzw. Selbstverwirklichung in sozialer Integration näher zu umschreiben bzw. zu untergliedern. Eine Möglichkeit besteht in der Auflistung von sog. Handlungskompetenzen, die wiederum untergliedert werden können im Hinblick auf notwendige Fähigkeiten und Fertigkeiten in einzelne Funktionsbereiche wie

- Wahrnehmung und Motorik,
- Kognition,
- Kommunikation und Sprache,
- soziales und emotionales Verhalten
  oder auch in Lebens- und Lernfelder wie
- persönliche Pflege,
- musisch-ästhetische Erziehung,
- Kulturtechniken oder
- Arbeit und Berufsvorbereitung.

Was nun an Erziehungszielen in einzelnen Bildungs- und Erziehungssituationen in den Vordergrund tritt, ist nicht so sehr abhängig von Art, Schwere und Umfang der Behinderung selbst, als vom Alter der jeweiligen Personen und den jeweiligen individuellen Entwicklungsvoraussetzungen und erzieherischen Erfordernissen insgesamt.

Vor allem die erzieherische Gesamtsituation ist handlungsleitend für die Suche und Bestimmung von Erziehungszielen, im Rahmen einer Konzentration auf das einzelne Kind mit seinen persönlichen Vorerfahrungen, Handlungskompetenzen und Wirklichkeitskonstrukten. Was „das Kind braucht, welche Möglichkeiten erschlossen werden könnten, welcher Hilfe es bedürftig ist, um sein Leben zu meistern und in ihm Sinn finden zu können“ (Speck 1988, 235) ist ausschlaggebend, „nicht einseitig das, was ihm mangelt“ (ebd. 1998, 272). Geistige Behinderung bezieht sich nach Speck (1999) dann auf eine spezielle pädagogische Aufgabe, Kinder und Jugendliche mit einer geistigen Behinderung „gelten dann pädagogisch als Kinder mit speziellen Erziehungsbedürfnissen“ (Speck 1999, 60). Näher präzisiert wird der Förderbedarf in den KMK-Empfehlungen von 1994, wenn Schüler mit geistiger Behinderung im Kapitel „Sonderpädagogische Förderschwerpunkte“ unter dem Aspekt „Förderschwerpunkte im Bereich der geistigen Entwicklung“ beschrieben werden. Eine Förderung soll dabei eine „alle Entwicklungsbereiche umfassende Erziehung und Unterrichtung mit lebenspraktischem Bezug“ (1994, 11) beinhalten. In den ergänzenden „Empfehlungen zum Förderschwerpunkt geistige Entwicklung“ aus dem Jahre 1998 werden diese Aussagen weiter präzisiert.

Insofern können in der alltäglichen Unterrichtspraxis ganz unterschiedliche Ziele im Vordergrund stehen: der Aufbau von Blickkontakt oder die Fähigkeit, andere Menschen nachzuahmen bei einem Kind mit autistischem Verhalten, sicheres Greifen oder Loslassen bei einem schwer cerebral geschädigten Kind mit eingeschränkten motorischen Möglichkeiten, die Fähigkeit, auch einmal „nein“ zu sagen und sich zu wehren bei einer eher ängstlichen Schüler mit Trisomie 21, Kompetenzen der räumlichen Orientierung und Mobilität bei einem jungen Mann, der (s)eine Arbeitsstelle auf dem freien Arbeitsmarkt mit öffentlichen Verkehrsmitteln aufsuchen möchte oder die Fähigkeit, zu wählen und selbst zu bestimmen, ob „freie Zeit“ nach der Arbeit in der Werkstatt lieber in der wohnheimeigenen Bastelgruppe oder in der Kneipe des Wohnortes oder Stadtteils verbracht wird.

1.3 Lernformen und Unterrichtsprinzipien: methodische Überlegungen

Wenn bzw. sofern Konsens über Ziele von Bildung und Erziehung bei (einzelnen) Schülern besteht, stellt sich die Frage nach den Wegen und Mitteln, „wie“ diese – nach Möglichkeit rasch und umfassend – erreicht werden können.

1.3.1 Grundlagen und -fragen

Der Terminus „Methode“ lässt sich ableiten aus „methodos“ (griech.= einen Weg entlang gehen) und umfasst in der Regel ein planmäßiges, zielorientiertes und strukturiert ablaufendes Verfahren einschließlich der erforderlichen Schritte und Formen des „Bildens“ und „Lehrens“ durch einen Erzieher auf der einen und Auseinandersetzung bzw. Aneignung von Bildungsgütern durch einen Lernenden auf der anderen Seite.

Hinsichtlich der Möglichkeiten, einem Schüler eine Fähigkeit oder Fertigkeit zu vermitteln, eröffnen sich immer vielfältige Zugangswege und Verfahren. In der Didaktik können grob zwei unterschiedliche Richtungen unterschieden werden: die eine, hier als „deduktiv“ umschrieben, geht von einer wissenschaftlich überprüften Norm von richtig oder falsch, angemessen oder nicht bzw. weniger angemessen aus und versucht in einer Elementarisierung der erforderlichen Teilhandlungen bzw. -kompetenzen diese Schritt für Schritt zu lehren bzw. aufzubauen und später als Gesamthandlung dann zusammen fügen zu lassen. Der Lehrer ist dabei sehr aktiv, lehrt bzw. instruiert – der Schüler lernt, bleibt in seiner Eigeninitiative aber eher passiv. Ein Beispiel: um lesen zu lernen, wird zunächst in langwierigen Übungen gelehrt bzw. gelernt, Laute auditiv zu diskriminieren und die entsprechenden „grafischen“ Buchstaben visuell zu erfassen, zu unterscheiden und den Lauten zuzuordnen. Daraus lassen sich dann später erste Worte zusammensetzen bzw. erlesen.

Methode	**deduktiv:** ausgehend bzw. in Ableitung von wissenschaftlich überprüften Theorien	**induktiv:** ausgehend von individuellen Handlungsmöglichkeiten und Wirklichkeitsauffassungen
Kriterien	normgeleitet geschlossen elementarisiert/strukturiert (Teilmethode) analytisch	normsuchend offen ganzheitlich (Ganzheitsmethode) synthetisch
Zielhandlung	bekannt und vorgegeben wird „später“ aus geübten Teilhandlungen zusammengesetzt	offen bzw. unbekannt falls vorgegeben bzw. vereinbart, wird sie von vornherein ermöglicht (und vom Schüler dann erfahrungsabhängig und subjektiv ausgebildet und erweitert)
Rolle des Schülers	re-aktiv	eigen- und selbstaktiv erprobend – Suche nach eigener bzw. „bester“ Lösung
Rolle des Lehrers	zeigt – macht vor weist an – instruiert korrigiert	beobachtet hilft und assistiert korrigiert
Pädagogische Strömungen	Frontalunterricht	Arbeitsschulbewegung offener Unterricht konstruktivistisch orientierte Didaktik u.a.

Abbildung 1: Methodische Vorgehensweisen im Vergleich

Ein anderes Vorgehen geht eher von den kindlichen Vorerfahrungen und Interessen aus, von dem, was diese bereits in Ansätzen können und wissen. Eher offen und erprobend werden ganzheitlich, möglichst viele Lern- und Lebensbereiche einbeziehend, die gewünschten Kompetenzen auf- bzw. ausgebaut, wobei Ziel und Weg der Erreichung desselben eher offen sind. Der Schüler ist eigenaktiv, bringt sich mit seinen Vorerfahrungen und Interessen ein – die Lehrpersonen halten sich eher zurück, helfen, wenn Hilfe gefordert wird, begleiten den Lernprozess der Schüler. Zum Beispiel Lesen: ausgegangen wird hier von Möglichkeiten des kindlichen Lesens in einem erweiterten Verständnis, als Deuten und Verstehen auch von Situationen, Bildern oder Piktorgrammen. Darauf aufbauend erhalten die Schüler über „Schreiben“ bzw. über solche Abbildungen bereits früh die Möglichkeit, sich zu verständigen, mitzuteilen. Es kommt zu einem ganzheitlichen, interessegeleiteten Tun, wie es z.B. in dem Konzept „Lesen durch Schreiben“ von Jürgen Reichen versucht wird.

1.3.2 Entwicklungen in der Geistigbehindertenpädagogik

Die Didaktik der „Schule für Geistigbehinderte“ verlief von Beginn an relativ eigenständig, gekennzeichnet

- durch die Hinwendung zu einem fächerübergreifenden Gesamt-Unterricht und
- durch eine starke Gewichtung des lebenspraktischen Bereichs wie auch musischer und gestalterzieherischer Inhalte (vgl. Mühl 1984, 102).

Methodisch dominierte anfangs eher ein entwicklungsbezogenes Lernen (vgl. Speck 1999, 245ff), ein an Funktionen wie Wahrnehmung, Motorik, Kognition und Sprache ausgerichteter und an Normwerten der kindlichen Entwicklung und lerntheoretischen Grundlagen orientierter Ansatz, der in der Praxis zu einem systematischen, oft operationalisierten und nach „Kochbuchmanier“ ablaufendem Lernen in kleinsten Schritten führte (Kane/Kane 1978; Richter 1980). Vor allem für eine basale Förderung von Schülern mit schweren und umfänglichen Behinderungen wurden Gründe herangeführt, die ein solches Vorgehen plausibel erscheinen lassen.
Bedenken wurden aber bald laut hinsichtlich der Gefahr

- einer funktionellen Zersplitterung und
- eines isolierten, ganzheitliche Sach- und Lebensbezüge vernachlässigenden Vorgehens, das an den Bedürfnissen vieler Schüler vorbei geht und kaum Raum für eigene Entscheidungsprozesse und für eine Verwirklichung der eigenen Persönlichkeit zulässt.

Somit war der Weg vorgezeichnet zu einem mehr „handlungsbezogenen“ Unterricht, der auf die Vermittlung von Handlungskompetenzen ausgerichtet ist, ein relativ offenes Agieren in realen Lebenssituationen ermöglicht, den einzelnen Schüler mit seinen subjektiven Vorerfahrungen ernst nimmt und sich in der Praxis als ein Lernen in Sinn- und Sachganzen wie auch in sozialen Bezügen vollzieht (Mühl 1983).

1.3.3 Handlungsbezug

Piaget hat deutlich heraus gearbeitet, dass sich die kindliche Entwicklung nicht als Reiz-Reaktions-Lernen oder bloßer passiver Reifungsvorgang, sondern als aktiver Tätigkeits- und Aneignungsprozess vollzieht. Dieser Aneignungsprozess zielt auf ein bewegliches Gleichgewicht zwischen Assimilation und Akkomodation, wobei unter Assimilation die Einverleibung eines Objektes in ein Verhaltensschema zu verstehen ist (was einer Aneignung der Bedeutung dieses Objektes gleichkommt), unter Akkomodation die Anpassung des Verhaltens an die Eigenart des Gegenstandes oder der Situation.

Eine grundlegende Bedingung für die Aktivierung und das Gelingen solcher Abläufe stellt neben der Tätigkeit der Sinnesorgane die Funktionstüchtigkeit der Grob- und Feinmotorik und damit verbunden das Verfügen über Handlungsmöglichkeiten dar. Ohne diese könnten Entwicklung und Erkenntnis nicht voranschreiten. Jede anpassungsfähige Bewegung stellt „notwendigerweise eine sensorisch-motorische bzw. eine sensumotorische Einheit dar. Erst in der Zuordnung zu einem oder mehreren Sinnesorganen kommt der Bewegung die Möglichkeit der Anpassung zu, und die Tätigkeit eines Sinnesorgans erlangt erst in der Zuordnung zu einer Bewegungseinheit Bedeutung. Die Sinnestätigkeit ist ohne Bezug zur Aktivität des Organismus bedeutungslos..."(Jetter 1985, 46). Wenn also die eingeschränkte Eigenaktivität eines körperbehinderten Säuglings bzw. Kleinkindes den handelnden Umgang mit seiner dinglichen und sozialen Umwelt verhindert bzw. erschwert, kann auch keine angemessene Wahrnehmungskompetenz ausgebildet werden, d.h. die Umwelt kann nicht adäquat in ihren Bedeutungen erfasst und angeeignet werden (vgl. Fischer 1998).

Weitere Begründungen können hergeleitet werden aus der kulturhistorischen Schule bzw. Aneignungspsychologie (vgl. Leontjev; Galperin; Lompscher; Holzkamp; Rohr; Mann u.a.). Holzkamp (1976) charakterisiert die Entwicklung der Wahrnehmung als Prozess der individuellen Aneignung von Gegenstandsbedeutungen. Dabei bezieht er sich auf Leontjev (1977), der die geistige und psychische Entwicklung des Menschen als Produkt eines besonderen Prozesses der „Aneignung" sieht. „Die tatsächliche Umwelt, die das menschliche Leben am meisten bestimmt, ist eine Welt, die durch die menschliche Tätigkeit umgewandelt wurde. Als eine Welt gesellschaftlicher Gegenstände, die die im Laufe der gesellschaftlich-historischen Praxis gebildeten menschlichen Fähigkeiten verkörpern, wird sie dem Individuum nicht unmittelbar gegeben; mit diesen Eigenschaften offenbart sie sich jedem einzelnen Menschen als Aufgabe. Selbst die einfachsten Werkzeuge und Gegenstände des täglichen Bedarfs, denen das Kind begegnet, müssen von ihm in ihrer spezifischen Qualität erschlossen werden. Mit anderen Worten: Das Kind muß an diesen Dingen eine praktische und kognitive Tätigkeit vollziehen, die der in ihnen verkörperten menschlichen Tätigkeit adäquat (obwohl natürlich mit ihr nicht identisch) ist. In welchem Maße das gelingt und wie weit sich dem Kinde dabei die Bedeutung des gegebenen Gegenstandes oder der gegebenen Erscheinung erschließt, ist ein anderes Problem; es muß jedoch stets diese Tätigkeit vollziehen" (Leontjev 1977, 281). Somit besteht für Holzkamp (1976) eine enge Beziehung zwischen der Ausbildung motorischer Tätigkeiten und bedeutungsbezogener Wahrnehmungsart beim Kind: „In dem Maße, wie das Kind lernt, die Form seiner motorischen Tätigkeit der 'objektiven

Logik' des Gegenstandes anzumessen, dessen objektiven Gebrauchswertbestimmungen in der Tätigkeit adäquat Rechnung zu tragen, erfaßt es auch in der Wahrnehmung die gegenständliche Bedeutungshaftigkeit des Gegenstandes als orientierungsrelevanten Aspekt der jeweiligen Besonderheiten der Gebrauchswert-Vergegenständlichungen. Umgekehrt befördert ein wachsender Grad der Adäquanz der wahrnehmenden Erfassung gegenständlicher Bedeutungsmomente auch die Annäherung der motorischen Tätigkeit an das 'gegenständliche Niveau' der sachlogischen Adäquanz der Tätigkeitsvollzüge" (1976, 191).
Weitere Begründungen für den Handlungsbezug finden sich bei Rohr (1983), Feuser (1995), Ziemen (2003), mit Ausrichtung auf den Förderbedarf bei Kindern und Jugendlichen mit geistiger Behinderung vor allem bei Pitsch (2002; 2003a; 2003b).

In der Didaktik und Methodik der Arbeit in vorschulischen Einrichtungen wie auch in Regel- und vor allem in Sonderschulen nimmt ein auf kindliches Handeln ausgerichtetes Lehren und Lernen seit Jahren einen gewichtigen Stellenwert ein, unter unterschiedlichen Bezeichnungen wie erfahrungsoffener, schüler- oder kindzentrierter Unterricht, entdeckendes Lernen, handelndes Lernen, handlungsbezogener, am Projekt orientierter Unterricht oder Freiarbeit (vgl. Garlichs/Groddeck 1978; Rohr 1983; Bastian 1993; Heimlich 1994; Schulte-Peschel/Tödter 1996; Gudjons 1997). Handlungsorientierter Unterricht dient heute als Sammelname für recht unterschiedliche methodische Praktiken, mit dem gemeinsamen Kern einer eigentätigen, viele Sinne umfassenden Auseinandersetzung mit einem Lerngegenstand. Handeln muss dabei aber mehr sein als „Aktion", mehr beinhalten als bloßes Reagieren auf etwas, sondern vielmehr ausgerichtet sein auf eine eigentätige, interessegeleitete Auseinandersetzung mit persönlich bzw. existentiell bedeutsamen Fragen bzw. Wirklichkeitsausschnitten. Ziel ist der Aufbau von Handlungskompetenzen, das umfassende Verstehen von Welt und Wirklichkeit und das Bewältigen von Alltagsproblemen.

Vor allem Mühl (1983; 1993; 1997; 2004) hat den handlungsbezogenen Unterricht als die grundlegende Lehrstrukturform für Kinder und Jugendliche mit geistiger Behinderung bzw. für die Schule für Geistigbehinderte (heute Förderschwerpunkt geistige Entwicklung) begründet und publik gemacht. Handeln wird hier als „motiviertes, zielgerichtetes, geplantes, regelgeleitetes, kontrolliertes, bewusstes Verhalten" definiert (1993, 410), umfasst kognitive, affektive und psychomotorische Anteile, vor allem Wahrnehmen, Denken, Vorstellen, Speichern, Erinnern, Gefühle u.a.

Auch wenn dieses Konzept für Schülerinnen und Schüler mit Beeinträchtigungen der geistigen Entwicklung nichts grundlegend Neues darstellt, führen hier die Lernvoraussetzungen der Schüler und Schülerinnen, die Zielvorgaben des Lehrplans und die Rahmenbedingungen der Schulorganisation als Ganztagsschule zu spezifischen Ausprägungen. Handlungsbezogener Unterricht bei dieser Schülergruppe lässt sich aus dem allgemeinen Ziel der Handlungsfähigkeit, aus Einschränkungen ihrer Handlungsfähigkeit und ihren vorherrschenden Lernmöglichkeiten begründen.

Um das Ziel der Handlungsfähigkeit in didaktische Entscheidungen umsetzen und in ihnen wiederfinden zu können, erscheint es notwendig, den Begriff des Handelns selbst näher zu untersuchen. Handeln kann als eine menschliche Verhaltensweise verstanden werden, bei der folgende **Strukturmerkmale bzw. Phasen** zu unterscheiden sind:

1. Ursprung und Anlass sind ein Motiv, das eher ichbezogen sein kann als Trieb, Wunsch, Interesse und Bedürfnis, oder eher gruppen- oder gesellschaftsbezogen als soziales Erfordernis in Form von sozialen Normen und Regeln.
2. Ein Entwurf der Verwirklichung des Motivs entsteht in der Planung. Dazu gehören:
   - die Setzung eines Handlungszieles,
   - die Wahrnehmung und Einschätzung der Situation, in der das Handlungsziel verwirklicht werden soll oder gegebenenfalls eine Korrektur des Handlungszieles im Hinblick auf die Gegebenheiten der Situation und das Auswählen und Bereitstellen von geeigneten Mitteln,
   - das Überdenken eines oder mehrerer möglicher Wege zur Zielerreichung unter Einbezug der ausgewählten Mittel sowie
   - das Bedenken möglicher Konsequenzen der Zielverwirklichung für sich selbst und andere.
3. Der Entwurf als die in der Vorstellung und im Denken planend vorweggenommene Handlungsrealisierung wird nun in die Wirklichkeit umgesetzt.
4. Schließlich muss der realisierte Entwurf im Hinblick auf die Zielerreichung kontrolliert werden: Ist das Ziel erreicht worden oder nicht? Wenn es nicht oder nur zum Teil erreicht worden ist, woran lag dies und was muss getan werden?

   Um etwaigen Missverständnissen oder Einwänden von vornherein entgegenzutreten, seien folgende Anmerkungen zum Verständnis dieser Definition angefügt:
   - Handlungen lassen sich dem Umfange nach in gleitenden Übergängen einteilen von sehr umfassenden Handlungen wie beispielsweise einem Hausbau bis hin zu Einzelhandlungen wie „Jemanden grü-

ßen“ oder „einen Apfel essen“. Ganz gleich, ob es sich nun um eine Globalhandlung oder um eine Einzelhandlung handelt, in beiden Fällen sind die oben dargestellten Strukturmerkmale anzutreffen.

- Die umfassenden Handlungen sind aus Einzelhandlungen, die auch als Teilhandlungen bezeichnet werden können, zusammengesetzt, bei denen sich jeweils die genannten Strukturmerkmale wiederfinden.
- Die aufgezeigten Strukturmerkmale des Handelns stellen eine idealtypische Charakterisierung dar, d.h., sie lassen sich in der Realität in dieser Zusammensetzung nicht immer nachweisen.

Für die Ausbildung dieser soeben skizzierten Handlungsfähigkeit ist eine Lehr- bzw. Lernorganisation unerlässlich, in der die Möglichkeit zur Selbsterfahrung im eigenen Handeln bereitgestellt wird. Darin ist die Hypothese enthalten, dass man Handeln dann am wirksamsten erlernt, wenn man in der Realität unter Aufsicht und Schutz eines Erziehers erprobt, selbst zu handeln. Dabei nimmt man an, dass Kinder, die in der Realität oder möglichst realitätsnah handeln, aus den dabei gewonnenen Handlungserfahrungen Regeln und Fähigkeiten für künftiges Handeln erwerben, und dies wirksamer als bei isoliertem Training einzelner Verhaltensdimensionen, deren Synthese zur Handlungsfähigkeit oft nicht mehr vermittelt wird. Anstatt Kinder also unter ungesicherten Annahmen über die wirklichen Lernvoraussetzungen und Lernabläufe in Lehrzielen, deren Bedeutsamkeit und Zusammenhänge unklar sind, zu trainieren, sollte man sie in möglichst realen Lebenssituationen handeln lassen, in denen sie die notwendigen Lernerfahrungen in ihrer künstlich beschränkten Komplexität selbst erwerben.
Der Ablauf handlungsbezogener Lernangebote lehnt sich eng an die Phasen oder Strukturelemente, die eine Handlung charakterisieren. Diese Phasen werden zur Artikulation des Lerngeschehens, das Lernen selbst wird dadurch als Handlung angelegt; von daher ergibt sich eine bestimmte Reihenfolge von Aktivitäten. Der Handlungszusammenhang wird durch ein Handlungsziel gewährleistet, das, richtet es sich an der schon erworbenen Handlungsfähigkeit der beteiligten Kinder aus, garantiert, dass das gemeinsame Tun für den Großteil der Schüler überschaubar bleibt. Handlungsbezogenes Lernen scheint in besonderer Weise dazu geeignet, selbständiges Handeln zu fördern, wenn es

- die Bedürfnisse, Interessen, Erfahrungen und Fragen der Kinder und Jugendlichen berücksichtigt,
- diese an der Formulierung von Handlungszielen beteiligt, ihnen nicht nur Aufträge erteilt, sondern sie Aufgabenstellungen und -lösungen finden lässt,

- sie an der Planung und Realisierung nach Maßgabe ihrer Möglichkeiten beteiligt und
- sie in der Partner- und Gruppenarbeit Aufgaben eigenständig erfüllen lässt und ihnen nicht jede Aufgabe in „Häppchen" zerlegt.

1.3.4 Vorhaben und Unterrichtseinheiten

Die Umsetzung eines handlungsbezogenen Unterrichts realisiert sich vor allem in Projekten bzw. in einem an Projekten ausgerichteten Unterricht in möglichst realitätsnahen Situationen, die Handlungen zum Ziel haben.
Der Begriff „Projekt" lässt sich herleiten aus „proiectum" (lat.= nach vorn Geworfenes) und meint einen Plan, ein Vorhaben, eine Absicht bzw. einen Entwurf. Hinter dem im pädagogischen Umfeld benutzten Begriff „Projekt" verbergen sich heute sehr viele – teilweise stark unterschiedliche – Bedeutungen, in Orientierung an unterschiedliche reformpädagogische Ansätze wie einem „Lernen mit Kopf, Herz und Hand" bei Pestalozzi, einer sozialreformerische Projekttheorie bei Dewey und Kilpatrick oder einer Arbeitsschulbewegung bei Kerschensteiner.
Von „Projektunterricht" kann dann gesprochen werden, wenn die Schüler sich überwiegend bzw. in einem hohen Ausmaß selbstbestimmt für eine Aufgabe bzw. ein Ziel entscheiden und dieses dann gemeinsam als Gruppe bzw. in Kooperation miteinander aufgeteilt in Arbeitsgruppen angehen und in einem fächerübergreifenden Handeln in einer natürlichen Umgebung zu bewältigen versuchen. Im Unterschied zu dem lange Zeit dominierenden Ansatz des Gesamtunterrichts, in dem fachliche Inhalte eher unter äußerlichen Gesichtspunkten aneinandergeklebt wurden („Klebekonzentration"; Mühl 1983, 46ff) und nicht selten jahreszeitliche Themen dominierten, sind hier die einzelnen Unterrichtsschritte und -ziele dem Handlungsziel eines Vorhabens untergeordnet (Wir verschönern unser Klassenzimmer; wir bauen eine Blockhütte; wir richten für die Schüler ein Café ein ...).

Da aber die für den Projektunterricht geforderten Qualifikationen selbständigen Lernens nicht in gleichem Maße von allen Schülern im Förderschwerpunkt geistige Entwicklung gefordert werden können, kam es in der Geistigbehindertenpädagogik zu einer Art „Abschwächung" der Projektidee bzw. zu einer Reduzierung der geforderten Elemente bzw. Kriterien (vgl. Abb. 2). Mühl (1984, 108) spricht dann von projektorientiertem Unterricht anstatt von Projektunterricht.

In diesem Sinne kann auch der in dieser Veröffentlichung gewählte Begriffe des Vorhabens verstanden werden, der keineswegs neu ist. Er wird bereits bei Haase, Kretschmann oder Reichwein verwendet, wenn aus dem Leben gesuchte Ernstsituation aufgegriffen werden und sich in einem vorweisbaren „Werk" materialisieren (vgl. Bastian u.a. 1997; Jung 2002).

Elemente	Projekt im engeren Sinn (optimale Form)	Reduktion: projekt-orientiert	kein Projektunterricht
Vorhaben/Thema	Schüler bestimmen Thema und Inhalte	Schüler werden beteiligt	Lehrpersonen legen das Thema allein fest
Arbeitsziele	Schüler formulieren Teilvorhaben und Ziele	werden von Schüler und Lehrer gemeinsam festgelegt	werden von den Lehrpersonen gesetzt
Methoden	freie Lernwegwahl	Auswahl aus angebotenen Lernmöglichkeiten	Lehrpersonen schreiben Lernweg vor
Sozialformen	Schüler entscheiden, ob sie alleine, mit einem Partner oder in der Gruppe arbeiten	gelenkte Gruppenarbeit	keine Gruppenarbeit
Materialien	Schüler beschaffen erforderliche Materialien	Schüler helfen bei Beschaffung und wählen aus	Material ist vollständig vorgegeben und liegt bereit; Auswahl nicht möglich
Schülerrolle	Schüler arbeiten selbständig und selbsttätig; großer Entscheidungsspielraum	teilweise oder phasenhaft selbständig	ist passiv; gelenkt durch Planung und Steuerung des Lehrers
Lehrerrolle	zurücktretend; Helferrolle	strukturiert; vermittelt und hilft	dominant und steuernd

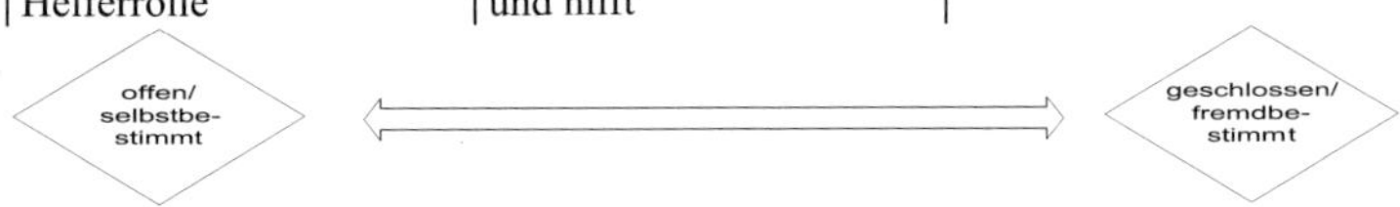

Abbildung 2: Reduktionsformen von Projektunterricht

Darüber hinaus gibt es Themenschwerpunkte, die sich nicht oder nur bedingt als projektorientiert bzw. als Vorhaben durchführen lassen, die vielmehr eher ein lehrgangartiges und strukturiertes Vorgehen erfordern und die weniger handlungsbezogen und eher über Abbildungen und Sprache erschlossen werden müssen (Sexualerziehung; Zeitliche Orientierung; Die Wunder Jesu im Rahmen des Religionsunterrichts).
Bei solchen Planungen wird hier von **Unterrichtseinheiten** gesprochen. Laut Duden (1999) ist damit gemeint eine

„1. Zeiteinheit, die für die Behandlung, Vermittlung eines bestimmten Lehrstoffs o. Ä. vorgesehen ist.

2. ein bestimmtes, übergreifendes Thema umfassende Folge von Unterrichtsstunden ...“.

1.3.5 Übergreifende Unterrichtsprinzipien

Damit die in diesem Band zusammen getragenen Vorhaben und Unterrichtseinheiten nicht allzu rigide und unkritisch für die eigene Praxis übernommen werden und damit die oben angesprochene handlungsbezogene Ausrichtung bzw. Zuschneidung auf die Interessen, Vorerfahrungen und den Förderbedarf der jeweils zu unterrichtenden Schüler in der eigenen Klasse gelingt, erscheint es sinnvoll zu überlegen, ob es übergreifende Prinzipien gibt, die das methodische Vorgehen leiten können. Folgende sind – im Kontext der Lern- und Lebenssituation von Kindern und Jugendlichen mit einem besonderen Förderschwerpunkt in der geistigen bzw. ganzheitlichen Entwicklung – beachtenswert:

Schüler- bzw. Subjektorientierung:

Eine Schule bzw. der dort praktizierte Unterricht kann vor allem dann als „human" angesehen werden, wenn der einzelne Schüler mit seinen individuellen Stärken, Eigenheiten und Schwächen sowie mit seinen besonderen Interessen und Lernbedürfnissen im Vordergrund steht. Die Pädagogik spricht diesbezüglich von „schülerzentriertem Unterricht".

Eine Orientierung am Subjekt geht noch weiter – und beinhaltet ein anthropologisches Verständnis darüber, dass Kinder immer bereits über eigene Zugänge zur Welt, persönliche Konstruktionen von Wirklichkeit verfügen. Zum anderen folgt daraus pädagogisch der Versuch, darauf im Unterricht Rücksicht zu nehmen, ihr Handeln, die Art und Weise ihrer Auseinandersetzung mit Dingen und Personen stets im Sinne eines subjekthaft-aktiven Weltbezuges bzw. Weltzugriffs im Rahmen vorliegender Lebensbedingungen zu verstehen. Dies bedeutet, den Standpunkt des Subjekts einzunehmen, eine besondere „Ansicht" von Welt, eben von der Perspektive des anderen aus. „Darin ist – da ja hier der Standpunkt als der des Subjekts akzentuiert wird – mitgesagt, daß diese Perspektive intentionalen Charakter hat, d.h. daß sich damit das Subjekt mit seinen Absichten, Plänen, Vorsätzen bewußt auf die Welt und sich selbst bezieht. So gesehen kann man das Subjekt als eine Art von Intentionalitätszentrum kennzeichnen, das von seinem Standpunkt aus auch andere Menschen als Intentionalitätszentren mit deren jeweils standpunktabhängiger Perspektive/Intentionalität erfährt: Die darin liegende reziproke Perspektivenverschränkung ist die allgemeinste Bestimmung der Intersubjektivität als Kennzeichen zwischenmenschlicher Beziehungen" (Holzkamp 1995, 21).

Aus einer konstruktivistischen Orientierung folgt daraus, Schüler als „eigen-sinnige" und selbstverantwortliche Konstrukteure ihrer Lebens- und Lerngeschichten, Lehrer vor allem als Lernbegleiter, Lehren und Unterrichten als Kontextsteuerung und individuelle Lernbegleitung in gemeinsam gestalteten Lebenssituationen zu begreifen (vgl. Voß 2002a, 35).

Ausgangspunkte für Lernvorhaben, Themen und Unterrichtsaktivitäten stellen dann weniger die Lehrplanvorgaben oder die persönlichen längerfristigen Vorausplanungen des Lehrers dar, sondern vielmehr die Person des Schülers mit ihren lebensgeschichtlich bedeutsamen Vorerfahrungen. Daraus ergibt sich die Notwendigkeit, auch individuelle Arbeitspläne zu erstellen, da Schüler sehr unterschiedliche Lern- und Lebenserfahrungen in den Unterricht einbringen. Dem Lehrer kommt im Unterrichtsprozess dann die Rolle des Arrangeurs von Lernsituationen und des Helfers und Begleiters von kindlichen Lernprozessen zu.

Im Mittelpunkt von Bildungs- und Erziehungsprozessen steht immer das einzelne Kind bzw. der einzelne Jugendliche, mit seinen individuellen Stärken, Eigenheiten und Schwächen, aktuellen Bedürfnissen, den lebensgeschichtlich bedeutsamen, auf eine Sache bzw. Gegenstandsbereich bezogenen Vorerfahrungen. Es geht dann um folgende grundlegende Fragen:

- Wie können Bildungsangebote vom einzelnen Schüler „sinngebend“ verarbeitet werden?
- Wie lassen sich Beziehungen zur gegenständlichen und sozialen Wirklichkeit stiften?
- Wie kann „Wahrgenommenes“ in aktuelle Erfahrungsbestände eingeordnet werden, die Welt „an sich“ zur Welt „für mich“ werden?

Emotionale und soziale Grundlegung:
Vor allem hospitalisierte und verhaltensschwierige Kinder und Jugendliche benötigen (zunächst) den Kontakt zu verlässlichen Mitmenschen und sind angewiesen auf personale Beziehungen. Sie benötigen das Vertrauen, dass „da draußen“ verlässliche Personen zur Stelle sind, wenn es ihnen schlecht geht, sie Schmerzen haben, einsam sind oder Angst haben. Dies gereicht ihnen als Ausgangsbasis für emotionales Wohlbefinden und eine Kontaktaufnahme zur gegenständlichen und sozialen Umwelt.

Diagnostik und Verstehen:
Wenn Bildungs- und Erziehungsangebote Erfolg haben sollten, ist es zunächst erforderlich, den zu erziehenden Menschen zu kennen: seine Interessen, die Handlungsmöglichkeiten, über die er verfügt, sein Verständnis von Welt und Wirklichkeit.

Darüber hinaus aber ist auch zu ergründen bzw. zu verstehen, warum er dies oder jenes kann oder nicht kann, mag oder nicht mag, warum er in manchen Situationen ein eigensinniges und sonderbares Verhalten äußert, das Außenstehende immer wieder herausfordert und oft ratlos erscheinen lässt (vgl. Fischer 2004a).

Handlungs- und Situationsbezug:
Anstatt konkrete Handlungen auszuführen und sinnliche Wahrnehmungen und individuell bedeutsame Lebenserfahrungen durch eine Begegnung mit dem konkreten Lerngegenstand zu machen, werden viele Kinder und Jugendliche auch in der Schule mit dem Förderschwerpunkt geistige Entwicklung immer noch mit sinn- und sachfremden, abstrakt-verbalen Belehrungen oder Übungen durch den Lehrer konfrontiert. Schülerzentriertes Lernen dagegen bedingt, dass „Schule" nicht nur als Ort einer gleichgeschalteten Wissensvermittlung fungiert, sondern sich zu einer lebendigen „Lebens- und Lernstätte" entwickelt. Die Schule sollte vielmehr für das Kind einen „Erfahrungs- und Lebensraum" darstellen, in dem Werte, Normen, Einstellungen und Haltungen vermittelt werden, die ihm Orientierungen und Hilfen für eigenverantwortliches und selbständiges Handeln „in sozialer Integration" ermöglichen.
Als Lehr- und Lernform wird einer „erfahrungsoffenen" Schule vor allem der *handlungsbezogene und am Projekt orientierte* Unterricht gerecht. Dieser orientiert sich stark an den Interessen, Erfahrungen und am individuellen Lernbedarf der Schüler und entspricht in besonderem Maße dem situationsverhafteten und anschaulichen Lernen von Kindern und Jugendlichen mit geistiger Behinderung. Durch die „handelnde" Verfolgung gemeinsamer Vorhaben, in die kognitive Lernprozesse wie Spracherziehung, Lesen, Schreiben und Rechnen integriert sind, kann am besten einer *„Verkopfung"* entgegengewirkt und soziales, eigenverantwortliches Tun gefördert werden (alle Schüler arbeiten zusammen, um etwas zu erreichen: Wir legen einen Schulgarten an; wir verschönern unseren Klassenraum; wir werken aus Holz Nistkästen für bedrohte Vögel; wir bereiten einen Schullandheimaufenthalt vor ...).

Ganzheitlichkeit:
Das methodische Vorgehen orientiert sich nicht bzw. weniger an einer Stimulierung und Schulung einzelner Funktionen und Fertigkeiten, sondern im Zentrum stehen übergreifende, interessegeleitete komplexe Handlungsprozesse, die den Schüler in seiner Gesamtpersönlichkeit ansprechen, sich an der Lebenswirklichkeit des zu Erziehenden orientieren und auf ein selbsttätiges Lernen in „Sinn- und Sachganzen" zielen (vgl. Speck 1999, 259).
Nach Möglichkeit sind also Unterrichtsangebote sowie auch Einzelfördermaßnahmen in übergreifende Themen bzw. Vorhaben einzubinden, so dass für den Schüler jederzeit ein Sinn- und Sachbezug erkennbar wird. Lernen wird hier als ein Prozess verstanden, an dem in gleicher Weise Geist, Körper und Seele beteiligt sind.

Absender:

Name

Vorname

Beruf

Straße

PLZ/Ort

Ich benötige noch den Katalog:

○ *Frühjahr*

○ *Hauptkatalog*

Bitte freimachen

Antwort/
Postkarte

verlag modernes lernen
borgmann publishing

Hohe Straße 39

D - 44139 Dortmund

Sehr geehrte Leserin, sehr geehrter Leser,

uns interessieren Ihre ganz persönliche Meinung sowie Ihre Interessengebiete. Beides ist für die zukünftige Arbeit unseres Verlages sehr wertvoll. Vorteil für Sie: Über entsprechende Neuerscheinungen werden Sie regelmäßig informiert. Sie erhalten unsere Bücher im Buchhandel oder direkt beim Verlag.

Diese Karte entnahm ich dem Buch (bitte eintragen!):

Aufmerksam wurde ich durch

- ○ Verlagsprospekt
- ○ Empfehlung meines Buchhändlers
- ○ Empfehlung eines/r Bekannten
- ○ Anzeige
- ○ Schaufensterauslage
- ○ Name des Autors
- ○ Pressebesprechung
- ○ Internetrecherche allg.
- ○ Homepage d. Verlages
- ○ Geschenk

Mein Urteil:

Bitte informieren Sie mich ab sofort über folgende Sachgebiete **(Bitte Absender auf der Rückseite nicht vergessen!):**

- ○ **Psychomotorik / Sport**
- ○ **Kindergarten / Vorschule / Grundschule**
- ○ **Frühförderung / Diagnose**
- ○ **Sonderpädagogik**
- ○ **Geistige Behinderung**
- ○ **Pädagogik/Sozialpädagogik**
- ○ **Ergotherapie/Neurologie**
- ○ **Geriatrie**
- ○ **Sprachtherapie / Logopädie**
- ○ **Pädagogische Psychologie**
- ○ **Psychotherapie / Verhaltenstherapie**
- ○ **Familientherapie / Systemische Therapie**
- ○ **Multimedia (MC, CD, Video)**

1/04

Selbstbestimmung und Hilfe zur Selbsthilfe:
Die kindliche Entwicklung strebt in Richtung einer größeren Autonomie, d.h. Unabhängigkeit von der unmittelbaren Unterstützung durch andere. Das Kind möchte „selbst tätig“ werden, im Rahmen aktueller Interventionen und Handlungsziele.
Kinder und Jugendliche setzen sich besonders dann effektiv mit ihrer Umwelt auseinander, lernen dann erfolgreich, wenn sie selbst auf der Grundlage der bereits erworbenen Sinn- und Bedeutungszuschreibungen (Strukturdeterminiertheit) in Handlungssituationen neue, interessante, wie auch unerwartete Gegebenheiten (wieder-)entdecken und selbst entscheiden, ob sie aktiv werden oder nicht. Lernsituationen sollten daher relativ „offen“ angeboten werden und eine persönliche Auseinandersetzung ermöglichen. Sofern die Ausführung von interessegeleiteten Aktionen wegen körperlicher, sensorischer oder anderer Einschränkungen nicht möglich ist, bedarf es einer Assistenz und Begleitung. Diese kann auf unterschiedliche Art und Weise angeboten werden, zum Beispiel über

- die Bereitstellung von Arbeitsmaterialien,
- physische Hilfestellungen (z.B. Handführung) oder
- unterstütze Kommunikationshilfen u.a.

Differenzierung/Individualisierung:
Maßnahmen zur Differenzierung bzw. Individualisierung schaffen die Voraussetzung für ein schülerorientiertes und auf das einzelne Subjekt ausgerichtetes Lernen. Es gilt, ein Thema didaktisch und methodisch den Lernmöglichkeiten und -interessen der Schüler anzupassen, es auf deren Entwicklungs- und Handlungsniveau so zu transformieren, dass eine möglichst eigentätige Auseinandersetzung gelingt. Damit nun nicht jeder Schüler mit seinen Möglichkeiten „vereinzelt“ mit völlig unterschiedlichen „Dingen“ beschäftigt ist, gilt es in Form von Projekten bzw. Vorhaben nach möglichen Themen (Gegenständen) zu suchen, die eine inhaltliche Verbindung schaffen, ein Lernen an einem gemeinsamen Gegenstand in Kooperation miteinander ermöglichen (vgl. Feuser 1989; 1995).
Bei der Neugestaltung eines Klassenraums z.B. bieten sich ganz unterschiedliche Möglichkeiten, tätig zu werden, etwas zum Gelingen beizutragen: vom Errechnen der Fläche einer zu streichenden Wand und der benötigten Farbe bis hin zum Streichen mit Pinsel, Schwamm oder den eigenen Händen.

Fachorientierung:
Im Rahmen einer offenen Planung und ganzheitlichen Sichtweise von Erziehung und Förderung gilt es dennoch, zum einen fachliche bzw. fachwissenschaftliche Aspekte von Unterrichtsfächern bzw. Sachbereichen (z.B.

beim elementaren Rechnen oder Lesen, bei Werkvorhaben, beim Kochen, bei sportlichen Angeboten oder der räumlichen Orientierung und Mobilität) ausreichend zu Grunde zu legen. Wenn zum Beispiel eine Lehrkraft hinsichtlich der Vorbereitung auf ein Sportfest die Wurftechnik bei Schülern verbessern und ihre Leistungsmöglichkeiten ausbauen möchte, reicht es nicht aus, immer wieder nur Gelegenheiten zum Werfen bereit zu stellen. Die Sportpädagogik hat hier u.a. wesentliche Merkmale zu einem günstigen Bewegungsablauf studiert und verfügt über ein reichhaltiges Repertoire an methodischen Hinweisen und Übungsreihen, um solche Abläufe zu optimieren. Ähnliche fachliche Kenntnisse braucht es bei der Vermittlung handwerklicher Techniken sowie beim Einsatz von Maschinen im Werken oder beim Aufbau von besonderen Fertigkeiten im textilen Gestalten oder in der Hauswirtschaftslehre.
Darüber hinaus müssen auch erziehungswissenschaftliche Kenntnisse und Standards aus den verschiedenen sonderpädagogischen Fachrichtungen genügend Berücksichtigung finden (z.B. physio- und ergotherapeutische Prinzipien und Ziele bei körperbehinderten Schülern; Maßnahmen der sinnlichen Kompensation, Strukturierung und Ordnung bei sehgeschädigten Schülern; Maßnahmen der nicht-sprachlichen Kommunikationsförderung über Gebärden bei hörgeschädigten oder der gestützten Kommunikation bei Kindern und Jugendlichen mit autistischem Verhalten).

Elementarisierung und Lernen „Schritt für Schritt“:
Infolge der Komplexität vieler Lebenssituationen und Schwierigkeiten vieler Handlungen, die zur Bewältigung derselben erforderlich sind, hat es sich als hilfreich herausgestellt, Schwierigkeiten systematisch zu isolieren und komplexere Abläufe in einzelne Handlungs- und Lernsequenzen zu untergliedern (z. B. beim lebenspraktischen Vorgang des Zähneputzens oder beim Bedienen komplexer technischer Geräte).
Dies aber sollte nicht zu einem Vorgehen in allzu kleinen Schritten führen, da dann der Überblick über die „ganze Sache“ wie auch der für die Motivierung so wesentliche Sinnbezug verloren gehen kann. Es empfiehlt sich daher ein Vorgehen in „möglichst großen“ Schritten, die auf der einen Seite die Handlungsfähigkeit des Schülers nicht überfordern und auf der anderen Seite Lebensnähe und ein als subjektiv sinnvoll erlebtes Tun bewahren.

Gemeinsames und soziales Lernen:
Durch weitmöglichen Erhalt des Sozialverbandes infolge einer Bevorzugung innerer Differenzierungsmaßnahmen sollen die Möglichkeiten geschaffen werden, dass alle Schüler in der Klasse an/mit einem gemeinsamen Gegenstand/Inhalt/Thema in Kooperation miteinander – auf ihrem

jeweiligen Entwicklungsniveau – spielen und lernen und so die Sozialkompetenz erwerben, wie sie in den „Empfehlungen für den Unterricht in der Schule für Geistigbehinderte“ (KMK 1980) im Leitzielbereich 4 ausgewiesen ist.
Nach Möglichkeit sollen im Rahmen eines sozialen Lernens durch die Kooperation mit benachbarten Schulen auch Kontakte zu nicht behinderten Kindern und Jugendlichen gesucht werden und Vorhaben so gestaltet werden, dass alle Schüler mit- und voneinander lernen können (vgl. Kap. 2.17).

1.3.6 Zur Planung von Unterricht

Wenn Unterricht als geplantes und organisiertes Geschehen im Raum von Schule begriffen wird und erfolgreich „ablaufen“ soll, d.h. darauf abzielt,

- die Schüler mit möglichst vielen „“lernträchtigen“ Problemstellungen in lebensbedeutsamen Situationen zu konfrontieren,
- dem individuellen Lern- und Förderbedarf von Kindern und Jugendlichen mit unterschiedlichen Ausgangslagen und Interessen gerecht zu werden und
- alle Schüler, auch die leistungsschwächeren und schwerstbehinderten Kinder, in ihrer Entwicklung voranzubringen, d.h. ihre motorischen, sozial-emotionalen, kognitiven und kommunikativen Kompetenzen zu steigern,

dann gilt es, diesen in einem reflexiven Prozess „vorab“ zu planen, d.h. zu überlegen, mit welchen Intentionen was Kindern und Jugendlichen wann und wie „angeboten“ werden kann.

Die Planung von Unterricht erfordert dann Überlegungen auf verschiedenen Ebenen, die unterschiedliche Zeiträume umfassen, aufeinander bezogen sind und Entscheidungsprozesse auf der jeweils anderen Planungsebene nach sich ziehen. Die Unterteilung kann dabei unterschiedlich differenziert ausfallen (vgl. Fischer 2004b). In dem Sammelband wurde folgende Unterteilung vorgenommen und begründet: länger-, mittel- und kurzfristige Planung.

Längerfristige Planung: Unter Beachtung der für die einzelnen Bundesländer gültigen Lehrpläne und Richtlinien sowie lokaler Besonderheiten (städtische oder ländliche Schule; mit oder ohne angegliedertem Heim bzw. Internat; Art der Schädigungen und Schwere der Behinderungen der Schüler u.a.) sind Vorhaben sowie fachorientierte Lehrgänge auf einen längeren Zeitraum (für ein halbes oder ganzes Jahr) zu verteilen und zu koordinieren (Halbjahres-, Jahresplan). Ausgangspunkt und Kriterien für die Entscheidungsfindung sind zum einen der konkrete Förderbedarf der in einer Klasse zusammengefassten Schülergruppe wie auch die persönlichen Interessen und Wünsche der einzelnen Kinder und Jugendlichen (vgl. dazu Jung 2004).

Mittelfristige Planung: Diese befasst sich mit der konkreten und detaillierten Ausarbeitung von in der längerfristigen Planung vorgesehenen Vorhaben in größere Sach- und Sinnzusammenhänge und bezieht sich auf einen Zeitrahmen von einigen Wochen bis zu mehreren Monaten (Rahmen-, Monatsthema). Hier kommen der Lernausgangslage, dem individuellen Förderbedarf und den aktuellen Interessen und Lernbedürfnissen der Schüler eine besondere Bedeutung zu. Forster (2004a) skizziert diese Planungsebene in ihrer Funktion und Struktur, den Aufgaben und zusammenfassend in einem Grundmodell, das auch ein Lernen durch Erfahrung samt einer kooperativen Planung einbezieht. Er warnt aber auch davor, mittelfristige Planungen im Sinne einer Feiertagsdidaktik so zu etablieren, dass nur noch eine weitere Fülle von „Papier" produziert wird und den täglichen Unterricht außer acht zu lassen scheint.

Kurzfristige Planung: Die Durchführung einer jeden Unterrichtseinheit oder -stunde verlangt Lehrkräften eine Planung ab. Selbst im Falle, dass eine solche Einheit erst wenige Minuten vor ihrer Durchführung geplant werden kann, müssen Lehrkräfte Festlegungen treffen, bezüglich

- vorhandener Lernbedingungen,
- intendierter Lernziele,
- geeigneter Lerninhalte,
- methodischer Grundorientierung und
- einsetzbarer Medien.

Unterrichtseinheiten oder -stunden, denen eine besondere Bedeutsamkeit zukommt, werden in der Regel schriftlich geplant. Thümmel (2004b) stellt mit Hilfe von Fragen zu den grundlegenden Strukturmerkmalen des Unterrichts für Lehrkräfte einen Reflexions- und Begründungsrahmen vor, aus denen sich didaktische sowie methodische Festlegungen für den Unterricht an der Schule für Geistigbehinderte plausibel ableiten lassen. Den Lehrkräften wird somit ein Raster an die Hand gegeben, das es erlaubt, „Feiertagsstunden" sowie „Alltagsstunden" ökonomisch sowie fachlich fundiert zu planen und im Anschluss an die Durchführung zu reflektieren.

1.4 Zum Aufbau der vorliegenden Sammlung

Die hier vorliegende Veröffentlichung bietet als praktische Ergänzung zu dem eher theoretisch ausgerichteten Sammelband von Fischer (2004b)

eine breite Auswahl von ausgearbeiteten Vorhaben und Unterrichtseinheiten an, die sich auf der Ebene einer „mittelfristigen Unterrichtsplanung" bewegen. Erfahrungsgemäß nimmt diese nämlich an Schulen und Klassen mit dem Förderschwerpunkt geistige Entwicklung sowohl im Umfang wie auch hinsichtlich des zeitlichen Aufwands einen besonders gewichtigen Raum ein. Dementsprechend kann das Interesse der in der Praxis tätigen Lehrkräfte an solchen Ausarbeitungen als groß eingeschätzt werden.
Diese Einheiten verstehen sich als Angebote bzw. mögliche Themen für das, was in manchen Schulen als „Rahmenthema" oder „Monatsthema" bezeichnet wird. Im Gegensatz zu den fachorientierten Lehrgängen und Kursen werden sie realisiert in einem Klassen- bzw. Gesamtunterricht, an dem alle Schüler teilnehmen, der themengebunden ist und in Unterrichtsepochen von in der Regel vier bis sechs oder mehr Wochen verläuft. Dies schließt allerdings nicht aus, dass Elemente aus einigen Themenbereichen wie z.B. „Körperpflege" (Kap. 2.2) oder „Zeitabläufe" (Kap. 2.11)

- als langfristige Unterrichtsinhalte situationsbezogen und -bedingt im täglichen Schulleben das ganze Jahr über aufgegriffen und weitergeführt werden oder
- im kursorientierten Unterricht vertieft werden.

Manche der hier vorgestellten Ausarbeitungen enthalten eher den Charakter von Vorhaben, andere mehr den von Unterrichts- bzw. Handlungseinheiten.
Unter *Vorhaben* sind projektartige Unterrichtseinheiten zu verstehen, die im Rahmen eines handlungsbezogenen Unterrichts (vgl. Mühl 1983; 1993; 2004) methodisch grob der Stufung Zielsetzung, Planung, Ausführung und Beurteilung folgen und bezogen auf Schüler mit geistiger Behinderung folgende Merkmale aufweisen:

- die unterrichtlichen Aktivitäten und das Vorhaben entstehen aus Bedürfnissen, Fragen und Anregungen der Schüler (wobei es durchaus angemessen sein kann, dass die Lehrpersonen manche Lerngegenstände erst „zur Frage erheben"),
- es ergibt sich eine klare, fest umrissene Aufgabenstellung, die auch für die Schüler als gemeinsam anzustrebendes Handlungsziel erkennbar ist („Wir ..."),
- es wird „fächerübergreifend" geplant und unterrichtet, unter Dominanz eines bestimmten Lernbereichs,
- die Schüler sind an der Planung beteiligt,
- unter Einsatz motorischer, kognitiver, sprachlicher und sozialer Fähigkeiten wird das Vorhaben unter Einsatz aller Sinne und handlungsbezogen durchgeführt,

- es entsteht „am Ende“ ein konkret vorzeigbares Ergebnis (Höhepunkt, Abschluss, Werkprodukt), für das die Schüler (mit-)verantwortlich sind und
- das Werk wird abschließend kritisch beurteilt und Verbesserungsvorschläge werden, soweit die Schüler dazu in der Lage sind, erarbeitet.

Das im Titelbild erkennbare Vorhaben „Wir bauen ein Tipi“ (Indianerzelt) folgt diesem Muster. Nachdem die Schüler in der Vorbereitung auf einer Projektwoche ein Indianerzelt kennen gelernt und sich entschieden hatten, „so eins“ auch haben bzw. bauen zu wollen, wurden entsprechende Planungen vorgenommen, Materialien besorgt oder käuflich erworben und dann die Planungsschritte umgesetzt:

Äste absägen

Hölzer entschälen

Hölzer zusammenstellen und mit Kordel verbinden

Stoff in Streifen schneiden

Stoffstreifen einweben

Das Tipi ist fertig

Andere Einheiten stellen im Sinne von Unterrichts- bzw. Handlungseinheiten eher curriculare Ausarbeitungen zu einzelnen Sachthemen oder Zielstellungen dar und sind möglichst nach sachstrukturellen, d.h. der Logik

einer Sache folgenden Kriterien geordnet. Manchmal weisen sie auch, zumindest teil- bzw. streckenweise, einen hierarchischen Aufbau auf, d.h. die Untergliederung nach Zielen und Inhalten orientiert sich an dem Schwierigkeitsgrad (vom Leichten zum Schweren). Beim Thema „Sexualerziehung“ (vgl. Kap 2.4) z.B. steht, anders als bei projektartig anzugehenden Vorhaben, nicht ein allumfassendes, die Unterrichtsarbeit von einigen Wochen steuerndes Handlungsziel im Vordergrund, sondern eine ganze Reihe von verschiedenen, aber aufeinander bezogenen Teilthemen wie „Mein Körper: primäre und sekundäre Geschlechtsmerkmale“, „Schwangerschaft und Geburt“, „Zeugung und Empfängnisverhütung“ oder „Partnerschaft und Heiraten“. Diese Teilthemen gilt es je nach dem Entwicklungsstand bzw. nach den individuellen Vorerfahrungen der Schülergruppe in mittelfristigen Planungen auf mehrere Jahre bzw. Schulstufen zu verteilen und gesondert zu erarbeiten. Der Aspekt einer zu beachtenden Sachstruktur und -logik ist dann enthalten, wenn als grundlegende Voraussetzung für alle anderen Zielstellungen zunächst der eigene Körper als „Leib“ erfahrbar gemacht werden muss oder wenn die Wahrnehmung und Differenzierung der primären und sekundären Geschlechtsmerkmale ausreichend thematisiert wird, bevor Schwangerschaft und Geburt oder anderes angesprochen werden.
Zwischen diesen Unterrichts- bzw. Handlungseinheiten besteht allerdings durchaus eine Verbindung, wenn aus den eher komplexen, inhaltlich umfangreichen Unterrichtseinheiten kleinere, projektorientierte Vorhaben abgeleitet werden. So kann z.B. aus dem übergeordneten Thema „Zeitliche Orientierung“ (vgl. Kap. 2.11) abgeleitet werden:

- Wir legen einen Tageskalender an,
- wir gestalten unseren Wochen-/Stundenplan,
- wir legen einen Ferienkalender an oder
- wir orientieren uns nach Fahrplänen und fahren mit öffentlichen Verkehrsmitteln.

Die *Zusammenstellung* der in dieser Arbeit enthaltenen Vorhaben und Unterrichtseinheiten orientiert sich an Erfahrungen der täglichen Unterrichtspraxis, d.h. es wurden vor allem solche Themen aufgegriffen, die an einer Schule für Geistigbehinderte im Laufe von vielen Schuljahren häufig oder regelmäßig, im Abstand von einigen Jahren behandelt wurden.
Die Auswahl erhebt keineswegs den Anspruch auf Vollständigkeit; viele andere Vorhaben und Themenstellungen mit einer ebenso gründlichen didaktischen und methodischen Planung sind nicht nur denkbar, sondern vielmehr erforderlich, um dem Leitziel der Selbstverwirklichung und der sozialen Integration näher zu kommen. Weiterhin ist bei einzelnen Einheiten eine noch stärkere inhaltliche Differenzierung denkbar und möglich,

wie auch die Auswahl methodischer Hinweise und Hilfen keineswegs erschöpft ist.

Einen Bezug zum konkreten Förderbedarf einer bestimmten Klasse bzw. Schülergruppe oder gar zu den individuellen Förderbedürfnissen eines bestimmten Schülers können diese Ausarbeitungen nicht enthalten. Denn hier handelt es sich um „Stoffsammlungen" von Lernzielen, Handlungsschritten und methodischen Hilfen zu vom Verfasser unter dem Kriterium der sachlichen Relevanz und „schulischen Nachfrage" ausgewählten Lebensfeldern, Themenbereichen und Vorhaben. Diese „Maximalpläne" gilt es bei der eigenen Unterrichtsvorbereitung auf die „persönliche Situation" zuzuschneiden. Dies geschieht, wenn

- unter Beachtung organisatorischer Rahmenbedingungen,
- durch die entsprechende Auswahl an Zielen,
- durch die Zuordnung von methodischen Vermittlungsformen und Differenzierungsmaßnahmen sowie
- durch die Auswahl von an der Schule verfügbaren Medien

der Unterricht an dem besonderen Förderbedarf der einzelnen Schüler der eigenen Klasse ausgerichtet wird.

Unter der Rubrik *„Didaktische Vorüberlegungen"* wird versucht, kurz die Bedeutung des Vorhabens bzw. der Themenstellung im Allgemeinen und speziell für Schüler mit dem Förderschwerpunkt geistige Entwicklung aufzuzeigen.
Das Kernstück bildet dann die eigentliche Stoffsammlung, die in einer Gegenüberstellung der Bereiche *„Ziele/Inhalte/Handlungsschritte"* auf der linken und *„Methoden/Medien"* auf der rechten Seite dokumentiert wird.

Zu vielen der in den einzelnen Kapiteln angegebenen Medien als Mittler im Bildungs- und Unterrichtsprozess ist grundsätzlich anzumerken, dass diese nicht unmittelbar auf das Lernverhalten von Kindern und Jugendlichen mit geistiger Behinderung ausgerichtet sind und daher immer dem individuellen Förderbedarf des Schülers/der Schülergruppe anzupassen sind. Oft sind nur einzelne Teile (wie Bilder oder Texte) als Lehr- und Lernmittel einsetzbar, weil andere Ausschnitte aufgrund der

- äußeren Gestaltung,
- Sprache,
- Vielfalt, Größe und Kindgemäßheit der Abbildungen oder
- altersspezifischen Ausgerichtetheit

die Schüler überfordern würden. Häufig aber bieten auch diese wertvolle Anregungen für die Erstellung eigener, angemessener und dem Lernverhalten und -bedarf der Schüler entsprechender Materialien.

1.5 Literaturverzeichnis

Adam, Heidemarie: Arbeitsplan für den Unterricht mit Geistigbehinderten. Limburg: Frankonius 1978a

Adam, Heidemarie: Curriculumkonstruktion für Geistigbehinderte. Oberbiel: Jarick 1978b

Adam, Heidemarie: Liebe macht erfinderisch. Ausgewählte Studien zur Geistigbehindertenpädagogik. Würzburg: bentheim 1994

Affolter, Felicie/ Bischofsberger, Walter: Lernen im Alltagsgeschehen. In: A. Fröhlich (Hrsg.): Pädagogik bei schwerster Behinderung. Handbuch der Sonderpädagogik Bd. 12. Berlin: Wissenschaftsverlag V. Spiess 1991, 241-247

Bach, Heinz: Geistige Behinderung. Begriff, Personenkreis, theoretische Ansätze. Hagen: Fernuniversität-Gesamthochschule 1981

Bach, Heinz: Ziele der Erziehung von Menschen mit geistiger Behinderung. Grundlegungsprobleme der Geistigbehindertenpädagogik II, Kurseinheit 1. Hagen: Fernuniversität-Gesamthochschule 1984

Balgo, Rolf/ Werning, Rolf (Hsg.): Lernen und Lernprobleme im systemischen Diskurs. Dortmund: borgmann 2003

Bastian, Johannes: Freie Arbeit und Projektunterricht. Eine didaktische „Wiedervereinigung". Pädagogik Heft 10, Oktober 1993, 6-9

Bastian, Johannes / Gudjons, Herbert / Schnack, Jochen / Speth, Martin (Hrsg.): Theorie des Projektunterrichts. Hamburg : Bergmann + Helbig 1997

Bayerisches Staatsministerium für Unterricht und Kultus (Hrsg.): Lehrplan Förderschwerpunkt geistige Entwicklung Bayern. (http://www.isb.bayern.de/fs/lpfspgentw/lpfspgentw.htm; entn. 08.08.2004)

Biewer, Gottfried: Montessori-Pädagogik mit geistig behinderten Schülern. Bad Heilbronn: Klinkhardt 1992

Blome, Petra: Erleben und Handeln in basalen Situationen zur Anbahnung elementarer sozialer Kompetenz in der Unterrichtsreihe „Da ist noch wer", dargestellt in der Klasse M2a einer Schule für Kranke. Unveröffentl. Hausarbeit; Studienseminar Bielefeld 1991

Böing, Ursula: Bildung wagen. Impulse für den Unterricht mit Schülerinnen und Schülern mit schwerer Behinderung. In: Fröhlich, Andreas/ Heinen, Norbert/ Lamers, Wolfgang (Hrsg.): Schulentwicklung – Gestaltungs(t)räume in der Arbeit mit schwerstbehinderten Schülerinnen und Schülern. Texte zur Körper- und Mehrfachbehindertenpädagogik. Düsseldorf: verlag selbstbestimmt leben 2003, 87-103

Braun, Eva-Maria/ Fischer, Erhard: Spezielle Planungsaufgaben bei schwer geistig behinderten Schülern. In: E. Fischer/ J.P. Mertes (Hrsg.): Unterrichtsplanung in der Schule für Geistigbehinderte. Dortmund: verlag modernes lernen 1990, 83-100

Breitinger, Manfred / Fischer, Dieter: Intensivbehinderte lernen leben. Neues Lernen mit Geistigbehinderten. Würzburg: Vogel 1981

Buchka, Maximilian/ Kühn, W.: Unterrichtsplanung an der Sonderschule – dargestellt am Beispiel der Geistigbehindertenschule. In: Th. Hofmann: Beiträge zur Geistigbehindertenpädagogik. Rheinstetten: Schindele 1981

Dank, Susanne: Individuelle Förderung Schwerstbehinderter. Dortmund: verlag modernes lernen 1987

Daschner, Gunda: Alltagsorientierte Aspekte einer Medienerziehung. In: Fischer, Erhard (Hrsg.): Welt verstehen – Wirklichkeit konstruieren. Unterricht bei Kindern und Jugendlichen mit geistiger Behinderung. Dortmund: borgmann 2004, 235-248

Der Kultusminister des Landes Nordrhein-Westfalen (Hrsg.): Richtlinien für die Förderung schwerstbehinderter Schüler in Sonderschulen und Hinweise für den Unterricht. Frechen: Verlagsgesellschaft Ritterbach 1985

Empfehlungen für den Unterricht in der Schule für Geistigbehinderte. Hrsg.: Sekretariat der Ständigen Konferenz der Kultusminister der Länder in der BRD. Neuwied: Luchterhand 1980

Feuser, Georg: Beiträge zur Geistigbehindertenpädagogik. Solms-Oberbiel: Jarick 1981

Feuser, Georg: Behinderte Kinder und Jugendliche. Zwischen Integration und Aussonderung. Darmstadt: Wissenschaftliche Buchgesellschaft 1995

Fischer, Dieter: Handlungsfelder und Maßnahmen der Geistigbehindertenpädagogik I, Kurseinheit 2: Methodische Grundlegung und Formen der Binnendifferenzierung an der Schule für Geistigbehinderte. Hagen: Fernuniversität-Gesamthochschule 1983

Fischer, Dieter: Neues Lernen mit Geistigbehinderten. Eine methodische Grundlegung. Würzburg: Vogel 1978

Fischer, Erhard: Mittelfristige Planungsaufgaben. In: E. Fischer/ J.P. Mertes (Hrsg.): Unterrichtsplanung in der Schule für Geistigbehinderte. Dortmund: borgmann 1990, 43-71

Fischer, Erhard: Aktion „Schülerfreundliches Klassenzimmer" – zur Nachahmung empfohlen. rhein-pfälzische schulblätter 43 (1992) Ausg. 6, 13-16

Fischer, Erhard: Offener Unterricht in der Schule für Geistigbehinderte: Möglichkeiten und Grenzen Lernen konkret 16 (1997) Heft 4, 2-10

Fischer, Erhard: Wahrnehmungsförderung: Handeln und sinnliche Erkenntnis bei Kindern und Jugendlichen. Dortmund: borgmann 1998

Fischer, Erhard: Bildung im Kontext von geistiger Behinderung für alle Kinder und Jugendliche. Sonderpädagogik in Niedersachsen. Zeitschrift des Landesverbandes Niedersachsen e.V. 2002, Heft 4, 31-49

Fischer, Erhard: Grundlagen und Prinzipien eines subjektorientierten Unterrichts im Förderschwerpunkt geistige Entwicklung. In: Erhard Fischer (Hrsg.): Welt verstehen – Wirklichkeit konstruieren. Unterricht bei Kindern und Jugendlichen mit geistiger Behinderung. Dortmund: borgmann 2004a, 13-51

Fischer, Erhard (Hrsg.): Welt verstehen – Wirklichkeit konstruieren. Unterricht bei Kindern und Jugendlichen mit geistiger Behinderung. Dortmund: borgmann 2004b

Fischer, Erhard: Wahrnehmen – Sinn stiften – Handeln – Verstehen: 'Herausforderndes' Verhalten bei Menschen mit (schweren) Behinderungen: In: S. Kannewischer/ M. Wagner/ C. Winkler/ W. Dworschak u.a. (Hrsg.): Verhalten als subjektiv-sinnhafte Ausdrucksform. Bad Heilbrunn: Klinkhardt 2004c, 127-145

Fischer, Erhard/ Mertes, Peter, Josef (Hrsg.): Unterrichtsplanung in der Schule für Geistigbehinderte. Dortmund: verlag modernes lernen 1990

Fornefeld, Barbara: „Elementare Beziehung" und Selbstverwirklichung geistig Schwerstbehinderter in sozialer Integration. Reflexionen im Vorfeld einer leiborientierten Pädagogik. Aachen: Mainz 1989

Forster, Rudolf: Mittelfristige Planung. In: Erhard Fischer: Welt verstehen, Wirklichkeit konstruieren. Unterricht bei Kindern und Jugendlichen mit geistiger Behinderung. Dortmund: borgmann 2004a, 143-153

Forster, Rudolf: Offener Unterricht. In: Fischer, Erhard (Hrsg.): Welt verstehen – Wirklichkeit konstruieren. Unterricht bei Kindern und Jugendlichen mit geistiger Behinderung. Dortmund: borgmann 2004b, 75-115

Garlichs, Ariane/ Groddeck, Norbert (Hrsg.):; Erfahrungsoffener Unterricht. Beispiele zur Überwindung der lebensfremden Lernschule. Freiburg i. Brsg.: Herder 1978

Gröschke, Dieter: Praxiskonzepte der Heilpädagogik. München. Reinhardt 2. Auflage 1997

Grüntgens, Willi: Problemzentriertes Lernen statt didaktischer Prinzipien. Luchterhand: Neuwied 2000

Gudjons, Herbert/ Teske, Rita/ Winkel, Rainer (Hrsg.): Didaktische Theorien. Hamburg: Bergmann + Helbig 7. Aufl. 1993

Gudjons, Herbert: Didaktische Modelle. Pädagogik Heft 3/1993, 43-49

Gudjons, Herbert: Handlungsorientierter Unterricht. Begriffskürzel mit Theoriedefizit? Pädagogik 1/97, 6-10

Hänsel, Dagmar (Hrsg.): Projektunterricht. Weinheim/Basel: Beltz 1999

Heidjann, Sabine: Geistigbehinderte lernen Möglichkeiten Freier Arbeit im Bereich Umgang mit Mengen, Zahlen und Größen kennen. Übungsreihen für Geistigbehinderte, Lehrgang A: Umgang mit Mengen, Zahlen und Größen. Heft A 7. Dortmund: borgmann 1993

Heimlich, Ulrich: Der Situationsansatz in seiner Bedeutung für der Lernbehindertenpädagogik. Ökologisch orientierte Förderkonzepte bei erschwerten Lernsituationen. Zeitschrift für Heilpädagogik 45 (1994) Heft 9, 578-602

Heinen, Norbert/ Metke, Christel: Was gibt's denn da zu lachen?" Humor und Behinderung. Geistige Behinderung 39 (2000) Heft 2, 165-182

Heinen, Norbert: Entwicklungen und Tendenzen in der Didaktik des Unterrichts mit geistigbehinderten Schülerinnen und Schülern. In: Hofmann, Theodor/ Klingmüller, Bernhard (Hrsg.): Abhängigkeit und Autonomie. Neue Wege in der Geistigbehindertenpädagogik. Festschrift für Martin Th. Hahn zum 60. Geburtstag. Berlin VWB 1994, 155-168

Heinen, Norbert: Überlegungen zur Didaktik mit Menschen mit schwerer Behinderung. Fröhlich, Andreas/ Heinen, Norbert/Lamers, Wolfgang (Hrsg.): Schulentwicklung – Gestaltungs(t)räume in der Arbeit mit schwerstbehinderten Schülerinnen und Schülern. Texte zur Körper- und Mehrfachbehindertenpädagogik. Düsseldorf: verlag selbstbestimmt leben 2003, 121-143

Heits, Helga/ John, Erika: Unterrichtsarbeit an der Schule für Geistigbehinderte. Planung, Durchführung und Analyse. Berlin: Edition Marhold 2/1993

Held, Josef: Lernen aus der Perspektive des „Subjekts". Der Lernbegriff bei Klaus Holzkamp. In: Edmund Funke/ Thomas Rihm (Hrsg.): Subjektsein in der Schule. Bad Heilbrunn: Klinkhardt 2000, 82-99

Hennige, U./ Rüster, K./ Sievers, R./ Wolf, E.: Die Erfassung und Förderung der sonsomotorischen Kompetenz geistig Schwerstbehinderter. Neuerkeröder Beiträge 4. Sickte: Neuerkeröder Anstalten 1988

Holzkamp, Klaus: Sinnliche Erkenntnis – Historischer Ursprung und gesellschaftliche Funktion der Wahrnehmung. Kronberg: Athenäum 3/1976

Holzkamp, Klaus: Lernen. Subjektwissenschaftliche Grundlegung. Frankfurt: Campus 1995

Horvath, Johann: Der schuleigene Lehrplan. Lernen konkret 9 (1990) Heft 3

Horvath, Johann: Der schuleigene, standortbezogene Lehrplan der Schule für Geistigbehinderte. Zeitschrift für Heilpädagogik 38 (1987) Heft 3, 177-186

Jetter, Karlheinz: Leben und Lernen mit behinderten und gefährdeten Säuglingen und Kleinkindern. Stadthagen: Bernhardt-Pätzold, 2. Aufl. 1985

Jung, Eberhard: Projektunterricht – Projektstudium – Projektmanagement. Swi-online-Methodenlexikon (http://www.sowi-online.de/methoden/lexikon/projekt-jung.htm#kap2; c 2002)

Jung, Gerd: Längerfristige Planung. In: Erhard Fischer (Hrsg.): Welt verstehen – Wirklichkeit konstruieren. Unterricht bei Kindern und Jugendlichen mit geistiger Behinderung. Dortmund: borgmann 2004, 125-149

Kane, John F./ Kane, Gudrun: Geistig schwer Behinderte lernen lebenspraktische Fertigkeiten. Bern/Stuttgart/Wien: Huber 1978

Klauß, Theo: Handlungsorientierter Unterricht in der Schule für Geistigbehinderte als Chance zur Realisierung eines nichtdefizitären Verständnisses von Behinderung. Zeitschrift für Heilpädagogik 49 (1998) Heft 4, 159-168

Klein, Ferdinand: Unterricht mit geistig behinderten Schülern. Erörterung grundlegender Strukturzusammenhänge unter besonderer Berücksichtigung der Methode. Geistige Behinderung 28 (1989) 2, 88-101

Kobi, Emil: Geistigbehindertenpädagogik: Vom pädagogischen Umgang mit Unveränderbarkeit. Geistige Behinderung 38 (1999) Heft 1, 21-29

Kösel, Edmund: Die Modellierung von Lernwelten. Ein Handbuch zur Subjektiven Didaktik. Eltztal-Dallau: Laub 1993

Kultusministerkonferenz der Länder in der BRD (KMK): Empfehlungen für den Unterricht in der Schule für Geistigbehinderte. Neuwied: Luchterhand 1980

Kultusministerkonferenz der Länder in der BRD (KMK): Empfehlungen zur sonderpädagogischen Förderung in den Schulen in der Bundesrepublik Deutschland. 1994. Online veröffentlicht unter http://www.kmk.org/doc/beschl/sopae94.pdf ; entn. 19.11.2003

Kultusministerkonferenz der Länder in der BRD (KMK): Empfehlungen für den Förderschwerpunkt geistige Entwicklung. 1998. Online veröffentlicht unter http://www.kmk.org/doc/beschl/geist.pdf; entn. 25.08.2004

Kultusministerium Rheinland-Pfalz (Hrsg.): Materialien zur Arbeit in der Werkstufe der Schule für Geistigbehinderte (Sonderschule). Grünstadt: Sommer 1982

Kultusministerium Rheinland-Pfalz (Hrsg.): Richtlinien und Lehrplan Schule für Geistigbehinderte (Sonderschule). Grünstadt: Sommer 1980

Lamers, Wolfgang/ Klauß, Theo (Hrsg.): ...alle Kinder alles lehren! – Aber wie?' Düsseldorf: verlag selbst bestimmtes leben 2003

Leontjew, Alexej Nikolajewitsch: Probleme der Entwicklung des Psychischen. Mit einer Einführung von Klaus Holzkamp und Volker Schurig. Kronberg/Ts.: Fischer Athenäum 1977

Lernen mit dem Körper. Lernen konkret 8 (1989) Heft 1

Leyendecker, Christoph/ Horstmann, Tordis (Hrsg.): Große Pläne für kleine Leute. Grundlagen und Praxis der Frühförderung. München: Reinhardt 2000

Liljeroth, Ingrid/ Nimeus, Bengt: Praktische Bildung für geistig Behinderte. Weinheim: Beltz 1973

Mertes, Josef Peter: Unterrichtsplanung in der Schule für Geistigbehinderte. In: E. Fischer/ J. P. Mertes (Hrsg.): Unterrichtsplanung in der Schule für Geistigbehinderte. Dortmund: borgmann 1990, 9-29

Meyer, Hermann: Planung von didaktisch orientierten Interventionen zur Optimierung des Lernprozesses bei geistigbehinderten Kindern und Jugendlichen. Hagen: Fernuniverität-Gesamthochschule 1984

Miessler, Maria/ Bauer, Ingrid/ Thalmeier, Kurt: Das bin ich. Beiträge zu einer persönlichkeitsorientierten Erziehung. Bonn-Bad Godesberg: Dürr 3. Aufl. 1986

Ministerium für Bildung, Frauen und Jugend (Hrsg.): Richtlinien für die Schule mit dem Förderschwerpunkt ganzheitliche Entwicklung und Lehrplan zur sonderpädagogischen Förderung von Schülerinnen und Schülern mit dem Förderbedarf ganzheitliche Entwicklung. Mainz: MfBFJ 2001 (http://sonderpaedagogik.bildung-rp.de/lehrplaene.htm; 10.07.2003)

Ministerium für Bildung, Wissenschaft und Weiterbildung Rheinland-Pfalz (Hrsg.): Empfehlungen zur Förderung von Schülerinnen und Schülern mit autistischem Verhalten. Mainz: MfBWW 1999, überarb. Auflage

Ministerium für Gesundheitswesen der Deutschen Demokratischen Republik (Hrsg.): Grundlagenmaterial zur Gestaltung der rehabilitativen Bildung und Erziehung in Rehabilitationspädagogischen Förderungseinrichtungen des Gesundheits- und Sozialwesens der DDR. Berlin: VEB Verlag Volk und Gesundheit 1987

Mühl, Heinz: Handlungsbezogener Unterricht mit Geistigbehinderten. Bonn- Bad Godesberg: Dürr 1983

Mühl, Heinz: Einführung in die Geistigbehindertenpädagogik. Stuttgart: Kohlhammer, 1984

Mühl, Heinz: Handlungsbezogener Unterricht in der Schule für Geistigbehinderte. VHN 62 (1993), 409-421

Mühl, Heinz: Einführung in die Schulpädagogik bei geistiger Behinderung. Mit einem Beitrag von Arend Lüschen. Oldenburg: Carl von Ossietzky Universität, Zentrum für päd. Berufspraxis 1997.

Mühl, Heinz: Handlungsbezogener Unterricht. In: Fischer, Erhard (Hrsg.): Welt verstehen – Wirklichkeit konstruieren. Unterricht bei Kindern und Jugendlichen mit geistiger Behinderung. Dortmund: borgmann 2004, 53-74

Offener Unterricht. Lernen konkret 16 (1997) Heft 4

Orientierung in der Stadt. Lernen konkret 23 (2004) Heft 1

Pfeffer, Wilhelm: Die Bedeutung des Selbstseins im Unterricht mit geistig Behinderten. Geistige Behinderung 21 (1982), 237-249

Pfeffer, Wilhelm: Die Förderung schwerst geistig Behinderter auf der Grundlage der Entwicklung der sensomotorischen Intelligenz nach Jean Piaget. Zeitschrift für Heilpädagogik 34 (1983), 357-369

Pitsch, Hans-Jürgen: Zur Entwicklung von Tätigkeit und Handeln Geistigbehinderter. Oberhausen: Athena 2002

Pitsch, Hans-Jürgen: Zur Methodik der Förderung der Handlungsfähigkeit Geistigbehinderter. Oberhausen: Athena 2003a

Pitsch, Hans-Jürgen: Zur Theorie und Didaktik des Handelns Geistigbehinderter. Oberhausen: Athena 2003b

Projektwochen. Lernen konkret 10 (1991) Heft 2

Raeggel, Mechthild/ Sackmann, Christa: Freiarbeit mit Geistigbehinderten! Geht das denn überhaupt? Ein Erfahrungsbericht mit Materialsammlung, Übungsbeispielen, Tips und Anregungen. Dortmund: verlag modernes lernen 1997

Ratz, Christoph/ Schneider, Karl-Heinz (Hrsg.): Materialgeleitetes Lernen an der Schule zur individuellen Lebensbewältigung. Würzburg: edition von freisleben 1998

Ratz, Christoph: Planung von integrativem Unterricht. In: Fischer, Erhard (Hrsg.): Welt verstehen – Wirklichkeit konstruieren. Unterricht bei Kindern und Jugendlichen mit geistiger Behinderung. Dortmund: borgmann 2004, 197-219

Reich, Kersten: Konstruktivistische Didaktik. Lehren und Lernen aus interaktionistischer Sicht. Neuwied: Luchterhand 2002

Reich, Kersten: Thesen zur Konstruktivistischen Didaktik. Pädagogik Heft 7-8 (1998), 43-46

Richter, Irina: Schwer mehrfach Behinderte lernen Selbständigkeit. Bern: Stuttgart: Huber 1980

Rohr, Barbara: Ansätze einer materialistisch orientierten Lernbehindertenpädagogik – Grundsätze des „handelnden Unterrichts". Hagen: Fernuniversität-Gesamthochschule 1983

Schönberger, Franz: Menschenbild und Methode. Ein Plädoyer für den bedachtsamen Griff in den Warenkorb pädagogischer und therapeutischer Methoden. Behinderte in Schule, Familie und Gesellschaft 6/1991, 5-21

Schulte-Peschel, Dorothee/ Tödter, Ralf: Einladung zum Lernen. Geistig behinderte Schüler entwickeln Handlungsfähigkeit in einem offenen Unterrichtskonzept. Dortmund: verlag modernes lernen 1996

Schurad, Heinz: Konzept eines handlungs- und situationsorientierten Unterrichts in der Schule für Geistigbehinderte. Lernen konkret 9 (1990) 4, 1-8

Schurad, Heinz u.a.: Curriculum Sachunterricht für die Schule für Geistigbehinderte. Oberhausen: Athena 2002

Selbstgesteuertes Lernen. Pädagogik 55 (2003) Heft 5

Speck, Otto: System Heilpädagogik: eine ökologisch reflexive Grundlegung. München: Reinhardt 1988

Speck, Otto: System Heilpädagogik: eine ökologisch reflexive Grundlegung. München: Reinhardt 4. Aufl. 1998

Speck, Otto: Menschen mit geistiger Behinderung und ihre Erziehung. Ein heilpädagogisches Lehrbuch. München: Reinhardt 9. Aufl. 1999

Staatsinstitut für Schulpädagogik (Hrsg.): Lehrplanung. München: Hintermaier 1983

Staatsinstitut für Schulpädagogik und Bildungsforschung München (Hrsg.): Modellversuch Werkstufe. Die Werkstufe – Konzept und Materialien. München: A. Hintermaier 1990

Staatsinstitut für Schulpädagogik und Bildungsforschung München (Hrsg.): Schritte ins Leben. Handreichung für Erziehung, Unterricht und Förderung schwer geistigbehinderter Schüler in handlungsorientierten und fachorientierten Lernbereichen. München: Hintermeier 1993

Störmer, Norbert: Trivialisierung und Irrationalismen in der pädagogisch-therapeutischen Praxis. Behindertenpädagogik 28 (1989) 2, 157-176

Straßmeier, Walter: Didaktik für den Unterricht mit geistigbehinderten Schülern. München: Reinhardt 1997

Stuffer, Georg u.a.: Leben lernen in der Schule. Materialien für den Unterricht mit Geistigbehinderten. München: List 1980

Thielen, Uwe: Allgemeine und besondere Planungsaufgaben bei Kindern und Jugendlichen mit mehrfachen und schweren Behinderungen. In: Fischer, Erhard (Hrsg.): Welt verstehen – Wirklichkeit konstruieren. Unterricht bei Kindern und Jugendlichen mit geistiger Behinderung. Dortmund: borgmann 2004, 177-196

Thümmel, Ingeborg: Gangbare Wege in nachschulische Lebenswelten. Zum Bildungsauftrag der Werkstufe und seiner Umsetzung im Werkstufenkonzept der Carl-Orff-Schule, Neuwied. In: Fischer, Erhard (Hrsg.): Welt verstehen – Wirklichkeit konstruieren. Unterricht bei Kindern und Jugendlichen mit geistiger Behinderung. Dortmund: borgmann 2004a, 249-270

Thümmel, Ingeborg: Kurzfristige Planung. In: Fischer, Erhard (Hrsg.): Welt verstehen – Wirklichkeit konstruieren. Unterricht bei Kindern und Jugendlichen mit geistiger Behinderung. Dortmund: borgmann 2004b, 155-176

Unterrichtsplanung – Entwicklung eines Modells. Lernen konkret Heft 3/1984

Voß, Reinhard: Unterricht ohne Belehrung – Kontextsteuerung, individuelle Lernbegleitung, Perspektivenwechsel. In: Voß, Reinhard (Hrsg.): Unterricht aus konstruktivistischer Sicht: die Welten in den Köpfen der Kinder. Neuwied: Luchterhand 2002a, 35-55

Voß, Reinhard (Hrsg.): Unterricht aus konstruktivistischer Sicht. Die Welten in den Köpfen der Kinder. Neuwied: Luchterhand 2002b

Wachtel, Peter/ Wittrock, Manfred: Zentrierung um Lebensprobleme als schulisches Gestaltungsprinzip. Zeitschrift für Heilpädagogik 44 (1993) Heft 10, 642-649

Wagner, Michael: Die Rolle des Lehrers aus konstruktivistischer Perspektive. In: Fischer, Erhard (Hrsg.): Welt verstehen – Wirklichkeit konstruieren. Unterricht bei Kindern und Jugendlichen mit geistiger Behinderung. Dortmund: borgmann 2004, 221-234

Walburg, Wolf-Rüdiger: Schule für Geistigbehinderte – Realisationsbeispiele. Limburg: Frankonius 1978

Wallrabenstein, Wulf: Offene Schule – offener Unterricht. Ratgeber für Eltern und Lehrer. Reinbek bei Hamburg: Rowohlt Taschenbuch Verlag 1994

Westphal, Erich: Die Konzeption lebensproblemzentrierter Unterrichtsgestaltung an Schulen für Lernbehinderte. Curriculare Überlegungen zum Unterricht in der Schule für Lernbehinderte II. Hagen: Fernuniversität 1983

Ziemen, Kerstin: Eine Chance für alle Kinder und Jugendlichen – die „Vermittlung". Zeitschrift für Heilpädagogik 53 (2002) Heft 4, 134-138

2. Vorhaben und Unterrichtseinheiten: Beispiele mittelfristiger Planung

2.1 Mein Körper und ich

Didaktische Vorüberlegungen

Körperwahrnehmung und körperliche Funktionstüchtigkeit sind im Rahmen der sensomotorischen Entwicklung (*Piaget* 1969; 1974) für jegliche Lernprozesse, vor allem für jüngere und leistungsschwache Kinder und Jugendliche, von grundlegender Bedeutung. Dies trifft ebenso für Schüler mit geistiger Behinderung zu. Sie weisen im motorischen Bereich häufig Entwicklungsbeeinträchtigungen bzw. -rückstände auf, die sich äußern können durch

- zusätzliche Schädigungen bedingte körperliche Behinderungen (vgl. *Fischer* 1992, 135 ff),
- Defiziten in den Faktoren Kraft, Geschwindigkeit und visuelle Kontrolle,
- eingeschränkte Koordinationsleistungen zwischen Wahrnehmung und Bewegungen (vgl. *Fischer* 1983, 117 ff).
- ein geringes Reservoir an verfügbaren sensomotorischen Verhaltensweisen sowie unzulänglichen Handlungsmustern, was wiederum die Bewältigung von Sachaufgaben und Problemstellungen im täglichen Leben einschränken kann.

Selbst dann, wenn keine Bewegungsbeeinträchtigungen vorliegen oder diese nur minimal sind, sind das Bewusstsein der eigenen Körperlichkeit, das Unterscheiden zwischen der eigenen Person und der Außenwelt, sowie das Kennen der verschiedenen Körperteile und ihrer Funktionen von grundlegender Bedeutung für alle weiteren Lernprozesse. Der eigene Körper als elementares Erlebnis- und Lernfeld stellt, wie Pfeffer (o.J.) dies ausdrückt, „eine Brücke zur Außenwelt“ dar. Je umfassender und intensiver ein Kind Lernerfahrungen im körperlichen Bereich macht, „desto differenzierter wird seine Ich- und Persönlichkeitsentwicklung und damit der Aufbau seines Lebenszutrauens gelingen“ (Empfehlungen für den Unterricht in der Schule für Geistigbehinderte 1980, 17).

Es gilt daher, dem Schüler *seinen* Körper in vielfältigen Situationen bewusst zu machen. Er muss nicht nur „wissen“, sondern zunächst einmal erleben und erfahren, dass er eine Körperoberfläche mit Haut und Haaren hat, dass er mit dieser Wärme und Kälte „fühlen“ kann, dass er über innere Organe verfügt, die auch schmerzen können, dass er Hände hat zum Greifen und „Begreifen“ seiner Umwelt, Beine und Füße zum Stehen und Gehen, eine Nase zum Riechen oder einen Mund zum Schmecken.

Als grundlegende *Methode bzw. Vermittlungsform* bietet sich hierfür zunächst die „Basale Stimulation“ bzw. „Anregung“ von *Fröhlich* (1978; 1986; 1991) an.

Bei der praktischen Umsetzung dieses Ansatzes muss darauf geachtet werden, dass die Stimulationsangebote nicht in einer mechanistischen Form durchgeführt werden und nicht zu einer bloßen „Reiztherapierung“ ausarten, dem die Kinder wehrlos ausgesetzt sind. Vielmehr kommt es darauf an, im Rahmen einer interaktions- und kommunikationsbezogenen Sichtweise durch ein sensibles, die kindliche Ausgang- und Interessenlage berücksichtigendes Vorgehen dafür zu sorgen, dass die angebotenen Reize für das einzelnen Kind als „sinn- und zweckvoll“ erlebt werden, was sich z.B. in Situationen der „integrierten Pflege“ (*Fröhlich* 1980) und im Rahmen eines ganzheitlichen, integrierten Lernens (*Fröhlich* 1983; 1985; 1991) durchaus realisieren lässt. Basale sinnliche Reizangebote sollten nicht nur „passiv erduldet“ werden, sondern von Anfang an dazu beitragen, auch Eigenaktivitäten zu erleben und zu differenzieren.

Für die Wahrnehmung der Hände z.B. bedeutet das, dass diese als Werkzeuge und als Instrumente für Eigenaktivitäten – um etwas anfassen, befühlen und begreifen zu können – erlebt und erfahren werden, und dies möglichst im Alltagssituationen, im Rahmen der entwicklungspsychologischen Erkenntnis, dass Wahrnehmung und Bewegung als „Sensomotorik“ eine Einheit darstellen (vgl. *Piaget* 1969; *Pfeffer* 1983; *Jetter* 1985; *Praschak* 1991). Dieses Wissen verpflichtet, vor allem Kindern mit körperlichen Schädigungen und erheblichen Bewegungsstörungen das Maß an somatischer Erfahrung und Bewegung zukommen zu lassen, das erforderlich ist, um sich als Individuum im Austausch mit seiner Umwelt entwickeln zu können (vgl. *Fischer* 1992, Kap. 5.3).

Über basale Anregungen hinaus, wenn Schüler bereits körperliches Bewusstsein entwickelt haben und über ein bestimmtes Maß an Beweglichkeit und Mobilität verfügen, können viele andere Lernangebote und Situationen zum Tragen kommen, so aus

- der psychomotorischen Förderung bzw. Motopädagogik sowie
- aus dem Bereich von Sport und Bewegung.

Wahrnehmen des „ganzen“ Körpers und seiner Oberfläche:

Ziele/Inhalte/Handlungsschritte	Methoden/ Medien
Erleben und Erfahren, dass ich einen eigenen Körper habe, mit einer Oberfläche (Haut und Haare) als Begrenzung „nach außen“	Im Rahmen der von A. Fröhlich (1986; 1991, 135 ff) entwickelten „Basalen Stimulation“ bedarf es hier vielfältiger sinnlicher Angebote im „somatischen“ Bereich
	Rücken, Bauch und anderen Körperoberflächen durch Streicheln, Liebkosen und Schmusen, Drücken und Umarmen als Medium der Zuwendung erfahren
	nach dem Baden/Schwimmen Körperteile intensiv abtrocknen; mit Öl, Cremes und anderen Lotionen oder Franzbranntwein „mit Gefühl“ einreiben; Haare föhnen u.a. (vgl. Anregungen zur „Förderpflege“ in Lernen konkret 2/1986)
	Körper systematisch massieren Brustbereich diagonal streicheln; Arme und Hände massieren und lockern: von außen zum Körperinnern hin; am Bauch kreisende Bewegungen
	Über die Haut Kälte und Wärme in unterschiedlichen „Umwelten“ spüren und erleben

Wahrnehmung von Raumlage und Gleichgewicht (vestibulärer Bereich):

Ziele/Inhalte/Handlungsschritte	Methoden/ Medien
Die Raumlage des ganzen Körpers und einzelner Körperteile wahrnehmen	Vor allem bei schwerstbehinderten Kindern mit umfänglichen körperlichen Schädigungen ist es nicht selbstverständlich, dass sie sich ihrer Raumlage jederzeit bewusst sind, dass sie auf Veränderungen immer angemessen reagieren. Es bedarf daher in einer angstfreien Atmosphäre und unter personaler Hilfestellung bzw. „Rückendekkung“ vielfältiger Angebote, in denen die Schüler entsprechende sinnliche Erfahrungen machen können (vgl. Stegmeier/Tödter 1991, 17-21)
Veränderungen der Raumlage sinnlich registrieren und ggf. darauf reagieren: das Gleichgewicht wiederherzustellen versuchen	Für ***schwer körperlich behinderte*** Schüler: • im Bett immer wieder umlagern (Vermeidung von Druckstellen) • mit physischer Unterstützung in eine senkrechte Haltung bringen • Kopfhaltung zum freien Umherschauen ermöglichen und stabilisieren • Unter Beachtung physiotherapeutischer Prinzipien im Liegen von einer auf die andere Seite, vom Rücken auf den Bauch umherrollen (vgl. Fischer 1992, 150 ff; Feldkamp/ Danielcik 1976) • sofern vom Gewicht her möglich, Schüler in den Armen hin- und

Ziele/Inhalte/Handlungsschritte	Methoden/ Medien
	herwiegen und herumtragen; auf dem Schoß wippen (Lied: „Hoppe hoppe Reiter“) • Bewegungs- und Gleichgewichtserlebnisse mit speziellen Materialien vermitteln: Rutschbahn, Schaukel, Wippe, Traktorschwingreifen, Trampolin; Air-Tramp; Reiten (therapeutische Materialien zur vestibulären und kinästhetischen Anregung sind zu finden in vielen Lehrmittelkatalogen) Für ***mobile*** Schüler: • sich in Räumen in verschiedenen Aktionslagen und Situationen strecken, beugen, knien, krabbeln, sitzen, gehen, laufen, springen, tanzen, etwas heben und tragen • Bewegungen im Sportunterricht nachahmen • sich in unebenem Gelände/ im Schnee/ auf Eis bewegen; Steigungen und Gefälle bewältigen; Treppen steigen; sich im/gegen Wasser bewegen • Dreirad/ Kettcar oder Fahrrad fahren; Rollschuh laufen; Schlitten/Ski fahren

Einzelne Körperteile und Bewegungen wahrnehmen: meine Hände:

Ziele/Inhalte/Handlungsschritte	Methoden/ Medien
Für schwerstbehinderte Schüler: • Öffnen der zur Faust geschlossenen Hand zulassen • Die Hand schließen (greifen), wenn die Innenfläche berührt wird • Gegenstände in der Hand für kurze Zeit festhalten	Handgelenk umfassen und Druck auf Handballen ausüben; später unterstützende Bewegungen vom Unterarm aus
Berührte Gegenstände mit den Händen ertasten und erkunden	• Bei reflexhemmender, bequemer Lagerung Streicheln des Handrückens • Handinnenflächenmassage: taktile Stimulation mit verschieden harten und weichen Materialien; mit warmem und kaltem Wasser • Spielgegenstände/Greiflinge (die Geräusche erzeugen) in die Hand geben • Führen der geöffneten Handinnenfläche über verschieden strukturierte Unterlagen (Felle, Kuscheltiere, Greifbretter u.a.)
• Hände zusammenbringen und damit spielen • Objekte bei kurzer Fremdberührung greifen • Die Hand (mit ergriffenen Gegenständen) zum Mund führen und erkunden (Hand-Mund-Koordination)	Finger mit Honig; ein mit Saft getränkter Schwamm auf Greifling; kleine, essbare Nahrungsmittel wie Apfel, Brot, Keks u.a. anbieten

Ziele/Inhalte/Handlungsschritte	Methoden/ Medien
Nach auf dem Körper fühlbaren Gegenständen greifen (taktil-motorische Koordination)	Greif- und Spielmaterialien anbieten, mit denen überschaubare Handlungen, die bestimmte Effekte erzielen, vollziehbar sind (Klangobjekte; Bälle)
Nach hörbaren Gegenständen greifen (auditiv-motorische Koordination)	Aufziehbare Objekte (Wecker; Tiere mit Musik)
Nach sichtbaren Gegenständen im Nahbereich greifen (visuomotorische Koordination)	Objekte an oder über dem Bett „greifbar nahe“ befestigen
Später: systematisches Aufbauen von Greifschemata (Faustgriff; palmares Greifen; Pinzettengriff)	• Gegenstände/Spielmaterialien unterschiedlicher Größe einordnen/auffädeln • basteln mit versch. Materialien
Die Hände und einzelne Teile davon bewusst wahrnehmen, unterscheiden und benennen Hände von anderen Körperteilen unterscheiden	• Untersuchen: Ich habe 2 Hände, mit je 5 Fingern... • Hände in Gips/Ton abdrücken und Abdruck betrachten und beschreiben • Fingerspiele: Das ist der Daumen ... • Hände sind unterschiedlich groß ... • sich beim morgendlichen Begrüßen die Hände geben/drücken • Bewegungsmuster mit den Händen ausführen: Takt mit einer Hand/ mit beiden Händen/ mit einem Schlegel schlagen

	• Lieder: Ich habe einen Kopf... (Robbins-Rhythmik); Hier sind meine Hände... (Lotz/Krenzer 1977, 34); Hände drücken (*Lotz/ Krenzer* 1976, 10); Sieh mal an, was ich alles kann (Lotz/Krenzer 1976, 9)

Meine Füße:

Ziele/Inhalte/Handlungsschritte	**Methoden/ Medien**
Füße bewusst erleben und von anderen Körperteilen unterscheiden	• Strümpfe ausziehen und Füße betrachten • Füße massieren lassen • in Wasser/ unterschiedlichen Materialien (Erbsenbad) taktile Erfahrungen sammeln • mit den Füßen auf Unterlagen mit unterschiedlicher Oberflächenbeschaffenheit/ Rauhigkeit laufen (Teppichboden, Steinboden, Gras u.a.)
Erfahren und wissen, dass ich zwei Füße habe, einen rechten und einen linken	• Rechts-links Unterscheidung • Wo habe ich noch 2 Körperteile?
Teile der Füße kennen: (10) Zehen, Zehnägel, Fußsohlen	• Berühren und benennen der Teile: an sich und bei Mitschülern • Abdrücke herstellen und benennen • Ausmalen und Benennen auf einem Arbeitsblatt
Erfahren und wissen, was die Füße alles können	Gehen (Fersengang, Zehengang); stampfen, springen, tanzen u.a.

Mein Gesicht:

Ziele/Inhalte/Handlungsschritte	Methoden/ Medien
Das *ganze* Gesicht wahrnehmen und seine Teile unterscheiden	• Gesicht waschen und eincremen • Einzelteile bewusst erleben, unterscheiden, zeigen und benennen (an sich selbst, an Mitschülern, an Modellen/Puppen) • Sich im Spiegel betrachten • Mit verbundenen Augen Mitschüler durch Tasten erkennen (Spiel „Armer schwarzer Kater“) • Spiellied „Sieh mal an, was ich alles kann“ (Krenzer 1976, 9)
Mund und Lippen wahrnehmen	• Mund waschen, nachdem ein Nutellabrot gegessen wurde (Bewusstmachen am Spiegel) • Sich beim Sprechen im Spiegel betrachten und Mundbewegungen verfolgen • Spiel „Wattepusten“ • Hervorhebung der Lippen mit Lippenstift (Schminken/Fastnacht)
Die *Zunge* wahrnehmen	• Bewegung und Funktion der Zunge für Essen, Trinken und Schmecken bewusst machen: Geschmacksübungen mit Zucker, Essig, Honig und Zitrone • Lutscher lecken, Eis schlecken

Die *Zähne* wahrnehmen: Ich kann beißen und kauen	• Betrachten der Zähne im Spiegel: Aussehen, Anzahl und Unterschiede beschreiben • Funktion für das Essen beobachten und verbalisieren: in einen Apfel beißen; ein Stück Brot abbeißen • Zähne regelmäßig putzen und Vorgang beschreiben • Sprachübungen an einem Schaubild/ Arbeitsblatt; (Aus-) Malen von Mund und Zähnen
Die *Augen* wahrnehmen: Ich kann sehen	• Sehübungen: Was kann man mit den Augen alles unterscheiden?: hell, dunkel, Farben ... • Augen verbinden und Unterschied erleben und verbalisieren, wie es ist, wenn man nicht sieht/ blind ist • Einzelteile bewusst wahrnehmen, unterscheiden und benennen: am eigenen Körper/Spiegelbild; an einer Abbildung • entdecken, dass die Augen bei den Mitschülern verschiedene Farben aufweisen

Ziele/Inhalte/Handlungsschritte	Methoden/ Medien
Die *Nase* wahrnehmen: Ich kann riechen	• Riechübungen: Was kann ich alles riechen (Kaffee, Parfüm, Essig, Benzin u.a.) • mit verbundener Nase riechen und Unterschiede verbalisieren • Aufmerksamkeit auf die Nase boi sich bietenden Situationen lenken; Nase putzen, • Übungen zur sprachlichen Differenzierung des Aussehens von Nasen: jeder hat eine andere Nase (groß, klein, dick oder dünn) • Literatur: Löscher 1987
Die *Ohren* wahrnehmen: Ich kann hören	• Hörübungen: Was kann ich alles hören? Unterschiedliche Alltagsgeräusche (mit geschlossenen Augen) akustisch wahrnehmen und identifizieren (Staubsauger, Telefon, laufender Wasserhahn, elektr. Zahnbürste u.a.) • Ohren zuhalten und darauf achten, was sich verändert • Parameter unterscheiden wie laut-leise, hoch-tief u.a. • Kopfhörer angemessen auf die Ohren setzen, um Musik zu hören • Literatur: Löscher 1986

Für leistungsstärkere Schüler:

Ziele/Inhalte/Handlungsschritte	Methoden/ Medien
Die einzelnen Körperteile unterscheiden und benennen: Kopf, Hals, Schulter, Arme, Hände, Bauch, Rücken, Becken/Hüften, Po, Beine, Füße u.a.	• zeigen und benennen • Ganzkörperpuzzle erstellen: Einzelteile benennen und immer wieder zusammenlegen lassen • Puzzle aus Ravensburger Spielesammlung: „Mein Körper. 5 Spiele zeigen, was in Dir steckt!“
Wichtige innere Organe kennen und eine Vorstellung von ihrer Funktion erwerben	• Unterscheidungsübungen an einem Torso • Pichler 1993: Fühle Deinen Körper • Legetafel aus Ravensburger Spielesammlung: Mein Körper.
Wichtige Knochen unterscheiden und benennen	• Feste Teile des Körpers (an der Hand, an den Beinen, am Becken u.a.) bei anderen und am eigenen Körper fühlen und als Knochen identifizieren • Knochen an einem Skelett befühlen und betrachten; Unterscheidungsübungen
Einen Zusammenhang zwischen organischen Erkrankungen und Schmerzen erleben und kennen	siehe Ausarbeitung 2.3 „Ich bin krank“

Literatur/Unterrichtsmaterialien

Adam, Heidemarie: Arbeitsplan für den Unterricht mit Geistigbehinderten. Limburg: Frankonius 1978, 16 ff

Bienstein, C./ Fröhlich, A.: Basale Stimulation in der Pflege. Pflegerische Möglichkeiten zur Förderung von wahrnehmungsbeeinträchtigten Menschen. Düsseldorf 1991

Der Kultusminister des Landes Nordrhein-Westfalen (Hrsg.): Richtlinien für die Förderung schwerstbehinderter Schüler in Sonderschulen und Hinweise für den Unterricht. Frechen: Verlagsgesellschaft Ritterbach 1985

Diehl, Lydia: Psychomotorische Übungsbehandlung. Lernen konkret 11 (1992) Heft 1, 18-23

Empfehlungen für den Unterricht in der Schule für Geistigbehinderte. Hrsg.: Sekretariat der Ständigen Konferenz der Kultusminister der Länder in der BRD. Neuwied: Luchterhand 1980

Feldkamp, M./ Aufschnaiter, D./ von Baumann, J.: Krankengymnastische Behandlung der Infantilen Zerebralparese. 4. neu bearb. Aufl. München: Pflaum1989

Fischer, Erhard: Die schulische Förderung mehrfachgeschädigter Kinder und Jugendlicher mit geistiger Behinderung in der Bundesrepublik Deutschland. Hamburg: Kovac 1992

Fischer, Erhard (Hrsg.): Pädagogik für Kinder und Jugendliche mit mehrfachen Behinderungen. Dortmund: verlag modernes Lernen/borgmann publishing 2000

Fischer, Erhard: Wahrnehmungsförderung: Handeln und sinnliche Erkenntnis bei Kindern und Jugendlichen. Dortmund: borgmann 2003[3]

Fröhlich, Andreas: Ansätze zur ganzheitlichen Frühförderung schwer geistig behinderter unter sensumotorischem Aspekt. In: Bundesvereinigung Lebenshilfe für geistig Behinderte (Hrsg.): Hilfen für schwer geistig Behinderte. Eingliederung statt Isolation. Marburg: 1978, 42-59

Fröhlich, Andreas: Die Pflege schwerst Mehrfachbehinderter als integraler Bestandteil einer ganzheitlichen Förderung aus pädagogischer Sicht. Sonderdruck aus Deutsche-Krankenpflegezeitschrift 1/1980

Fröhlich, Andreas: Integrierte Entwicklungsförderung für schwer mehrfachbehinderte Kinder. In: U. Haupt/ G.W. Jansen (Hrsg.): Pädagogik der Körperbehinderten. Handbuch der Sonderpädagogik Bd. 8. Berlin: Marhold 1983, 205-220

Fröhlich, Andreas: Ganzheitliche Schwerstbehindertenförderung: Kommunikation, Wahrnehmung, Umwelterfahrung. In: Verband Deutscher Sonderschulen (Hrsg.) 1985, 7 - 13

Fröhlich, Andreas: Basale Stimulation. Düsseldorf: Bundesverb. für spastisch Gelähmte und andere Körperbehinderte 1991

Fröhlich, Andreas / Heidingsfelder, Martha: Elementare Wahrnehmungsförderung. In: A. Fröhlich (Hrsg.): Wahrnehmungsstörungen und Wahrnehmungsförderung. Heidelberg: Schindele 1986, 97-114

Fikar, H.: Körperorientierte Förderansätze im Unterricht bei Menschen mit schwerer geistiger Behinderung. Geistige Behinderung 4/1987

Förderpflege mit Schwerstbehinderten. Lernen konkret 5 (1996) Heft 2

Honekamp, Andrea: Das Förder- und Therapiekonzept nach Pörnbacher: Hilfen für eine Schülerin mit schwerer Behinderung zur Körperaufrichtung mit Pörnbacher Lagerungselementen. Pädagogische Impulse 35 (2002) Heft 2 und 3, 108-125

Jansen, Ulrich: „Barfuß unterwegs" - sinn-volle, natürliche und naturnahe Erfahrungen in der psychomotorischen Praxis. Zeitschrift für Heilpädagogik 44 (1993) Heft 5, 316-326

Jetter, Karlheinz: Leben und Lernen mit behinderten und gefährdeten Säuglingen und Kleinkindern. Stadthagen: Bernhardt-Pätzold 1985

Kiphard, Ernst: Motopädagogik. Psychomotorische Entwicklungsförderung - Band 1. Dortmund: verlag modernes lernen 1992

Kükelhaus, Hugo/ zur Lippe, Rudolf: Entfaltung der Sinne. Ein Erfahrungsfeld zur Bewegung und Besinnung. Frankfurt: fischer alternativ 1982

Lamers, W. (Hrsg.): Spielräume - Raum für Spiel. Spiel- und Erlebnismöglichkeiten für Menschen mit schweren Behinderungen. Düsseldorf 1993

Lernen mit dem Körper. Lernen konkret 8 (1989) Heft 1

Leyendecker, Christoph: Mehr als nur ‚Prinzip Hoffnung'. Sensorische Anregung und körpernaher Dialogaufbau mit nichtsprechenden schwersthirngeschädigten Personen. Zeitschrift für Heilpädagogik 48 (1997) Heft 3, 109-116

Löscher, Wolfgang: Hör-Spiele. Sinn-volle Frühpädagogik. München: Don Bosco 1986

Löscher, Wolfgang: Riech- und Schmeckspiele. Sinn-volle Frühpädagogik. München: Don Bosco 1987/2

Lotz, Inge/ Krenzer, Rolf: Hast du meinenHund gesehen? Neue Spiellieder für 3-8jährige. München: Kösel 1976

Lotz, Inge/ Krenzer, Rolf: Kommt alle her! Neue Spiellieder für 3- bis 8jährige. Steifen/Brsg.: Kemper 1977

Mertens, Christa: Körperwahrnehmung und Körpergeschick. Psychomotorische Entwicklungsförderung Bd. 4. Dortmund: borgmann 1994

Mertens, Krista (Hrsg.): Pychomotorik - Grundlagen und Wege der Förderung. Dortmund: modernes lernen (Borgmann) 2002

Ministerium für Bildung, Frauen und Jugend (Hrsg.): Richtlinien für die Schule mit dem Förderschwerpunkt ganzheitliche Entwicklung und Lehrplan zur sonderpädagogischen Förderung von Schülerinnen und Schülern mit dem Förderbedarf ganzheitliche Entwicklung. Mainz: MfBFJ 2001 (Aktivitätsbereich Wahrnehmung und Bewegung, Spiel und Sport)

Montagu, Ashley: Körperkontakt. Die Bedeutung der Haut für die Entwicklung des Menschen. Stuttgart: Klett 8 Aufl. 1995

Nielsen, L.: Greife und du kannst begreifen. Würzburg 1990

Nielsen, Lilli: Das Ich und der Raum. Aktives Lernen im „Kleinen Raum“. Würzburg: 1993

Pfeffer, Wilhelm: Förderung schwer Geistigbehinderter. Eine Grundlegung. Würzburg: edition bentheim 1988

Piaget, Jean: Das Erwachen der Intelligenz beim Kinde. Stuttgart: Klett 1969

Piaget, Jean: Psychologie der Intelligenz. Olten/Freiburg: Walter 1974

Pichler, Heidrun: Fühle deinen Körper: Skelett, Muskeln, Blutkreislauf, Nervensystem, Verdauungssystem. Pullach/München: Sensor Verlag Pichler1993

Praschak, Wolfgang: Kooperative Pädagogik Schwerstbehinderter - Sensumotorische Kooperation im Alltag. In: A. Fröhlich (Hrsg.): Pädagogik bei schwerster Behinderung. Handbuch der Sonderpädagogik Bd. 12. Berlin: Wissenschaftsverlag V. Spiess 1991, 230-239

Praschak, Wolfgang: Die Stufen der Sensumotorischen Kooperation. Strukturen der Entwicklungsförderung von Kindern und Jugendlichen mit schwerster Behinderung aus der Sicht der Kooperativen Pädagogik. In: Erhard Fischer (Hrsg.): Pädagogik für Kinder und Jugendliche mit mehrfachen Behinderung. Dortmund: verlag modernes lernen 2000, 105-126

Schmitz, Gudrun: Wahrnehmungsförderung mit dem PERTRA-Spielsatz nach Marianne Frostig. Hg. v. der BV Lebenshilfe für geistig Behinderte e.V. Marburg 1978

Schomerus, Riclef: MOVE - Ein Konzept zur Bewegungsförderung bei körperlich schwerstbehinderten Menschen. Zeitschrift für Heilpädagogik 49 (1998) Heft 4, 549-553

Seitz, Rudolf: Tast-Spiele. Sinn-volle Frühpädagogik. München: Don-Bosco 1989

Seitz, Rudolf (Hrsg.): Tast-Spiele. Sinn-volle Frühpädagogik. München: Don Bosco 4. Aufl. 1989

Sinnhuber, Helga: Optische Wahrnehmung und Handgeschick. Übungsanleitungen. Dortmund: borgmann 1983

Sowa, Martin/ Rischmüller, Anne (Hrsg.): Schule in Bewegung. Zusammenarbeit von Therapie (KG/BT) und Pädagogik an Schulen für Körper- und Geistigbehinderte. Dortmund: borgmann 1996

Staatsinstitut für Schulpädagogik München (Hrsg.): Lehrplan und Materialien für den Unterricht in der Schule für geistig Behinderte. München: Hintermaier 1982, S. 15 ff

Staatsinstitut für Schulpädagogik und Bildungsforschung (Hrsg.): Erziehung und Unterricht, Diagnostik und Förderung schwer geistigbehinderter Schüler. Entwicklungsorientierte Lernbereich. München: A. Hintermaier Verlag 1992

Staatsinstitut für Schulpädagogik und Bildungsforschung (Hrsg.): Liegen, Sitzen, Stehen, Gehen. Handreichungen für Unterricht, Förderung und Therapie schwerstbehinderter Schüler. München: A. Hintermaier Verlag 1991

Staatsinstitut für Schulpädagogik und Bildungsforschung (Hrsg.): Schritte ins Leben. Handreichung für Erziehung, Unterricht und Förderung schwer geistigbehinderter Schüler in handlungsorientierten und fachorientierten Lernbereichen. München: Hintermeier 1993

Staatsinstitut für Schulpädagogik und Bildungsforschung (Hrsg.): Lehrplan für den Förderschwerpunkt geistige Entwicklung. München: Hintermeier 2003, Kap. Wahrnehmung und Bewegung

Steigmaier, Elke/ Tödter, Ralf: Wir lassen uns (nicht) aus dem Gleichgewicht bringen. Lernen konkret 10 (1991) Heft 2, 17-21

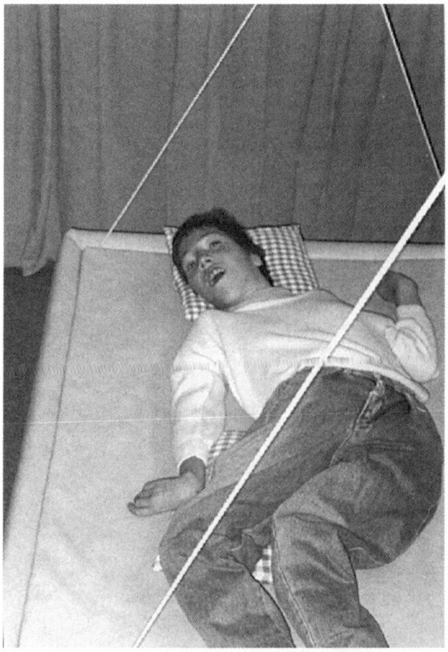

Schaukeln auf der selbstgebauten Liegemulde – Wahrnehmen von Raumlage und vestibuläre Stimulation

„Ich kann schon auf dem Bauch rutschen“ – Ausbau von Körperwahrnehmung und -geschick

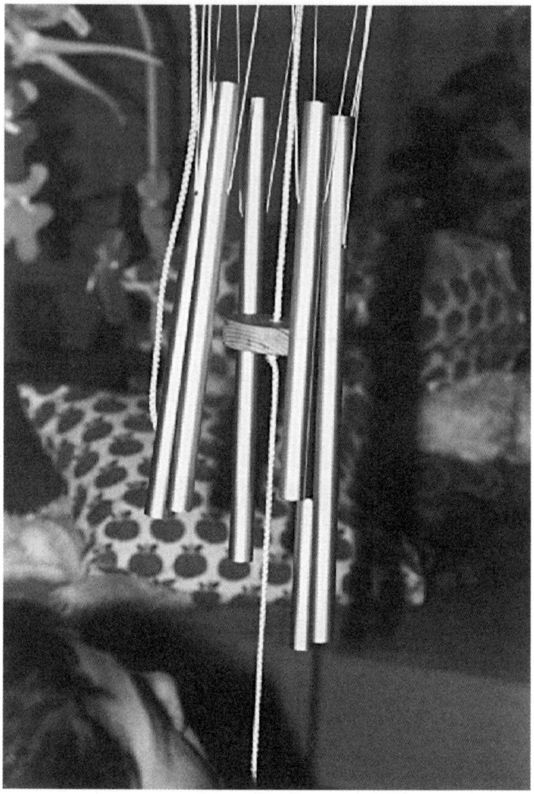

Festhalten – ziehen – etwas in Bewegung versetzen – Geräusche erzeugen

2.2 Körperpflege und Kosmetik

Didaktische Vorüberlegungen

Eine angemessene und altersgerechte Körperpflege versteht sich von selbst: Jedes Kind empfindet es als unbehaglich und störend, in nassen Windeln zu liegen oder mit schmutzigen und verklebten Händen umherzulaufen, möchte gut riechen und als Spiel- und Interaktionspartner nicht abgelehnt, sondern geschätzt werden. Auch profitiert es davon, wenn er sich „selbsttätig" waschen und pflegen kann, und nicht immer andere um Hilfe und Unterstützung bitten muss. Zudem sollte es möglichst früh erfahren, dass eine regelmäßige Körperpflege der Gesundheitsfürsorge und der Gesunderhaltung dient.

An wesentlichen Bereichen „körperlicher Pflege“ kann grob unterschieden werden zwischen

- allgemeiner Körperpflege,
- Hände waschen,
- Sich baden und duschen,
- Pflege von Nase und Ohren,
- Haarpflege,
- Rasieren,
- Nagelpflege,
- Zahnpflege sowie
- geschlechtsspezifische Pflege und Kosmetik.

Aus methodischer Sicht bietet sich an, Zielstellungen aus der Körperpflege immer dann aufzugreifen und zu üben, wenn entsprechende Situationen dies auch ermöglichen: Händewaschen nach dem Toilettengang, Duschen nach dem Schwimm- und Sportunterricht oder Zähneputzen nach dem Mittagessen.

Manche dieser Zielstellungen und Handlungen scheinen auf den ersten Blick so einfach, dass sich die Frage stellt, ob dies überhaupt einer eigenen Thematisierung bedarf. Die für Erwachsene und nicht behinderte Kinder problemlos durchführbare Tätigkeit des „Hände-waschens“ kann aber für jüngere wie auch für mehrfachgeschädigte Schüler mit einer geistigen Behinderung eine sehr komplexe Leistung mit kaum überwindbaren Schwierigkeiten darstellen. Dies wird für die Lehrperson dann deutlich, wenn er sich die Mühe macht, diese Tätigkeit einmal in ihre zahlreichen Einzelschritte zu zerlegen. Dabei kommt ihm zur Hilfe, dass lebenspraktische Fertigkeiten der Körperpflege – anders als emotionale oder soziale Kompetenzen wie „Selbstvertrauen haben“ oder „Kontakte aufbauen“ – in der Regel eine stabile und hierarchische Ordnung in den Teilleistungen, aus denen sie sich zusammensetzen, aufweisen.

Diese „strukturellen“ Zusammenhänge und Erkenntnisse können für eine pädagogische Beurteilung wie auch Förderung (Förderdiagnostik) nutzbar gemacht werden, indem sog. „Verlaufsstrukturen“ erstellt werden. In der Geistigbehindertenpädagogik wie auch in der Frühpädagogik existieren diesbezüglich eine Reihe von älteren Veröffentlichungen, so von *Liljeroth/ Nimeus* (1973), *Adam* (1978), *Schmitz* (1979) oder *Richter* (1980), mit mehr oder minder differenzierten Angaben und Auflistungen

- über die inhaltliche Zusammensetzung solcher lebenspraktischer Fertigkeiten,

- darüber, wie der spezifische Leistungsstand eines Kindes bezüglich der Aneignung dieser Kompetenzen überprüft werden kann und
- wie diese diagnostischen Hinweise für eine pädagogische Förderung verwertet werden können (vgl. *Fischer* 1991).

Ziele/Inhalte/Handlungsschritte	**Methoden/ Medien**
Hilfe annehmen und akzeptieren, wenn Gesicht, Hände und andere Körperteile gewaschen bzw. gepflegt werden	*Schwerstbehinderte Schüler:* • auf Hautsensibilität achten • angenehme Wassertemperatur herstellen (nicht zu warm, nicht zu kalt) • ggf. gut riechende Badezusätze hinzugeben • gestische, mimische, gesamtkörperliche Reaktionen beachten und darauf angemessen reagieren (vgl. Bienstein/Fröhlich 1991)
Die Notwendigkeit der körperlichen Hygiene und Pflege erleben, erkennen und in der eigenen Lebensführung berücksichtigen	• Schmutz bewusst machen, z.B. nach dem Werken, Töpfern oder Malen: schmutzige Stellen gegenseitig zeigen; Verfärbung des Waschwassers veranschaulichen • durch mangelnde Körperpflege bedingten Schmutz bewusst und bemerkbar machen (ohne einzelne Kinder vor den Mitschülern bloßzustellen) • Vergleiche anstellen zur Notwendigkeit des Waschens und Pflegens von Kleidung und anderen Gebrauchsgegenständen

Ziele/Inhalte/Handlungsschritte	Methoden/ Medien
Mögliche Gefahren für die Gesundheit erfahren und benennen können	vgl. Kap. 2.3
Wesentliche Körperpflegemittel sinnlich unterscheiden, kennen und benennen	• Seife (fest und flüssig), Duschdas, Shampoo, Waschlappen, Handwaschbürste u.a. • Riechübungen • im praktischen Tun
Hände waschen: • ggf. Ärmel hochkrempeln • Wasserhahn aufdrehen • Hände mit Seife einreiben und Seife ablegen • Beide Hände gleichmäßig mit Innen- wie Außenflächen reiben • Sauberkeit immer wieder kontrollieren • Hände mit Wasser abspülen • Hände mit Handtuch oder Papier gleichmäßig abtrocknen • Seifenspender bedienen • Papierhandtuchspender bedienen	Farbsymbole für „heiß" und „kalt" sowie Drehrichtung erklären/einüben Nach Möglichkeiten sollten in einer Schule mehrere technische Modelle von Armaturen vorhanden sein, damit auch die Bedienung einer Einhebelmischbatterie oder eines Gerätes mit Sensor erlernt werden kann.
Sich baden: • Funktion der Badewanne kennen • Stöpsel in Ablauf stecken, damit Wasser nicht abläuft	

• Verschiedene Bade- bzw. Einlaufarmaturen unterscheiden und bedienen	Auf solche beim Besuch in anderen Einrichtungen, z. B. in öffentlichen Schwimmbädern oder im Schullandheimaufenthalt, aufmerksam machen und deren Funktion einüben
• Wasser bis zu einer best. Höhe einlaufen lassen und Temperatur dosieren – je nach Bedarf warmes oder kaltes Wasser dazulaufen lassen	
• Nach Bedarf und Wunsch Badezusätze hinzugeben	
• Beim Einsteigen in die Wanne sich an Griffen sicher festhalten	Matte gegen Rutschgefahr vorher einlegen
• Gesicht, Haare und andere Körperteile waschen	Gebrauch eines Waschlappens einüben
• Beim Aussteigen erhöhte Rutschgefahr beachten	
• Nach dem Abtrocknen und Ankleiden Wasser wieder ablaufen lassen	
• Wanne reinigen	
Sich duschen:	
• Brause auf die richtige Höhe einstellen	Gegenüber dem Baden zunächst kaltes Wasser (blauen Hahn) aufdrehen und dann warmes (roter Hahn) dazumischen, bis die gewünschte Temperatur erreicht ist
• Wasser andrehen und Temperatur einstellen	
• Einzelne Körperteile „von oben nach unten“ – zunächst Haare und Gesicht und zuletzt Po und Genitalien – gründlich und systematisch reinigen	Bei Einhebelmischbatterie: Griff in die Mitte stellen, anziehen und Wassertemperatur durch langsames Drehen nach links (Richtung warm) dosieren – dann erst unterstellen

Ziele/Inhalte/Handlungsschritte	Methoden/ Medien
Nase reinigen:	
• erleben, unterscheiden und benennen, mit welchen Mitteln die Nase „geputzt“ werden kann: Taschentücher, Tempos	Zur Not können auch Papierservietten, Küchenrollen u.a. benutzt werden
• Taschentuch auseinanderfalten, hineinschnauzen, Nase putzen und Tuch wieder zusammenfalten	Schüler anleiten, dass sie immer ein sauberes Taschentuch bei sich tragen
• Gebrauchte Papiertaschentücher in den Abfalleimer werfen	
Die *Haare waschen*, spülen und ggf. frisieren:	
• Benötigte Materialien besorgen und bereitstellen	Shampoo, Handtuch, Föhn, Haarbürste
• Etwas Shampoo auf Hände auftragen	Praktisches Tun
• Gleichmäßig auf dem nassen Haar verteilen	Handlungsschritte verbalisieren
• Kopfhaut und Haare gleichmäßig und systematisch (von vorne nach hinten oder umgekehrt) einmassieren	Durch „Waschbewegung“ unterstützen
• ausspülen	
• Haare nochmals mit Shampoo waschen	
• Haare gründlich abspülen	
• spez. Mittel/Shampoos kennen	Für fettiges/schuppiges Haar u.a.
• Haare föhnen und ggf. frisieren	

Rasieren:	
• Erleben und wissen, dass Jungen ab einem best. Alter Barthaare wachsen, die regelmäßig entfernt werden müssen (sofern kein Bart erwünscht ist)	vgl. Sexualerziehung (Kap. 2.4) Barthaare im Gesicht zeigen, Bartwuchs bei anderen beobachten
• sich mit einem elektrischen Rasierapparat rasieren: Stecker einstecken; systematisch und gleichmäßig über die entsprechenden Stellen fahren	Praktische Einübung, vor allem als Vorbereitung für und während eines Landschulheimaufenthalts
• nach der Rasur Stecker ziehen, Apparat reinigen und wegstekken/-legen	
• die Technik der Nassrasur als Alternative erleben und die Gefahr von Verletzungen/Schnittwunden kennen	Für eine regelmäßige Nassrasur sind die Verletzungsgefahren in der Regel zu groß; die Technik sollte aber den Schülern von der Lehrperson demonstriert werden; dabei sollte auch die „Schärfe“ von Rasierklingen wahrgenommen werden
• Nach Bedarf nach der Rasur mit etwas After Shave gleichmäßig einreiben	
Finger- und Fußnägel schneiden:	
• Utensilien zur Nagelpflege unterscheiden und ihre Funktion kennen	Nagelfeile, Nagelbürste, Nagelschere
• Nägel mit Nagelreiniger/-feile von Schmutz säubern	Praktische Übungen
• Mit einer Schere – nur bei sicherer Beherrschung – zu lange Nägel kürzen	Schwierigkeiten treten vor allem dann auf, wenn die Nägel der „dominanten“ Hand – mit Feile oder Schere in der anderen, ungeübteren – gereinigt werden sollen; um Verletzungen durch die Schere zu vermeiden, sollte hier eine Beschränkung auf die Nagelfeile erfolgen oder ein Nagelknipser eingesetzt werden
• Kleinere Unebenheiten mit Nagelfeile durch gleichmäßiges „Feilen“ entfernen, bis die Nägel glatt und rund sind	

Ziele/Inhalte/Handlungsschritte	Methoden/ Medien
• erfahren und berücksichtigen, dass sich Finger- und Fußnägel besser nach dem Baden schneiden lassen (diese sind dann weicher)	
Zähne putzen:	
• Zahnbürste, -pasta und -becher sowie Becher mit Wasser zum Ausspülen bereitstellen	Verschiedene Sorten von Zahnpasta und -bürsten kennenlernen
• Tube aufschrauben und Zahnpasta dosiert auf Bürste aufbringen	Praktisches Einüben in sich bietenden Situationen (z.B. nach dem Mittagessen)
• Becher nehmen und mit Wasser füllen	
• Zähne in kreisender Bewegung, ca. 3 Min. lang, putzen	Sanduhren, auf 3 Min. eingestellt, zur Hilfe nehmen (wird von manchen Zahnärzten und Apotheken kostenlos abgeben)
• Mund mit Wasser ausspülen	
• Zahnpasta, -bürste und Becher reinigen und wegstellen	
• erleben, dass man „alternativ" auch eine elektrischen Zahnbürste benutzen und diese akzeptieren kann	
• elektrische Zahnbürste sachgemäß gebrauchen: Stecker einstecken, Bürste aufsetzen....	
Kosmetika kennen und benutzen:	
• Handcreme (vor allem bei rauhen Händen) dosiert aus einer Dose nehmen und gleichmäßig mit beiden Händen verreiben	Beim Gesicht Kontrolle im Spiegel Gegenseitige Hilfe bei schwer zugänglichen Stellen

• Mit Körperlotion je nach Bedarf das Gesicht und den ganzen Körper einreiben • Deo-Roller und Spray benutzen • *Mädchen* erfahren, dass und wie man seine Nägel mit verschiedenfarbigen Lacken bemalen und so „verschönern“ kann • Die Funktion von Nagellackentferner erfahren	Vor allem bei trockener Haut Vorteile von Deo-Rollern erkennen Gefahr von Augenverletzungen bei Sprays beachten: Dose in die richtige Richtung und mit einem angemessenen Abstand halten Zeigen und anbieten, z.B. an Fastnacht
Kosmetika selbst herstellen und etwas über ihre Zusammensetzungen erfahren wie • Duschgel • Haarshampoo • Körperlotion • Deodorant u.a.	vgl. die ausführlichen Hinweise und Arbeitsblätter bei Dank 1990
Einen Kulturbeutel für die schulischen Erfordernisse (Schwimmen, Sport) anlegen und in Ordnung halten	Mindestausstattung: Kamm/Bürste, Seife bzw. Duschdas, Shampoo, Cremes nach Bedarf Gefäße nach Gebrauch gut verschließen, um Auslaufen zu verhindern; nach Verbrauch entsorgen und neue Mittel besorgen

Weitere Zielstellungen bei Vorliegen besonderer körperlicher Erkrankungen/Defizite:

- sachgemäß eine Brille säubern
- mit einem Glasauge umgehen können (Schule für Blinde und Sehbehinderte)

Literatur/Unterrichtsmaterialien:

Adam, Heidemarie: Arbeitsplan für den Unterricht mit Geistigbehinderten. Limburg: Frankonius 1978, S. 16 ff und 88 ff

Bienstein, Christel/ Fröhlich, Andreas: Basale Stimulation in der Pflege. Pflegerische Möglichkeiten zur Förderung von wahrnehmungsbeeinträchtigten Menschen. Düsseldorf: verlag selbstbestimmtes leben 1991

Dank, Susanne: Geistigbehinderte pflegen ihren Körper. Fitneß - Training - Hygiene - Herstellung von Kosmetika. Übungsreihen für Geistigbehinderte, Lehrgang D: Lebenspraktisches Training Heft D1. Dotrmund: verlag modernes lernen 1990

Fischer, Erhard: Pädagogische Beurteilung und Förderung lebenspraktischer Kompetenzen. Lernen konkret 10 (1991) Heft 1, 14-20

Heslinga, K.: Über die lebenspraktische Erziehung blinder Kinder. Berlin: Marhold 1981/2

Jung, Edmund/ Krenzer, Rolf/ Lotz, Inge: Handbuch der Unterrichtspraxis mit Geistigbehinderten. Methodische und didaktische Wege. Frankfurt: Hirschgraben1976

Kane, John F./ Kane, Gudrun: Geistig schwer Behinderte lernen lebenspraktische Fertigkeiten. Bern/Stuttgart/Wien: Huber 1978

Kultusministerium Rheinland-Pfalz (Hrsg.): Materialien zur Arbeit in der Werkstufe der Schule für Geistigbehinderte (Sonderschule). Grünstadt: Sommer 1982, Kap. 2.22.3

Liljeroth, Ingrid/ Nimeus, Bengt: Praktische Bildung für geistig Behinderte. Weinheim: Beltz 1973

Ministerium für Bildung, Frauen und Jugend (Hrsg.): Richtlinien für die Schule mit dem Förderschwerpunkt ganzheitliche Entwicklung und Lehrplan zur sonderpädagogischen Förderung von Schülerinnen und Schülern mit dem Förderbedarf ganzheitliche Entwicklung. Mainz: MfBFJ 2001; Kap. 3.6; 6.2.3

Oberacker, Peter (Hrsg.): Arbeitsplan der Schule für Geistigbehinderte. Lernen durch Handeln: Pädagogische Schriftenreihe Bd. 8. Stuttgart: Wittwer 1988

Richter, Irina: Schwer mehrfachbehinderte lernen lebenspraktische Selbständigkeit. Bern: Huber 1980

Schmitz, Edgar: Elternprogramm für behinderte Kinder. München: Reinhardt 1979, Kap. 7

Schwager, Michael: Zahnpflege an der Schule für Geistigbehinderte. Zeitschrift für Heilpädagogik 46 (1995) 4, 171-177

Staatsinstitut für Schulpädagogik München (Hrsg.): Lehrplan und Materialien für den Unterricht in der Schule für geistig Behinderte. München: Hintermaier 1982, S. 83 ff

Staatsinstitut für Schulpädagogik und Bildungsforschung München (Hrsg.): Schritte ins Leben. Handreichung für Erziehung, Unterricht und Förderung schwer geistigbehinderter Schüler in handlungsorientierten und fachorientierten Lernbereichen. München: Hintermeier 1993, Kap. 3 (S. 47 ff)

Staatsinstitut für Schulpädagogik und Bildungsforschung München (Hrsg.): Lehrplan für den Förderschwerpunkt geistige Entwicklung. München: Hintermeier 2003; Kap. Selbstversorgung

Stuffer, Georg u.a.: Leben lernen in der Schule. Materialien für den Unterricht mit Geistigbehinderten. München: List 1980, S. 46 ff

Was ich alles brauche zum

Haarewaschen | Zähneputzen | Duschen und Baden | Pflegen von Händen u. Nägeln

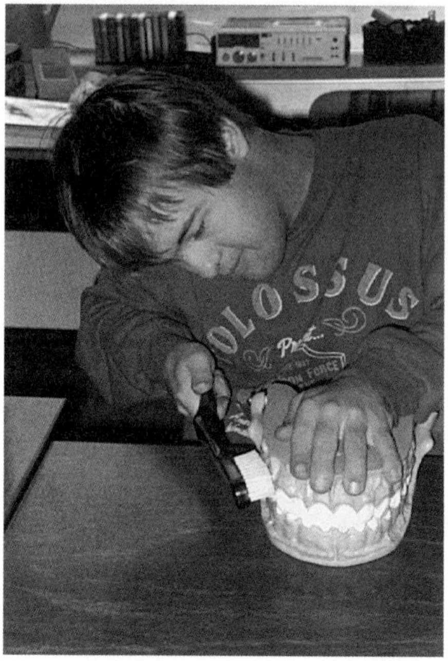

Zähneputzen – am Modell

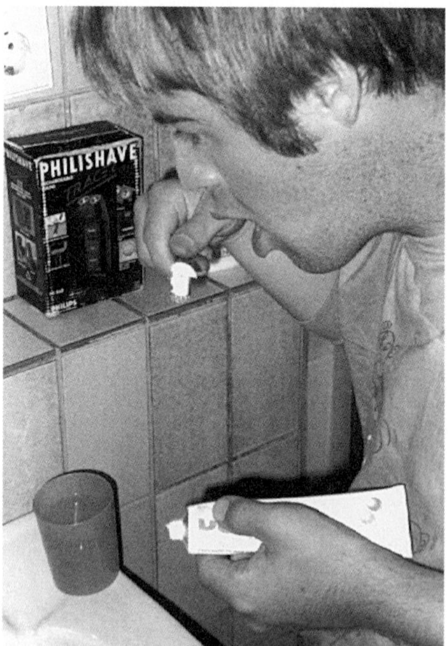

– in der Praxis

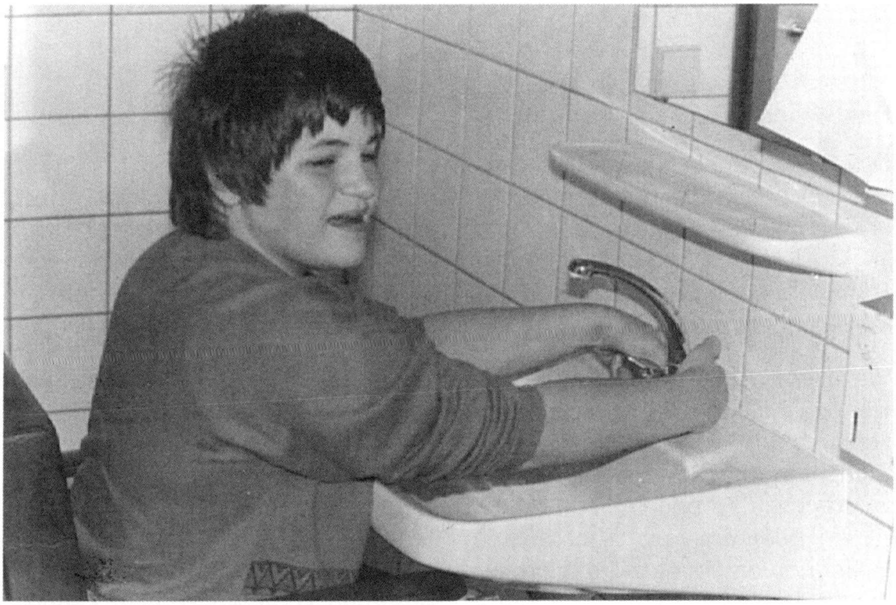

Hände waschen

Abtrocknen mit einem Papierhandtuch

2.3 Ich bin krank

Didaktische Vorüberlegungen

Der Schwerpunkt dieser Unterrichtsreihe liegt nicht bzw. weniger in der Vermittlung von Kenntnissen über Körperstrukturen und -funktionen und über mögliche pathologische Defizite bzw. Erkrankungen. Vielmehr steht im Vordergrund, dass die Schüler Schmerzen als Begleiterscheinungen krankhafter Vorgänge und Verletzungen wahrnehmen und einordnen und möglichst angstfrei lernen, damit umzugehen und darauf zu reagieren.

Vor allem müssen sie mit verschiedenen Möglichkeiten vertraut gemacht werden, Hilfe in Anspruch zu nehmen. Dazu gehört die Fähigkeit, Schmerzen und Verletzungen Bezugspersonen und Angehörigen medizinischer Einrichtungen (Arztpraxis, Krankenhaus u.a.) rechtzeitig zu zeigen und verständlich zu beschreiben. Um vorhandene Ängste vor dem Arzt abzubauen oder erst gar nicht aufkommen zu lassen, ist dessen Rolle als Helfer hervorzuheben. Dazu gehört auch, dass der Schüler wichtige Instrumente, mit denen er als Patient in Berührung kommen könnte, kennenlernt. Beim Gang zum Arzt lernt er neben verkehrsgerechtem Verhalten, wie ein Besuch dort abläuft und was dabei zu beachten ist.

Die Schüler sollen aber auch erfahren, dass leichte Wunden wie Hautabschürfungen oder kleine Messerschnitte keinen Arztbesuch erforderlich machen. Eigene Hilfsmöglichkeiten sollen in praktischen Übungen vermittelt werden, so z.B. der Umgang mit Pflaster bei kleinen Schnittwunden oder das Verhalten bei Verbrennungen.

Ein weiterer Schwerpunkt liegt in der Vorbeugung von Erkrankungen und Verletzungen, wenn die Schüler lernen, die Augen beim Werkunterricht vor Fremdkörpern zu schützen oder beim Fahrrad- oder Mofafahren einen Schutzhelm zu tragen.

Ziele/Inhalte/Handlungsschritte	Methoden/ Medien
Erfahren, dass der eigene Körper aus vielen Teilen besteht, die verletzt bzw. „krank werden“ können • Unfall: Arm- oder Beinbruch • Grippe • Magen- und Darmerkrankung • u.a.	• Erzählen von eigenen Krankheiten, Unfällen • Anschauen und Beschreiben von Bildern/Abbildungen von Unfällen u.a. • einen kranken Schüler besuchen und sich nach seinen Beschwerden erkunden
Die Erkrankung „Grippe“ kennen und wissen, wie man sich davor schützen kann	Von eigenen Krankheiten berichten und charakteristische Symptome erarbeiten: Fieber, Kopfschmerzen, schwitzen u.a. Vorbeugemöglichkeiten: • sich witterungsgemäß kleiden • in der Schule warme Kleidung ausziehen • Sport treiben • bei nicht zu warmer Raumtemperatur nachts bei offenem Fenster schlafen
Erfahren und wissen, dass bei schweren Grippeerkrankungen mit Fieber der Arzt nach Hause kommt und den eigenen Körper untersucht	

Ziele/Inhalte/Handlungsschritte	Methoden/ Medien
Wichtige Arbeitsgeräte des Arztes kennen: • Blutdruckgerät • Stethoskop • Spatel und Löffel • Thermometer • Spritze • Medizin	Geräte für schulische Zwecke anschaffen, vom Arzt ausleihen oder von zu Hause mitbringen: • Geräte anschauen und begreifen; Aussehen verbalisieren • Funktionsweise demonstrieren und ausprobieren lassen
Sich untersuchen lassen: • Zeigen, wo es weh tut • Fragen des Arztes beantworten: „Ich habe Halsweh, Schnupfen, bin müde, habe Fieber ...“ • Sich in den Mund/Rachen schauen lassen (Mund weit aufmachen) • Sich in die Ohren schauen lassen • Sich mit einem Stethoskop abhorchen lassen, den Blutdruck messen und Puls fühlen lassen • Anweisungen des Arztes befolgen (im Bett liegen bleiben, sich zugedeckt halten u.a.)	Typische Aktionen/Gesprächsmuster bei der Untersuchung über Bildergeschichten erarbeiten In einem Rollenspiel als „Patient“ Schmerzen und Unwohlsein mitteilen und mit den Spielpartner interagieren und kommunizieren, wobei Lehrpersonen anfangs mitwirken sollten: Diese können als „Helfer“ (des Arztes, aber auch als Mutter oder Vater des Patienten) zunächst Dialoge/Handlungen in Gang bringen und unterstützen Spielutensilien: • Bett und Decke für den „Kranken“ • Weißer Kittel für Arzt • Fisher-Price-Arztkoffer mit Zubehör oder „echte“ Geräte • Rezeptblock/-papier und Stift

Erforderliche Handlungsschritte beim Aufsuchen eines Arztes kennen und realisieren: • nach Betreten der Praxis Jacke an der Garderobe aufhängen • sich bei der Arzthelferin mit Namen melden • im Wartezimmer warten, bis man aufgerufen wird • den Arzt begrüßen und Beschwerden mitteilen • wie oben	Erster, vorbereiteter Besuch in einer Arztpraxis: Räume und Vorgehensweise bei einem Besuch erklären lassen; Gespräch mit dem Arzt; Instrumente und Geräte besichtigen Mit Hilfe aufgenommener Dias/Photos/Videos die einzelnen Handlungsschritte wiederholen und versprachlichen Rollenspielübungen Schüler mit Beschwerden sucht mit Erlaubnis der Eltern und unter Assistenz einer Lehrperson möglichst selbständig eine Arztpraxis auf
Medikamente nach Vorschriften einnehmen	schlucken, gurgeln, lutschen, trinken, einreiben
Erfahren, dass es verschiedene Ärzte mit unterschiedlichen Behandlungsschwerpunkten gibt und wissen, bei welcher Krankheit welcher Facharzt aufzusuchen ist	
Weitere Einrichtungen der Gesundheitsfürsorge als nützlich und hilfreich erkennen: • Krankenhaus • Physiotherapeutische Praxis • Gesundheitsamt	Besuche und Erkundungen vgl. Becker, Antoinette/ Niggemeyer, Elisabeth: Ich bin jetzt im Krankenhaus. Ravensburg: Otto Maier 1987

Ziele/Inhalte/Handlungsschritte	Methoden/ Medien
Meine Augen	
Sich die Funktion der Augen für das visuelle Wahrnehmen bewusst machen und die wichtigsten Bestandteile unterscheiden und benennen	• vgl. Kap. 2.1 • sich mit verbundenen Augen bewegen • Augenbraue, Wimpern, Pupille
Wissen, wie die Augen geschädigt werden können und wie man sich davor schützen kann 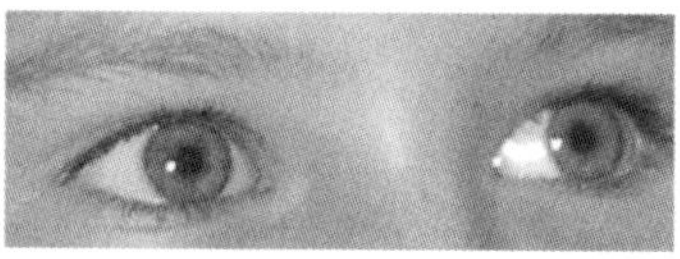	• Arbeiten, spielen und lesen bei genügend einfallendem Licht; ansonsten für künstliches Licht sorgen • nicht zu dicht vor dem Fernseher sitzen und nicht zu lange fernsehen • nicht zu lange in die Sonne schauen (Sonnenbrille benutzen) • Augen vor dem Eindringen von Fremdkörpern schützen, vor allem bei Werkvorhaben
Erfahren, dass bei Sehverschlechterungen und anderen Beschwerden der Augenarzt als „Facharzt“ aufgesucht werden muss Erleben, dass Angst vor Untersuchungen hier unbegründet sind (tut nicht weh)	Besuch beim Augenarzt: erfahren, was es dort alles gibt (Warteraum, Behandlungszimmer u.a.), spezielle Arbeitsmittel kennenlernen und miterleben, wie eine „typische“ Untersuchung abläuft Im Rollenspiel Erlebtes nachbereiten (Arzt; Patient; mit einer Lupe in die Augen sehen lassen; Zahlen oder andere Abbildungen lesen/benennen müssen u.a.)

Eine Brille als Sehhilfe akzeptieren und vorsichtig damit umgehen	• Betrifft vor allem Brillenträger • Besuch in einem Brillenfachgeschäft (auch dort werden auf Wunsch Visusüberprüfungen durchgeführt)
Einzelteile unterscheiden und kennen	Gläser, Steg, Bügel, Brillengestell untersuchen und zeigen, Teile benennen
Brille regelmäßig und gründlich reinigen 	• Brille in regelmäßigen Abständen gegen das Licht halten und auf Schmutz hin untersuchen • mit sauberem Taschentuch, anderem Leinentuch (Abtrockentuch) oder spez. Brillentuch von innen und außen gleichmäßig säubern • ggf. Reinigungsflüssigkeit (spez. Mittel oder Prilwasser) benutzen • Sauberkeit „auf Probe“ überprüfen, ggf. nachputzen • Brille bei Nichtgebrauch, z.B. beim Schwimmen, sicher aufbewahren; grundsätzlich nicht mit Gläsern nach unten auflegen
Beim Eindringen von Fremdkörpern sofort Erwachsene informieren; nicht mit den Fingern im Auge reiben	Bild eines geschädigten Auges (Unfallbild) anschauen und darüber sprechen

Hals/Nase/Ohren

Funktion der Ohren und der Nase kennen und diese regelmäßig und angemessen reinigen	Feste „Putztechniken“ einüben, vgl. Kap. 2.2

Ziele/Inhalte/Handlungsschritte	Methoden/ Medien
Erfahren, dass auch diese Körperteile erkranken können und ggf. vom Arzt behandelt werden müssen: • die Nase kann laufen (Schnupfen) • die Ohren können schmerzen	
Angst und Unsicherheiten bei der Untersuchung bei einem HNO-Arzt abbauen	• Besuch bei einem HNO-Arzt • Vorbereitende, spielerische Untersuchung mit einem Audiometer in der Schule durchführen • Audiom. Untersuchungen lassen sich auch bei einem Hörgeräteakustiker beobachten • Nachbereitung durch Rollenspiel

Meine Zähne

Die Funktion der Zähne für die Nahrungsaufnahme kennen und die wichtigsten Bestandteile des menschlichen Gebisses unterscheiden und benennen	vgl. Kap. 2.2 Demonstration durch Vortrag/Veranschaulichung des Schulzahnarztes
Erfahren, dass die Zähne regelmäßig geputzt werden müssen, da sie ansonsten „faul“ werden	s.o. Medien und Anschauungsmaterialien vom (Schul-) Zahnarzt ausleihen und Gefährlichkeit von Zucker enthaltenden Nahrungsmitteln und Getränken demonstrieren

Keine/weniger Angst vor einer Behandlung beim Zahnarzt haben und zeigen 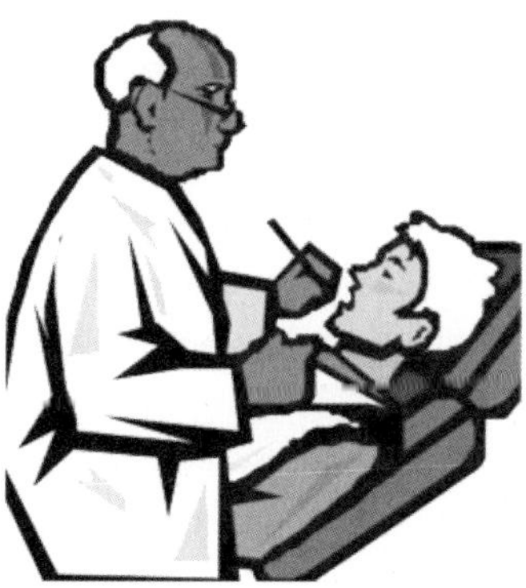	• Vorbereitung im Rollenspiel • Besuch einer Zahnarztpraxis • erleben, wie ein Erwachsener/ Mitschüler, ohne Schmerzen zu haben, behandelt wird • Becker, Antoinette/ Niggemeyer, Elisabeth: Ich gehe zum Zahnarzt. Ravensburg: Otto Maier 1982 • Jaeger, Stefan/ Haager, Roswitha/ Schultes, Michael: Steffi geht zum Zahnarzt. Luzern: Kinderbuchverlag 1987

Sich bei Schnittverletzungen angemessen verhalten

Erfahren, dass Schnitt- und Stoßverletzungen der Haut zu Blutungen führen, die man zum Stillstand bringen muss	
Wunde vor Verschmutzungen schützen	
Heftpflaster in der richtigen Größe besorgen und auf Wunde sachgemäß auflegen	Pflaster in einer angemessenen Größe abschneiden können; Schutzpapier abziehen und vorsichtig auf Wunde aufkleben
Wissen, wo Heftpflaster (und andere Erste-Hilfe-Materialien) in der Schule aufbewahrt werden und schnell zu finden sind	Die verschiedenen Räume in der Schule dahingehend untersuchen, wo Arzneimittelkästen installiert sind

Ziele/Inhalte/Handlungsschritte	Methoden/ Medien
Die Bedeutung des Symbols „Rotes Kreuz“ bzw. „weißes Kreuz“ (auf grünem Hintergrund) kennen und als Hinweis auf einen Verbandskasten/Erste-Hilfe-Kasten erkennen	Ein solches Kreuz im Siebdruckverfahren selbst anfertigen und in der Klasse dort anbringen, wo sich Pflaster und andere „Erste-Hilfe-Utensilien“ befinden
Schnittverletzungen durch vorsichtigen Umgang mit (scharfen) Messern vorbeugen	• Entsprechende, wiederkehrende Hinweise • Unsicheren Schülern weniger scharfe Messer in die Hand geben

Gesundheitsgefährdungen durch Nahrungs- und Genussmittel vermeiden

Erleben, dass viel Essen, vor allem fetthaltige Nahrungsmittel und Süßigkeiten, dick machen	• Regelmäßig sein Gewicht kontrollieren und Veränderungen kennzeichnen (bei leistungsstärkeren Schülern) • Gewicht der Schüler über längere Zeit in einer Zusammenstellung festhalten, gegenüberstellen und Übergewicht bei Schülern in Orientierung am Idealgewicht festmachen (in Zusammenarbeit mit den Eltern)
Von den Organen „Magen“ und „Darm“ und von ihrer Funktion eine Vorstellung haben	• Übungen am Torso • Arbeitsblatt über den Weg der Nahrung erstellen und erarbeiten

Erfahren, dass diese Organe bei Fehlernährung, aber auch wenn man zu viel, zu schnell oder hastig isst, Unwohlsein, Erbrechen und Schmerzen bereiten können	
Durch eine gesunde Ernährung Verstopfungen und Magenschmerzen vorbeugen	• Bewusst machen, dass Gemüse und Obst für den Körper wichtig sind • Erfahren, dass manche Nahrungsmittel mehr Ballaststoffe enthalten und dass diese die Verdauung positiv beeinflussen

Literatur/Unterrichtsmaterialien:

Becker, Anoinette/ Niggemeyer, Elisabeth: Ich bin jetzt im Krankanhaus. Ravensburg: Otto Maier 1987

Becker, Anoinette/ Niggemeyer, Elisabeth: Ich gehe zum Zahnarzt. Ravensburg: Otto Maier 1982

Gale, Karen Buhler: Klar kann ich das! Erste Hilfe für Kinder. Verlag An der Ruhr 2002

Jaeger, Stefan/ Haager, Roswitha/ Schultes, Michael: Steffi geht zum Zahnarzt. Luzern: Kinderbuchverlag 1987

Ministerium für Bildung, Frauen und Jugend (Hrsg.): Richtlinien für die Schule mit dem Förderschwerpunkt ganzheitliche Entwicklung und Lehrplan zur sonderpädagogischen Förderung von Schülerinnen und Schülern mit dem Förderbedarf ganzheitliche Entwicklung. Mainz: MfBFJ 2001 (http://sonderpaedagogik.bildung-rp.de/lehrplaene.htm)

Mühl, Heinz: Handlungsbezogener Unterricht mit Geistigbehinderten. Bonn – Bad Godesberg 4. Aufl. 1982 (Kap. 4.5; 4.6.1)

Staatsinstitut für Schulpädagogik, München (Hrsg.): Lehrplan und Materialien für den Unterricht in der Schule für geistig Behinderte mit Abdruck der Allgemeinen Richtlinien. München: Hintermaier 1982, S. 129-131

Staatsinstitut für Schulpädagogik und Bildungsforschung München (Hrsg.): Lehrplan für den Förderschwerpunkt geistige Entwicklung. München: Hintermeier 2003

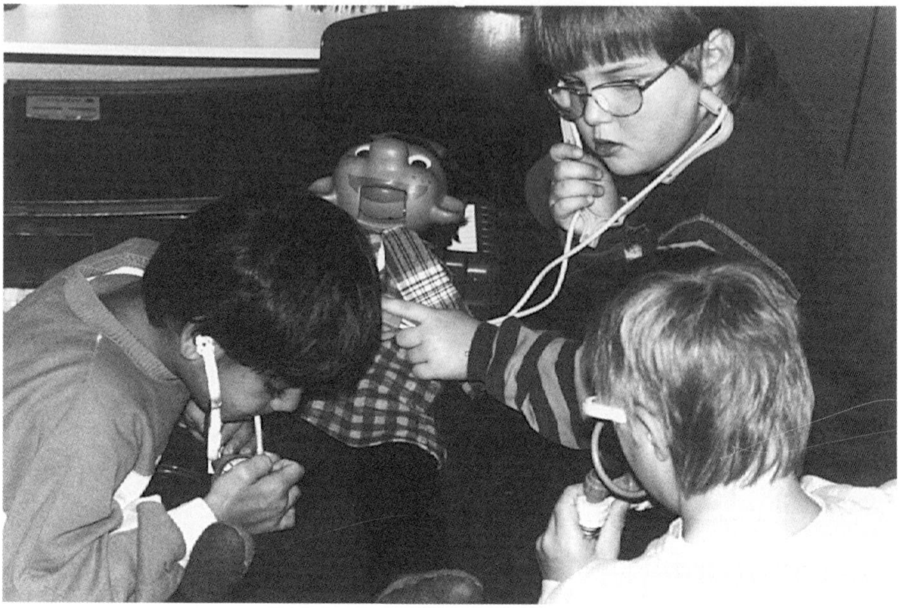

Rollenspiel: Drei „Ärzte", ein Patient

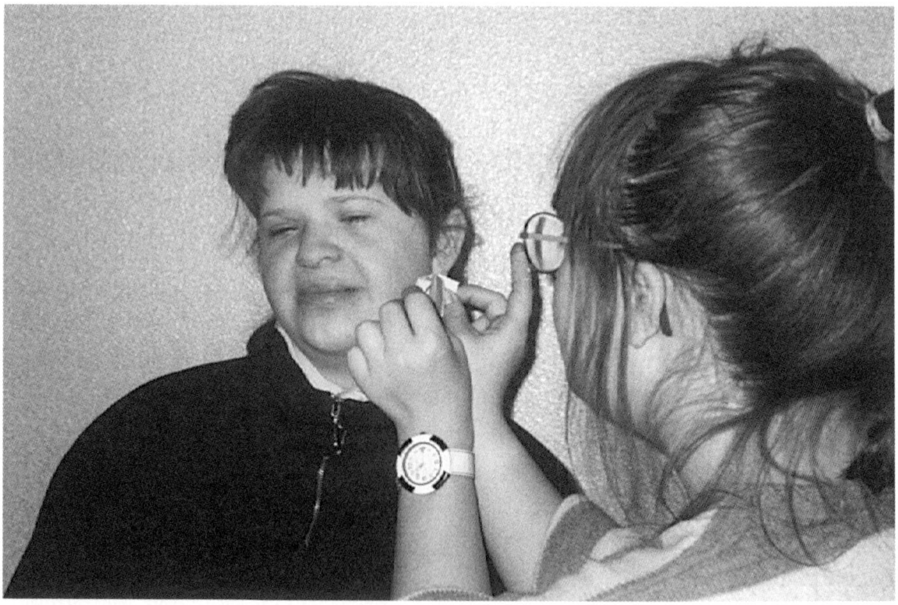

Pflaster anlegen

2.4 Sexualerziehung

Didaktische Vorüberlegungen

Die Sexualerziehung gehört zum Auftrag der Schule und wird in der Regel fächerübergreifend als Gesamtunterricht durchgeführt. Sie soll den einzelnen Schüler entsprechend seinem Lernverhalten, seinen Interessen und Fragen „in gebotener Zurückhaltung" mit den Fragen der Sexualität vertraut machen.

Diesem offiziellen Auftrag der Schule stehen auch heute noch manche Lehrkräfte mit einer gewissen Ratlosigkeit gegenüber, wenn Fragen der Sexualerziehung anstehen. Dafür gibt es eine Reihe von Ursachen:

- Tabuisierung des Themas,
- Einengung des Begriffs nur auf die Genitalsexualität,
- wenig Akzeptanz der Rolle des „Behinderten" als Erwachsener mit sexuellen Bedürfnissen oder
- mangelnde sexualpädagogische Kompetenzen und eigene Unsicherheiten auf diesem Gebiet.

Zur Sexualerziehung gehört nicht nur die übliche „Aufklärung" über den biologischen Unterschied zwischen Junge und Mädchen bzw. Mann und Frau oder die Vermittlung von Kenntnissen über die Funktion der einzelnen Geschlechtsorgane. Dazu gehört auch und vor allem, dass die Schüler zu menschlicher und sozialer Partnerschaft befähigt werden und sich im Rahmen ihrer persönlichen Selbstentfaltung als „Mann" oder „Frau" erleben, kennen und akzeptieren lernen.

Als Themenbereiche, die entsprechend dem Alter, den Vorerfahrungen und Interessen der Schüler aufzugreifen sind, ergeben sich:

- Mein Körper: Reifungs- und Veränderungsprozesse,
- Geschlechtsspezifische Merkmale und Organe,
- Schwangerschaft und Geburt,
- Zeugung,
- Empfängnisverhütung,

- Partnerschaft (Zuneigung – Zärtlichkeit – Freundschaft – Liebe),
- Selbstschutzmaßnahmen und
- Möglichkeiten und Grenzen des eigenen Sexuallebens (Ehe; Kinderwunsch u.a.).

Die Auswahl der Themen und Ziele erfolgt in Orientierung am für das jeweilige Bundesland gültigen Lehrplan sowie an den von manchen Kultusministerien eigens herausgegebenen „Richtlinien zur Sexualerziehung". So wird z. B. in Rheinland-Pfalz darauf hingewiesen, dass zum einen eine „Pflicht zur Sexualerziehung" besteht, andererseits aber das Recht der Eltern zu beachten ist, über die Erziehung Ihres Kindes mitzubestimmen. „Über Ziele, Inhalte und Form der Sexualerziehung hat die Schule die Eltern rechtzeitig zu unterrichten" (& 1 Abs. 4 des Schulgesetzes Rheinland-Pfalz in der Fassung vom 17. März 1992).

In diesem Rahmen gilt es, die Eltern durch sachliche Aufklärung zu einer Mitarbeit und Unterstützung zu gewinnen. Es sollte akzeptiert werden, wenn manche Väter und Mütter Einwände erheben, wenn dieser oder jener Inhalt bei Ihrem Kind im Unterricht ausführlich erarbeitet werden soll. Die dahinter stehenden Sorgen und Ängste müssen in einer Reihe von Gesprächen, auch einzeln und zu Hause, aufgegriffen und aufarbeitet werden.

Ein Elternabend bietet sich „als Einstieg" ein, um allgemeine Informationen über die Thematik „Sexualität – Sexualerziehung" zu vermitteln oder allgemeine Absprachen über das Erziehungsverhalten zu Fragen der Sexualität zu treffen. Die Einladung kann mit einem kleinen Fragebogen versehen sein (vgl. Eulenbruch/Plum in Sexualerziehung 1988, 6), auf dem die Eltern den Lehrpersonen schriftlich erste Informationen über den „Aufklärungsstand" ihres Kindes sowie über ihre Wünsche im Hinblick auf den vorgesehenen Unterricht geben können.

Am Elternabend selbst können dann auf der Grundlage der Auswertung der Fragebögen und in Bezug auf die von den Eltern vorgetragenen Wünsche Fragen aus dem Themenbereich „Sexualerziehung" erörtert werden, entweder im Plenum oder auch in kleineren Arbeitsgruppen, wenn sich unterschiedliche Interessen herauskristallisiert haben. Es kann darauf hingewiesen werden, dass, wenn die Kinder in den nächsten Tagen mit neuen Ausdrücken nach Hause kommen, diese vermutlich in der Schule eingeführt bzw. gelernt wurden und die Eltern wissen, woher diese kommen. Die Eltern können gebeten werden, die im Unterricht behandelten Themen bei sich anbietenden Gelegenheiten aufzugreifen und auf Fragen ihrer Kinder so gut wie möglich einzugehen.

In diesem Zusammenhang bietet sich an, über die auf dem Markt befindlichen Aufklärungsbücher und über ihre Einsatzmöglichkeiten bei Kindern und Jugendlichen mit geistiger Behinderung zu informieren. Ebenso sollte den Eltern ermöglicht werden, die in der Schule verfügbaren Literatur auszuleihen und anzusehen.

Als Unterrichtsmittel werden von öffentlichen Bibliotheken sowie von den Kreis- und Landesbildstellen (Medienzentralen) viele bebilderte Sachkundebücher, Dias, Filme sowie weitere Anschauungsmittel zur Verfügung gestellt.

Gerade bei der hier vorliegenden Ausarbeitung „Sexualerziehung“ handelt es sich um eine Unterrichtsreihe, die keineswegs als „Stoff“ für nur eine mittelfristige Planung von vier oder sechs Wochen zu verstehen ist. Vielmehr ist es erforderlich, einzelne Lernziele wie z.B. geschlechtsspezifische Reifungs- und Veränderungsprozesse immer wieder und immer dann aufzugreifen, wenn dies die Situation erfordert, wenn z.B. ein Mädchen zum ersten Mal seine Periode bekommt. Andere Themenauszüge wie „geschlechtsspezifische Merkmale“ sind eher für die Behandlung in einer Unterstufenklasse gedacht, andere wie der Aspekt der Zeugung (Geschlechtsverkehr) oder der Empfängnisverhütung eher für Ober- und Werkstufenschüler, sofern dies ihrem Förderbedarf und ihrem Verständnishorizont entspricht. Es empfiehlt sich, die Gesamtplanung einer Sexualerziehung im Rahmen eines schuleigenen Lehrplans thematisch auf die verschiedenen Schulstufen zu verteilen.

Geschlechtsspezifische Merkmale und Reifungs- und Veränderungsprozesse:

Ziele/Inhalte/Handlungsschritte	**Methoden/ Medien**
Eine Vorstellung von dem Unterschied zwischen den Geschlechtern Junge-Mädchen/Mann-Frau entwickeln	Voraussetzung dafür ist die Gewinnung eines verlässlichen Bildes vom eigenen Körper (vgl. Kap. 2.1) durch vielfältige motorische und soziale Erfahrungen

Ziele/Inhalte/Handlungsschritte	Methoden/ Medien
Die Geschlechter anhand sekundärer äußerlicher, traditioneller Merkmale unterscheiden:	Einteilungsübungen der Schüler der eigenen Klasse/anderer Klassen in Jungen und Mädchen
• Haare	
• Kleidung	
• Behaarung (auf der Brust, Bart) und tiefere Stimme bei älteren Jungen und Männern	Unterschiedliche Kleidungsstücke kategorisieren in solche für Jungen und Mädchen
• Unterscheidung anhand des Vornamens	
Erfahren, dass auf diese Unterscheidungsmerkmale nicht immer Verlass ist	Manche Jungen tragen auch lange Haare; nicht alle Mädchen tragen (immer) Röcke, Blusen oder Kleider
Jungen/Männer anhand primärer Geschlechtsmerkmale unterscheiden: • Penis/Glied • Hoden Mädchen/Frauen anhand primärer Geschlechtsmerkmale unterscheiden: • Scheide • Brust/Busen	• Babys (Junge und Mädchen) von Mitarbeitern/Bekannten ohne Kleidung beobachten • Modellpuppen konstruieren mit anschaulicher Darstellung der Geschlechtsmerkmale (vgl. Schünemann/Müller 1993) • Zeigen an Jungen- bzw. Mädchenpuppe • Verbalisieren von entsprechenden Zeichnungen und Arbeitsblättern; ausmalen und Begriffe zuordnen • Erarbeiten am eigenen Körper beim Duschen nach dem Schwimmen/Sportunterricht

Die Funktion dieser Körperteile kennen: • Penis: urinieren (später: Geschlechtsverkehr) • Hoden: Samen des Mannes • Scheide: urinieren, Menstruation, Geschlechtsverkehr • Brust: milchspendende Funktion bei Mutterschaft	Ausgehend von der Erfahrung, dass alle Körperteile eine bestimmte Aufgabe haben: mit dem Mund kann man essen, mit den Händen greifen usw.
Veränderungen beim Wachstum am eigenen Körper (Reifung) beobachten und einordnen: alle (Jungen und Mädchen) werden größer, sie wachsen	• Unterscheiden und benennen der Körperteile • Aufstellen der Größe nach • Längenwachstum und Gewicht messen und vergleichen
Bei Jungen: • Wachsen der Geschlechtsteile • Wachsen der Schambehaarung • Erektion/ Vorhaut • Samenerguss • Veränderung der Stimme	
Bei Mädchen: • Wachsen der Brust • Schambehaarung • Menstruation/Periode	

Ziele/Inhalte/Handlungsschritte	Methoden/ Medien
Schwangerschaft:	
Erfahren, dass • ein Kind im „Bauch“ der Mutter langsam heranwächst und dass man diesen Vorgang beobachten kann • der Körper der Mutter sich verändert: Der Bauch nimmt an Umfang zu; die Brust verändert sich und bereitet sich darauf vor, Milch (Nahrung) zu geben	Eine schwangere Kollegin/Bekannte erzählt... Bilder anschauen/erarbeiten: • „Ein Kind entsteht“ (Nilsson 1979) • „Mein erstes Buch vom Körper“ (Kaufman 1994, 12) • „Ich will auch Geschwister haben“ (Lindgren 1979)
Erkennen, dass nur Frauen die Möglichkeit haben, ein Kind zu gebären	• Begriff Gebärmutter erläutern • Nilsson 1979, S. 54 und 80 • Lehrmaterial von I. Immig
Wissen, dass das ungeborene Kind in der Gebärmutter durch die Nabelschnur mit Nährstoffen und Sauerstoff versorgt wird	• Nilsson 1979, S.119 (Episkop einsetzen)
Verstehen, dass die Mutter für die Gesundheit des Kindes verantwortlich ist	• Gespräche über Gefahren von Alkohol und Nikotingenuss führen • Nachteile von zu enger Kleidung aufzeigen • Die Bedeutung einer gesunden Ernährung herausstellen (Bildcollage) • Auf körperliche „Fitness“ hinweisen (häufige Spaziergänge, viel Schlaf)

Die Geburt als ein anstrengendes und schmerzhaftes, aber auch freudiges Ereignis betrachten	Bildmaterial anschauen: • Alete Buch der Schwangerschaft, S.30 ff • Dias von den Kreis- oder Landesbildstellen • Film „Schwangerschaft und Geburt" (Landesbildstelle Rheinland-Pfalz Nr. 320836)
Den Geburtsweg kennen (Gebärmutter, Scheide) Den Geburtsvorgang kennen (Wehen, Abnabelung, Nachgeburt, Freude, Anstrengung)	• Eltern befragen über die eigene Geburt • Weibl. Lehrpersonen und Mütter erzählen von eigenen Erfahrungen • Besuch in einem Kreissaal: Apparate, Geburtsstuhl, Bett, Waage, Waschbecken u.a. betrachten • Eine Hebamme erzählt von ihrer Arbeit
Erfahren, dass Mutter und Kind nach der Geburt noch einige Tage im Krankenhaus bleiben, oft in einem Zimmer (rooming-in) Erfahren und wissen, dass der Säugling die Pflege und Obhut durch Mutter und Vater (in einer Familie) benötigt: • Hilflosigkeit des Säuglings erleben/beobachten	Atmosphäre auf einer Neugeborenenabteilung erleben; Neugeborene beachten dürfen 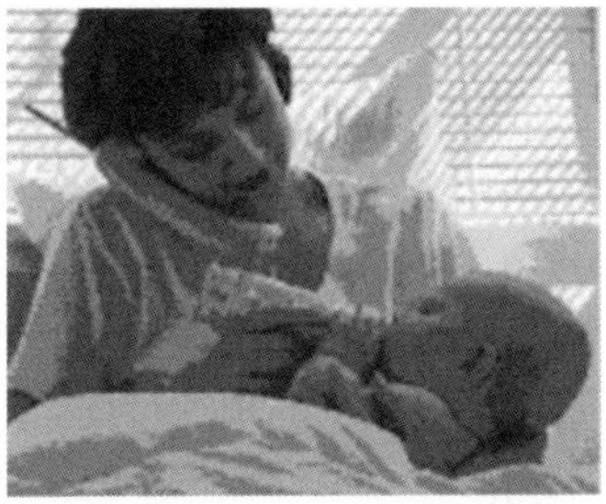

Ziele/Inhalte/Handlungsschritte	Methoden/ Medien
• Ansprüche und Bedürfnisse eines Säuglings erfahren im Hinblick auf den Erziehungs- und Pflegebedarf	• Tagesablauf mit Säuglingen durchspielen: 4- Stunden Rhythmus, Füttern, Wickeln, Baden, Beruhigen, finanzielle Einschränkungen, Veränderung in den Freizeitgewohnheiten
• Bedeutung der Mutter für das Kind einschätzen (Stillen, Bedürfnis nach Zärtlichkeit und Pflege, konstante Bezugsperson)	• Alete Buch der Schwangerschaft, S. 39/85 Film: Carline bekommt ein Brüderchen (Landesbildstelle Rheinland-Pfalz)
Die durch die Behinderung bedingten Schwierigkeiten und Grenzen für eine eigene Schwangerschaft erfahren und erörtern	Erfahrungsgemäß wünschen sich nicht wenige Schülerinnen später auch ein Baby, übersehen dabei die damit verbundenen kaum zu bewältigenden Aufgaben In Gruppen- und Einzelgesprächen Schwierigkeiten aufzeigen: eigene Wohnung; hohe finanzielle Aufwendungen für Kleidung, Windeln u.a.; Pflegeleistungen; Erziehung; spätere Hilfen bei Schulaufgaben u.a.

Zeugung (für leistungsstärkere Schüler)

Erfahren, dass während des Geschlechtsverkehrs – als besonderer Ausdruck der partnerschaftlichen Zuneigung – ein Kind gezeugt werden kann	Vgl. entsprechende Abbildungen in - Knudsen 2002 - Furian 1987

Den Vorgang der Menstruation und seinen Zyklus kennen	• Film „Der weibliche Zyklus“ aus AV Medien 1980, Institut für Film und Bild im Unterricht Grünwald • Mädchen: Kalender führen und die Regeltage kennzeichnen • Abbildungen: vgl. Sexualerziehung 1988, Arbeitsblatt Nr. 3
Wissen, dass bei der Vereinigung einer weiblichen Eizelle mit einer männlichen Samenzelle eine Befruchtung stattfindet	
Erfahren, wie der Samen des Mannes in die Scheide der Frau gelangt (Geschlechtsverkehr)	Abbildung Sexualerziehung 1988, Arbeitsblatt 4
Wissen, dass die befruchtete Eizelle in die Gebärmutter wandert, sich dort einnistet und in neun Monaten zu einem Kind entwickelt	

Empfängnisverhütung

Erfahren/wissen, dass • Mann und Frau durch den Gebrauch empfängnisverhütender Mittel bei der geschlechtlichen Vereinigung die Zeugung eines Kindes verhindern können	Gründe für den Wunsch, kein Kind zeugen bzw. haben zu wollen, aufzeigen
• es zahlreiche Verhütungsmittel gibt, z.B. für die Frau die Pille und für den Mann den Gummischutz	Verhütungsmittel als Anschauungsmaterial in Apotheken erwerben oder als Spende erbitten; von den Krankenkassen oder Pro Familia anfordern

Ziele/Inhalte/Handlungsschritte	Methoden/ Medien
• der Gummischutz, der über das versteifte Glied des Mannes gezogen wird, verhindert, dass der Samen bei der geschlechtlichen Vereinigung in die Scheide der Frau gelangt	An einem Besenstiel oder ähnlichen Utensilien demonstrieren Auf Schwierigkeiten und mögliche „Pannen" hinweisen
• die regelmäßige Einnahme der Pille die Zeugung eines Kindes verhindert	
• Eltern oder Erwachsene ihres Vertrauens bei der Beschaffung empfängnisverhütender Mittel behilflich sind und die richtige Anwendung erklären können	in Zusammenarbeit mit den Eltern/ Erziehungsberechtigten

Partnerschaft

Soziale Aktionsformen erleben und ausdrücken (Streicheln, Umarmen, Trösten) 	• Zärtlichkeiten und Gefühle in der Schule in sich bietenden Situationen (Geburtstagsgratulation) offen und ehrlich ausdrücken • vgl. Unterrichtsreihe „Zärtlichkeit" (Sexualerziehung 1988, 13-21) • Bilder beschreiben lassen von Situationen, wo Eltern, Geschwister, Freunde, Mitschüler u.a. Zärtlichkeiten austauschen
Stimmungen des Partners (fröhlich, traurig) erkennen können	Bildbetrachtung Rollenspiel durchführen: Zwei Schüler mögen sich, mögen sich nicht

Erfahren: • dass Zärtlichkeitsgesten nur in einer freundschaftlichen Beziehung angebracht sind und wenn beide Partner dies wollen • dass der Kuss ein Zeichen der Zuneigung und Zärtlichkeit ist • dass der Geschlechtsakt nicht nur der Fortpflanzung dient, sondern für beide Partner ein intensives Lust- und Glücksgefühl zur Folge hat • dass die Zuneigung zu einem anderen Partner von diesem nicht immer erwidert wird • dass die Einwilligung für (intime) Beziehungen niemals erzwungen werden darf • dass es hilfreich ist, wenn beide Partner über ihre Gefühle, aber auch über ihre Probleme sprechen	• Erlebnisgespräche, Dia, Bilder, Film „Bruderkuss" – Begrüßung, Handkuss; Lippenkuss Bildmaterial Zeugung; Herausstellen, dass es neben dem eigentlichen Geschlechtsakt auch ein Vorspiel gibt, in dem die Partnor viclfältige Zärtlichkeiten austauschen Verhalten von Mitschülern beobachten und nicht angemessenes Verhalten herausstellen (nicht „jedem" um den Hals fallen; Mitschüler nicht „abknutschen", zu denen keine besondere Freundschaft besteht)
Erfahren, dass manche Menschen nur deshalb Kontakt suchen, um sich sexuell zu befriedigen und dass man sich dagegen wehren darf und muss: • nicht mit fremden Personen weggehen und anfassen lassen • bei gewaltsamen Belästigungen deutlich „nein" sagen, um Hilfe rufen, schreien und weglaufen • den Mut finden, Eltern, den Erziehern und der Polizei offen mitzuteilen, wenn sich ihnen jemand „auffallend" und belästigend genähert hat	• Vorbereitung in Rollenspielen • Zeitungsberichte über Belästigungen und Vergewaltigungen von Kindern und Jugendlichen in verständlicher Form zeigen; darüber sprechen • zum Thema „Sexueller Missbrauch bei Geistigbehinderten" vgl. die verschiedenen Beiträge in Lernen konkret 13 (1994) Heft 2

Ziele/Inhalte/Handlungsschritte	Methoden/ Medien
Erfahren, dass viele Menschen sich auch selbst befriedigen und dass dies grundsätzlich „nichts Schlimmes“ ist	Viele Schüler verfügen diesbezüglich über Erfahrungen, für viele stellt die Selbstbefriedigung die einzige Möglichkeit sexuellen Lustgewinns dar
Über Möglichkeiten der Selbstbefriedigung informiert sein: streicheln des eigenen Penis oder der Scheide u.a.	Absprache mit den Eltern
Erfahren, dass dies nicht in der „Öffentlichkeit“ sondern nur in einer „privaten“ Atmosphäre, wo man allein ist, geschehen sollte	• In der Toilette • Zu Hause im Bett u.a.

Literatur/Unterrichtsmaterialien:

Achilles, Ilse: Was macht Ihr Sohn denn da? Geistige Behinderung und Sexualität. München: Reinhardt 3., überarbeitete Auflage 2002

Bader, Ines: Körperlichkeit und Sexualität. In: A. Fröhlich (Hrsg.): Pädagogik bei schwerster Behinderung. Handbuch der Sonderpädagogik Bd. 12. Berlin: Wissenschaftsverlag V. Spiess 1991, 219-229

Becken-Modell der Frau: Bezugsquelle: Johnson & Johnson GmbH. 40031 Düsseldorf

Becker, Antoine/Niggemeyer, Elisabeth: Ich bekomme einen Bruder. 24 großformatige Fotos und eine Vorlesegeschichte. Ravensburg: Otto Maier 1987

Bundesvereinigung Lebenshilfe für geistig Behinderte (Hrsg.): Aids. Keine Angst im Alltag geistig behinderter Menschen. Marburg: BV Lebenshilfe 1989

Bundesvereinigung Lebenshilfe (Hrsg.): Sexualpädagogische Materialien für die Arbeit mit geistig behinderten Menschen. Weinheim/Basel: Beltz 1995

Bundeszentrale für gesundheitliche Aufklärung (Hrsg.): „Let's talk about...". Ein Computerspiel rund um Anmache, Kennenlernen, Annäherung und (Safer) Sex. Ein Spiel ohne Gewinner und Verlierer - zum Nachdenken und zum Schmunzeln. Köln: BZgA o.J. (Best. Nr. Diskette 70720000)

Bundeszentrale für gesundheitliche Aufklärung (Hrsg.): LoveLine. Eine multimediale Aufklärung. Köln: BZgA 1998

Schmetterlinge im Bauch. Pubertät und Menstruation. CD-ROM. Procter & Gamble GmbH Schwalbach/Taunus o.J.

Dank, Susanne: Denkanstöße zur Sexualität schwerstbehinderter Menschen. Geistige Behinderung 32 (1993) Heft 2, 116-133

Dittli, D./Furrer, H.: Freundschaft – Liebe – Sexualität. Grundlagen und Praxisbeispiele für die Arbeit mit geistig behinderten Frauen und Männern. Luzern 1994

Dorlys anatomische Puppen: Bezugsquelle: Donna Vita Fachhandel. 24973 Ruhnmark

Enders, Ursula (Hrsg.): Zart war ich, bitter war's. Sexueller Mißbrauch bei Jungen und Mädchen. Erkennen, Schützen, Beraten. Köln: Volksblatt Verlag 1990

Fangerström, G./Hanson, G.: Peter, Ida und Minimum. Ravensburg: Otto Maier 1979

Furian, Martin: Das Buch vom Liebhaben. Heidelberg: Quelle & Meyer 1987

Hoyler-Hermann, Annerose, Walter, Joachim (Hrsg.): Sexualpädagogische Arbeitshilfe für geistigbehinderte Erwachsene. Heidelberg: Schindele 1987

Kaiser, Astrid: Praxisbuch handelnder Sachunterricht Band 1. Baltmannsweiler: Hohengehren 1999

Kaufmann, Joe: Mein erstes Buch vom Körper. Ravensburg: Otto Maier 1994

Kiechle, Heinz/Wiedmaier, Monika: Geistige Behinderung: Liebe, Lust und Partnerschaft. Remagen: Reha-Verlag 2004

Knudsen, Per Holm: Wie Vater und Mutter ein Kind bekommen. Quelle & Meyer 2002

Koschnik, Edda Mareike: Koschnik, Edda Mareike: „Ich sage NEIN!" Eine Unterrichtseinheit zur Prävention sexualisierter Gewalt an Kindern und Jugendlichen mit geistiger Behinderung. Zeitschrift für Heilpädagogik 53 (2002) Heft 9, 383-390

Lindgren, Astrid/Wikland, Ilon: Ich will auch Geschwister haben. Hamburg. Oetinger 1979

Maurer, Ingrid: Sexualerziehung ist (k)ein Kinderspiel. Materialien für den Unterricht in der Grundschule. Horneburg: Persen 2000

Ministerium für Bildung, Frauen und Jugend (Hrsg.): Richtlinien für die Schule mit dem Förderschwerpunkt ganzheitliche Entwicklung und Lehrplan zur sonderpädagogischen Förderung von Schülerinnen und Schülern mit dem Förderbedarf ganzheitliche Entwicklung. Mainz: MfBFJ 2001; Kap. 4.5.3; 4.5.4;6.3

Neldner, Sylvia: Sexuelle Gewalt an Menschen mit geistiger Behinderung. Geistige Behinderung 32 (1993) Heft 3, 248-253

Neuer-Miebach, Therese/Krebs, Heinz (Hrsg.): Schwangerschaftsverhütung bei Menschen mit geistiger Behinderung - notwendig, möglich, erlaubt? Referate und Ergebnisse der Fachtagung im Juni 1987 in Marburg/Lahn. Marburg: Bundesvereinigung Lebenshilfe für geistig Behinderte 1988

Nilsson, Lennart: Ein Kind entsteht. Eine Bilddokumentation über die Entwicklung des Kindes vor der Geburt und praktische Ratschläge für die Schwangerschaft. München: Mosaik 1979

Palmowski, Winfried: Sexuelle Gewalt gegen Kinder. Zeitschrift für Heilpädagogik 45 (1994) Heft 4, 243-249

Pixa-Kettner, Ursula/Bargfrede, Stefanie/Blanken Ingrid: Elternschaft von Menschen mit geistiger Behinderung. Ergebnisse einer quantitativen und qualitativen empirischen Untersuchung. Geistige Behinderung 33 (1995) Heft 3, 186-199

Pixa-Kettner, Ursula: Ein Stück Normalität - Eltern mit geistiger Behinderung - Ergebnisse einer Follow-up-Studie. Behindertenpädagogik 37 (1998) Heft 2, 118-138

Pro Familia: Themenhefte zur Sexualität (jährlich ca. 4x)

Schmetz, Ditmar: Sexualerziehung bei Geistigbehinderten. Fernuniversität-Gesamthochschule Hagen 1982

Schmetz, Ditmar: Wie sagt es mir mein Kind? Über die Schwierigkeiten, in der Sexualerziehung mit Vulgärsprache von Kindern und Jugendlichen umzugehen. Zeitschrift für Heilpädagogik 54 (2003) Heft 4, 156-160

Schünemann, Ute/Müller, Dieter: Körper und Sexualität. Erwachsenenbildung für Menschen mit geistiger Behinderung und Fortbildung für Fachpersonal. Geistige Behinderung 32 (1993) Heft 2, Einhefter

Sexualerziehung: Persönlichkeit, Zärtlichkeit, Information. Lernen konkret, Unterricht mit Geistigbehinderten 7 (1988) Heft 4

Sexueller Mißbrauch bei Geistigbehinderten. Möglichkeiten der Prävention im Unterricht. Lernen konkret 13 (1994) Heft 2

Sinason, Valerie: Psychotherapie mit mißhandelten geistig behinderten Kindern. In: K. Hennicke/W. Rotthaus (Hrsg.): Psychotherapie und Geistige Behinderung. Dortmund: modernes lernen 1993, 71-93

Spectra Magnet-Bausteine und Magnettafel zur Sexualerziehung: „Lieben lernen“: Bezugsquelle: Spectra Verlag. 46263 Dorsten

Verberne, Gert-Jan: Sexuell abweichendes Verhalten bei geistig Behinderten. Diagnostische und therapeutische Aspekte. In: K. Hennicke/W. Rotthaus (Hrsg.): Psychotherapie und geistige Behinderung. Dortmund: modernes lernen 1993, 60-70 (1608)

Walter, Joachim: AIDS – Ein Thema für Menschen mit geistiger Behinderung? Geistige Behinderung 2 (1989) 3, 182-193

Walter, Joachim: Sexualität und geistige Behinderung. Heidelberg 1996

Walter, Joachim: Pubertätsprobleme bei Jugendlichen mit geistiger Behinderung. Pädagogische Impulse 35 (2002), Heft 2 und 3, Einhefter

Wo Liebe hinfällt... Das Band 2/2000

Gute
Freunde

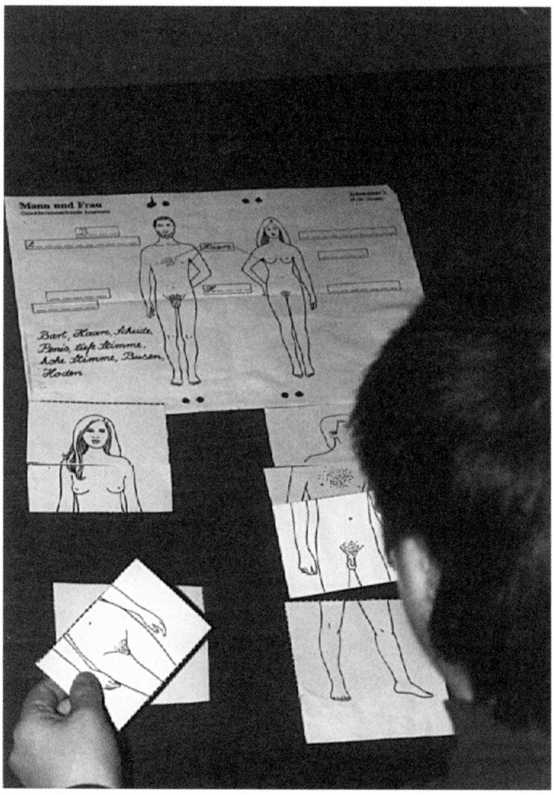

Zuordnungsübungen – unterscheiden zwischen Mann und Frau

2.5 Meine Familie – wo und wie ich wohne

Didaktische Vorüberlegungen

Die Fähigkeit, „sich in der Umwelt zurechtzufinden und sie angemessen zu erleben“ beinhaltet auch, die zu Hause lebenden Bezugspersonen als Familie zu begreifen, diese mit anderen „Familienkonstellationen“ zu vergleichen und sich in dem eigenen Wohnort sowie in der näheren Umgebung zunehmend orientieren zu können. Der Schwerpunkt der hier vorliegenden Ausarbeitung ist darin zu sehen, dass die Schüler den Begriff und das soziale Gebilde „Familie“ sowie die Familien der anderen Kinder und ihre Wohnorte besser kennen lernen.

Um dieses Thema sachgerecht erarbeiten zu können, ist es von Vorteil, wenn die Eltern ihrem Kind ein Foto von seinen Familienmitgliedern sowie Informationen zu Namen, Alter und anderen Besonderheiten mitgeben und wenn die Klasse die Möglichkeit erhält, die einzelnen Familien zu Hause zu besuchen. Bei dieser Gelegenheit kann dann durch einen Spaziergang auch etwas über den jeweiligen Wohnort in Erfahrung gebracht werden.

Die Befragung der Eltern wird durch einen kleinen „Erhebungsbogen“, der den Schülern als Anhang zum Elternbrief mitgeben werden kann, erleichtert (siehe Anlage). Es muss allerdings dafür Sorge getragen werden, dass sich keine Eltern durch die Fragen kontrolliert oder in ihrer Privatsphäre beeinträchtigt fühlen.

Ziele/Inhalte/Handlungsschritte	**Methoden/ Medien**
Den Begriff „Familie“ kennen und Familienmitglieder wie Vater, Mutter, Bruder, Schwester, Großvater (Opa) und Großmutter (Oma) bestimmen	• Von zu Hause erzählen • Fotos von der eigenen Familie mitbringen und kommentieren • eine Familiencollage erstellen • Lied: Besuch mich mal (Lotz/ Krenzer 1976, 56 f) • Hausbesuche in den einzelnen Familien
Die eigene Rolle und Position in seiner Familie/ zu den Familienmitgliedern bestimmen	Ich bin der Sohn/die Tochter von Vater und Mutter; der Enkel von Oma und Opa....
Den eigenen Namen und die Anschrift kennen und laut und deutlich (verständlich) mitteilen	• Sprachübungen (Feedback über Cassettenaufnahmen) • Lied: Herr Polizist (Krenzer 1976, S. 64) • Fingerspiel/Lied: Ich habe eine Familie ... • Lesekurs: Lesen von Namen und Adresse

Verschiedenen Aufgaben und Rollen der Familienmitglieder erfahren: • Vater und/oder Mutter arbeiten und verdienen Geld, um die Familie zu ernähren; sie versorgen den Haushalt und erziehen die Kinder • die Kinder gehen in den Kindergarten/ die Schule oder sind in der Ausbildung • erkennen, dass auch Kinder einen Beitrag zum Funktionieren des Haushalts leisten können	Erzählen, „wer“ zu Hause „was“ macht und Vergleiche anstellen Rollenspiele (Vater-Mutter-Kind) durchführen Besorgungen machen; beim Kochen und bei Reinigungsarbeiten helfen; das eigene Zimmer aufräumen; im Garten helfen u.a.
Charakteristische Eigenschaften der Familie als Lebensgemeinschaft erkennen und beschreiben: • Wir wohnen gemeinsam • wir nehmen gemeinsam die Mahlzeiten ein • wir gestalten (manchmal) gemeinsam unsere Freizeit	Vom Tages- und Wochenablauf zu Hause erzählen Videofilm vom häuslichen Zusammenleben drehen und zeigen
Unterschiedliche Familiensituationen/-konstellationen in der heutigen Zeit erfahren: • Vater und Mutter leben nicht immer zusammen • Manche Ehepaare haben viele, manche keine Kinder • Großeltern wohnen manchmal, aber nicht immer, mit im Haushalt (Großfamilie) • Kinder ohne Eltern leben in Ersatzfamilien (Pflege- bzw. Adoptiveltern) oder in einem Heim	Am Beispiel der in der Klasse vorfindbaren Familienverhältnisse (ohne negative und diskriminierende Bewertungen zu erzeugen)

Ziele/Inhalte/Handlungsschritte	Methoden/ Medien
Erfahren, *wie* die Mitschüler zu Hause wohnen • im eigenen Haus oder in einer (Miet-) Wohnung • mit Garten und Terrasse • im eigenen Zimmer oder zusammen mit Geschwistern • mit/ohne Haustier	Die Schüler sollen erfahren, dass die Mitschüler in unterschiedlichen Wohnungen leben, sich unterschiedlich einrichten – ohne dass negative Bewertungen vorgenommen werden

Aspekt Wohnen

Erfahren, dass Menschen in unterschiedlichen Ländern sehr verschieden wohnen: • auf dem Land • in der (Groß-)Stadt • in Hochhäusern • in Wohnwagen (Zirkus) • in Baracken und Blechhütten • in Zelten (Indianer)	Abbildungen: Filme, Dias Sachbücher Lexika Internet
Erfahren und wissen, wo, d. h. in welchen Ortschaften die Mitschüler wohnen • deren Wohnorte kennen lernen • einige charakteristische Merkmale dieser Orte kennen	im Rahmen des Besuchs der einzelnen Familien Spaziergang durch die Orte unternehmen Sehenswürdigkeiten/Besonderheiten wie Ortsschild, Kirche, Geschäfte, Gaststätten u.a. im Bild (Photos; Video) festhalten

Beim Besuch der Klasse „Gastfreundlichkeit“ zeigen: • die Klassenkameraden beim Besuch zu Hause „empfangen“ • Haus und Zimmer zeigen • „Besuch“ den Eltern und weiteren Familienmitgliedern vorstellen • Mitschüler durch den Ort führen	Vermittlerrolle spielen zwischen der eigenen Familie und der Schulklasse (vorstellen, Fragen beantworten, Gespräche führen u.a.)
Prospekte, Ansichtskarten und Photos sammeln, zusammenstellen und einen Bildband über die verschiedenen Wohnorte erstellen 	Im Elternbrief um solche Anschauungsmaterialien bitten Materialien zur „Nachbereitung“ – also zur Wiederholung und Vertiefung – immer wieder einsetzen

Für leistungsstärkere Schüler:

Zwischen Stadt und Dorf anhand charakteristischer Merkmale unterscheiden Einige Städte und Dörfer im Kreis kennen und benennen	Stadt: viele/mehr Einwohner; mehr und größere Geschäfte; Sitz von Arztpraxen, Apotheken u.a.; breites Angebot von Arbeitsmöglichkeiten; Sitz von öffentlichen Gebäuden/Dienstleistungen u.a. Dorf: weniger Häuser und Einwohner
Die Begriffe „Kreis“ und „Bundesland“ kennen und mit Inhalt füllen	Manchen Schülern sind diese als „Worthülse“ bekannt, ohne allerdings damit sachangemessene Inhalte verknüpfen zu können

Ziele/Inhalte/Handlungsschritte	Methoden/ Medien
Wissen, zu welchem Kreis und Bundesland der eigene Wohnort gehört	
Geographische Landschaften (wie Mosel, Eifel oder Hunsrück) in ihren Besonderheiten kennen und mit dem eignen Wohnort in Verbindung bringen	Charakteristische Merkmale dieser Gebiete kennenlernen und zusammenstellen, z.B. zur Landschaft „Mosel“ gehören die Dörfer, die an der Mosel liegen, in denen u.a. Trauben/Wein angebaut werden ...
Karten als Hilfsmittel der räumlichen Orientierung kennen lernen: • Zeichen für Orte, Flüsse, Straßen u.a. kennen und als Orientierungsmerkmale nutzen • Anhand einer Karte den Weg von der Schule nach Hause (wie er mit dem Bus jeden Tag zurückgelegt wird) verfolgen und bestimmen können	Um eine Karte als Möglichkeit der räumlichen Orientierung kennen und verstehen zu lernen, kann zunächst eine Karte vom Schulgebäude selbst angefertigt werden, um topographische Beziehungen zu erkennen Karte vom Einzugsbereich der Schule als großflächiges Wandbild im Werkunterricht anfertigen Symbole: • roter Punkt: Ort, Stadt • blaue Linie: Wasser, Fluss • graue Linie: Straße • grüne Farbe: Tal, Wiesen • braune Farbe: Anhöhen, Hügel, Berge

Wo wir wohnen

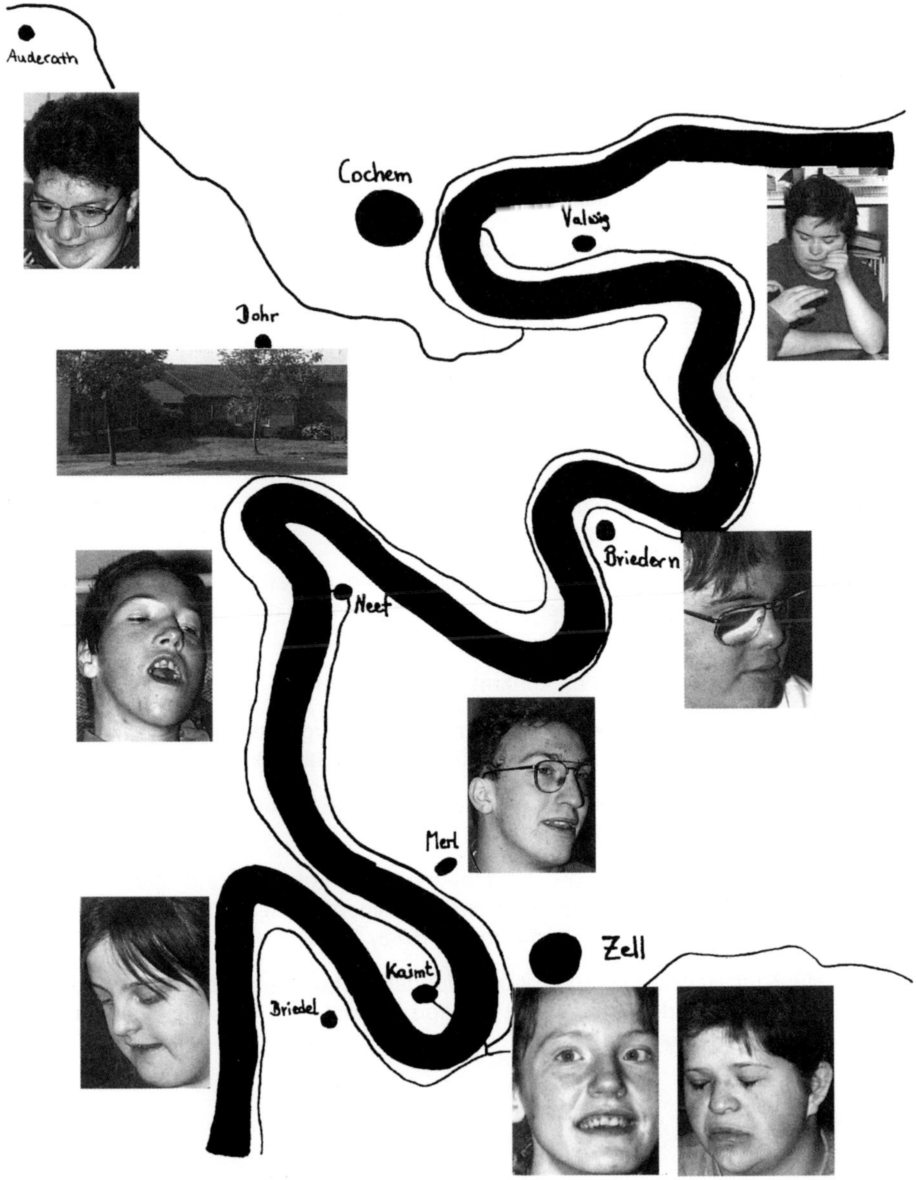

Literatur/Unterrichtsmaterialien:

Becker, Antoine/Niggemeyer, Elisabeth: Jede Famile ist anders. Sechs Familien zeigen wie sie leben. Ravensburg: Otto Maier 1984

Becker, Antoine/Niggemeyer, Elisabeth: Meine Familie, deine Familie Berichte aus dem Familienalltag. Ravensburg: Otto Maier 1984

Jung, Edmund/Krenzer, Rolf/Lotz, Inge: Handbuch der Unterrichtspraxis mit Geistigbehinderten. Methodische und didaktische Wege. Frankfurt: Hirschgraben 1976, S. 85 ff

Koch, Katja: Die soziale Lage der Familie von Förderschülern – Ergebnisse einer empirischen Studie. Teil I: Sozioökonomische Bedingungen. Sonderpädagogische Förderung 49 (2004) Heft 2, 181-200

Lotz, Inge/Krenzer, Rolf: Hast du meinen Hund gesehen? Neue Spiellieder für 3-8jährige. München: Kösel 1976

Ministerium für Bildung, Frauen und Jugend (Hrsg.): Richtlinien für die Schule mit dem Förderschwerpunkt ganzheitliche Entwicklung und Lehrplan zur sonderpädagogischen Förderung von Schülerinnen und Schülern mit dem Förderbedarf ganzheitliche Entwicklung. Mainz: MfBFJ 2001; Kap. 4.4

Mühl, Heinz: Handlungsbezogener Unterricht mit Geistigbehinderten. Bonn – Bad Godesberg 4. Aufl. 1982 (Kap. 4.6.3)

Oberacker, Peter: Wer ich bin und wo ich wohne (Arbeitsheft mit 16 Blättern). Lernen durch Handeln. Hilfen und Übungsreihen für den Unterricht. Stuttgart: Wittwer 1981

Orientierung in der Stadt. Lernen konkret 23 (2004) Heft 1

Reichert, Andrea/Vogt, Carmen: HSU kompakt, 1. Jahrgangsstufe, Bd.1. Stundenbilder zum neuen Sachunterricht. München: Prögel 2000

Schurad, Heinz u.a.: Curriculum Sachunterricht für die Schule für Geistesbehinderte. Oberhausen: Athena 2002

Staatsinstitut für Schulpädagogik, München (Hrsg.): Lehrplan und Materialien für den Unterricht in der Schule für geistig Behinderte mit Abdruck der Allgemeinen Richtlinien. München: Hintermaier 1982, 111 ff

Staatsinstitut für Schulpädagogik und Bildungsforschung München (Hrsg.): Lehrplan für den Förderschwerpunkt geistige Entwicklung. München: Hintermeier 2003; Kap. Heimat

Anlage: Fragebogen: Unsere Familie ....

Vorname der Mutter:	Vorname des Vaters:
Anrede der Mutter durch das Kind (Mama, Mami, Mutti...)	
Anrede des Vaters durch das Kind (Vater, Papa, Papi...)	
Vornamen der Geschwister	Schule/Beruf/Geburtsdatum

Falls im Haushalt noch andere Personen leben, notieren Sie diese bitte und teilen sie uns mit, wie Ihr Kind diese anredet:

Name	Anrede, Verwandtschaftsgrad, Beschäftigung u.a.

Nennen Sie uns bitte auch Familienmitglieder und andere Personen (Nachbarn u.a.), die außerhalb der Hausgemeinschaft leben, zu denen Ihr Kind eine enge Beziehung und Kontakt unterhält und von der es gerne erzählt:

Name	Anrede, Verwandtschaftsgrad, Alter, weitere Angaben zur Person

Da wir auch über die Wohnung sprechen möchten, wären wir Ihnen auch über einige Angaben über Ihr Zuhause dankbar, z.B. darüber, ob Ihr Kind alleine in einem Zimmer schläft, ob Sie draußen über einen Garten oder eine Terrasse zum Spielen verfügen und ob Sie ein Haustier (Hund oder Katze) haben:

....

....

....

....

2.6 Ich benutze öffentliche Verkehrsmittel

Didaktische Vorüberlegungen

Die überwiegende Anzahl der Schulen für Geistigbehinderte (mit dem Förderschwerpunkt geistige Entwicklung) besitzt einen eigenen Bus, der erfahrungsgemäß im Rahmen des „außerschulischen Lernens“ auch häufig eingesetzt wird. Ein Teil der Fahrten könnte aber manchmal auch mit Bus oder Bahn, also mit öffentlichen Verkehrsmitteln unternommen werden, zumal damit ein Beitrag zum Energiesparen geleistet werden könnte.

Für die Schüler wäre dies sinnvoll, da zum einen in der heutigen Zeit, in der jede Familie über ein oder gar mehrere Autos verfügt, Kinder und Jugendliche nur selten die Gelegenheit zu Bus- oder Bahnfahrten erhalten und da zum anderen einige Schüler voraussichtlich später im Rahmen einer möglichst selbständigen Lebensführung (zu Hause oder im Wohnheim) auch öffentliche Verkehrsmittel benutzen werden. Aus diesen Überlegungen heraus ist es erforderlich, das Vorhaben „Wir fahren mit dem Bus/mit der Bahn“ didaktisch in Einzelschritte aufzugliedern und den Schülern neue Lernerfahrungen zu vermitteln, so dass sie entweder öffentliche Verkehrsmittel in Zukunft in Begleitung Erwachsener angstfreier erleben oder diese völlig eigenständig, also ohne fremde Hilfe, in Anspruch nehmen können.

Selbst mit Bus oder (Straßen-)Bahn zu fahren, erfordert zahlreiche Fähigkeiten und Fertigkeiten, die die einzelnen Schüler im Rahmen ihres jeweils erreichten sachstrukturellen Entwicklungsniveaus nur in unterschiedlichem Maß erwerben werden: hinsichtlich Fortbewegungsmöglichkeiten, räumlicher Orientierung, kommunikativer Kompetenzen, Symbolverständnis, Sachwissen u.a.

Neben den Aspekten der Umweltorientierung und des zielgerichteten Lernens spielt bei diesem Vorhaben noch ein anderer, nicht zu unterschätzender Gesichtspunkt eine Rolle: das Erleben der Bahnfahrt „an sich“ und das Kennenlernen zahlreicher Umweltgegebenheiten als Bereicherung und Anregung für alle Schüler, auch für schwer geistig behinderte. Schließlich stellt ein solches Vorhaben im Rahmen des Prinzips der „Normalisierung“ auch einen Beitrag zur sozialen Eingliederung von Schülern mit geistiger Behinderung dar, da der Raum Schule verlassen wird, sich Begegnungen mit vielen anderen Menschen (vom Schaffner bis zum Mitreisenden) „zwangsläufig“ ergeben und so Vorurteile abgebaut werden können.

Ziele/Inhalte/Handlungsschritte	**Methoden/ Medien**
Das Bedürfnis entwickeln, mit einem Bus zu fahren	Beweggründe schaffen: Wir wollen Eis essen fahren/Besorgungen machen, aber der Schulbus ist nicht verfügbar
Sich auf einen Zielort einigen und die Fahrt „organisieren“	Wo fahren wir hin? Was machen wir dort? Wann fahren wir? Wo fahren wir ab? Was brauchen wir (Geld; Ausweis u.a.)?
Eine Bushaltestelle als solche erkennen und aufsuchen 	• Ortsnahe Haltestellen aufsuchen und nach markanten Zeichen suchen • entsprechende Signale/Symbole wahrnehmen und unterscheiden • Arbeitsblätter mit dem Symbol/Signalzeichen „Haltestelle“ erstellen, zuordnen, ausmalen u.a.
Verkehrsgerechtes Verhalten an einer Haltestelle beobachten und beschreiben	Warten, bis der Bus kommt; nicht auf der Straße herumlaufen; einsteigen (nicht drängeln) und Fahrkarte erwerben; Platz suchen; Vorsicht beim Anfahren des Busses, wenn man steht
Erfahren, dass ankommende Busse eine Nummer haben, die ihre Fahrstrecke/Richtung bzw. das Endziel anzeigt	Lernen, welche Nummer für die eigene, geplante Fahrt die richtige ist und diese „notieren“ bzw. sich merken

Ziele/Inhalte/Handlungsschritte	Methoden/ Medien
Fahrtzeiten in Erfahrung bringen: • erfragen bei Bekannten/der Lehrperson • telefonisch bei der Verkehrsgesellschaft anfragen • in einem Fahrplan/Kursbuch nachschlagen	Einüben in kursorientierten didaktischen Einheiten (Schleifen)
Einen Bus/eine Straßenbahn selbständig benutzen: • warten, bis das Fahrzeug steht, dann erst einsteigen • Fahrer nach dem Ortsziel fragen: „Fährt der Bus nach ...?“ • Fahrkarte erwerben oder den Behindertenausweis vorzeigen • Karte entwerten • Einen freien Platz suchen • Bei vollem Bus sich so positionieren, dass „Halt“ gewährleistet ist und andere Fahrgäste nicht behindert werden • Endziel erkennen/erfragen und rechtzeitig aussteigen	Überprüfen, dass das Ziel erreicht wird (Kontrolle, ob die Fahrtlinie/ -richtung „stimmt“) Ablauf über Video aufnehmen und das Verhalten der Schüler später analysieren und besprechen; Fehler aufzeigen und bewusst machen
Zweck und Vorteile des Besitzes eines Behindertenausweis kennenlernen: • dient der erhöten Mobilität und Teilhabe • damit kann man u.a. kostenlos auf bestimmten Strecken Bus und (Straßen-)Bahn in Anspruch nehmen	In Absprache mit den Eltern diese vor Beginn des Vorhabens bei der zuständigen Behörde (Versorgungsamt) beantragen

Ziele/Inhalte/Handlungsschritte	Methoden/ Medien
Das Interesse entwickeln/bekunden, mit der Bahn zu fahren 	• entsprechende Situationen neu für eine solche Fahrt arrangieren • Erzählen von entsprechenden Erlebnissen: Wer ist wann schon einmal mit der Bahn gefahren? Wohin? Wie war das?
Aussehen und Besonderheiten der „Bahn" erkennen: Lok, Wagen, Gleise, Bahnbeamte....	• Exkursionen zu versch. Bahnhöfen unternehmen • Abbildungen, Filme, Dias und andere Medien einsetzen und beschreiben lassen • Mit einer Spielzeugeisenbahn typische Situationen nachspielen
Die Bahn als Alternative zu anderen Beförderungsmöglichkeiten kennen lernen; Vorteile und Einschränkungen erfahren und verbalisieren	• Die Bahn fährt auf Schienen, ist ziemlich schnell, bietet viel Platz ... • Bahnlinien (Gleisstrecken) sind seltener als Straßen für Autos; nicht in jedem Ort gibt es einen Anschluss ...
Den ortsnahen Bahnhof als Abfahrtsort und „Zentrum" des Bahnfahrens näher kennenlernen und beobachten und beschreiben, was dort geschieht	Unterrichtsgang/-fahrt zum Bahnhof Beobachten der einzelnen Phasen innerhalb der Vorbereitung einer Bahnfahrt: • Karten lösen am Schalter oder Fahrkartenautomaten • sich zum richtigen Bahnsteig begeben und warten

Ziele/Inhalte/Handlungsschritte	Methoden/ Medien
	• Anfahrt des Zuges abwarten und Abstand halten • Einsteigen u.a.
Einen Bahnbeamten an seiner (blauen) Berufskleidung erkennen Ihn, wenn erforderlich, um Hilfe bitten und um Rat fragen	Beamten in die Schule einladen/vor Ort befragen Sprachmuster im Rollenspiel einüben
Möglichkeiten des Erwerbs von Fahrkarten erfahren: • Karte am Schalter lösen (dem Verkäufer das Fahrtziel nennen) • einen Fahrkartenautomaten bedienen	Im Rollenspiel einüben Handlungsschritte in einem fachorientierten Lehrgang systematisch einüben (für leistungsstärkere Schüler)
Eine Fahrt mit der Bahn durchführen: • im Bahnhof den Fahrkartenschalter aufsuchen und ggf. warten, bis man an der Reihe ist • dem Beamten Fahrtziel nennen, die Karte bezahlen und auf Wechselgeld warten • zu dem entsprechenden Gleis gehen • In genügend großem Sicherheitsabstand von den Gleisen warten	Wenn genügend Schüler einen Behindertenausweis mit Berechtigungsschein und Streckenverzeichnis für die Bahn besitzen, können solche Fahrten regelmäßig durchgeführt werden, zumal die Begleitpersonen, dies können auch Schüler ohne Behindertenausweis oder mitfahrende Eltern sein, ebenfalls kostenlos fahren Schüler sollen auf Anweisungen und Hilfen der Lehrpersonen achten

• nach Halt des Zuges einsteigen und freien Platz in einem Abteil suchen und einnehmen • ggf. fragen, ob ein gewünschter Platz noch frei ist • Schaffner an seiner Uniform erkennen und auf Aufforderung Fahrkarte bzw. Behindertenausweis vorzeigen • kurz vor Erreichen des Fahrtzieles sich zum Aussteigen fertigmachen (Jacke anziehen); erst nach Halten des Zuges Tür öffnen und aussteigen	Nachbereitung durch Besprechen von Videoaufnahmen oder Photos von der Fahrt Alternativen/angemessene Verhaltensweisen aufzeigen
Weitere Räumlichkeiten in einem Zug kennenlernen und unterscheiden: Toilette, Speisewagen, Bistro, Abteil für Behinderte, Wagen 1. und 2. Klasse u.a.	Erkunden; Symbole „lesen" lernen zu beachtende Einzelheiten auf Video festhalten
Spaß und Freude beim „Zugfahren" als Alternative zum Bus- und Autofahren entwickeln und bekunden	

Literatur/ Unterrichtsmaterialien:

Deutscher Verkehrssicherheitsrat e.V. (Hrsg.): Dig-Dogs Streetbusters. CD-ROM. Deutscher Verkehrssicherheitsrat, Ref. Betr. Verkehrssicherheitsarbeit", Beueler Bahnhofsplatz 16, 53222 Bonn

Kaiser, Astrid: Praxisbuch handelnder Sachunterricht Band 1. Baltmannsweiler: Hohengehren 1999

König, Hermann: Verkehrserziehung in SVE und Schule zur individuellen Lebensbewältigung. Ganzheitlicher und systematischer Aufbau elementaren Verkehrverhaltens. Behindertenpädagogik in Bayern 44 (2001) Heft 4, 256-267

Kultusministerium Rheinland-Pfalz (Hrsg.): Richtlinien und Lehrplan Schule für Geistigbehinderte (Sonderschule). Grünstadt: Sommer 1980, 68 ff

Meier, Richard (Hrsg.): Mobile 1..Sachunterricht in Rheinland-Pfalz. Braunschweig: Westermann 1998

Ministerium für Bildung, Frauen und Jugend (Hrsg.): Richtlinien für die Schule mit dem Förderschwerpunkt ganzheitliche Entwicklung und Lehrplan zur sonderpädagogischen Förderung von Schülerinnen und Schülern mit dem Förderbedarf ganzheitliche Entwicklung. Mainz: MfBFJ 2001; Kap. 9.4

Mühl, Heinz: Handlungsbezogener Unterricht mit Geistigbehinderten. Bonn-Bad Godesberg 1982; Kap. 4.1

Pohl, Rudolf: Verkehrserziehung Geistigbehinderter. Fernuniversität-Gesamthochschule Hagen 1981

Schwerpunktprogramm der Verkehrserziehung an Schulen für Geistigbehinderte. Erarbeitet im Lehrerseminar für Verkehrserziehung Oberwesel/Rhein. Verantwortlich für den Inhalt Regierungsschulrat Karl Heinz Helm o.J.

Sicher gehen - sicher fahren. Grundwissen zur Verkehrserziehung ab Klasse 2. LÜK. Braunschweig: Westermann 1990

Staatsinstitut für Schulpädagogik und Bildungsforschung München (Hrsg.): Lehrplan für den Förderschwerpunkt geistige Entwicklung. München: Hintermeier 2003; Kap. Verkehr

Stöppler, Reinhilde: Verkehrserziehung bei Menschen mit geistiger Behinderung. Bad Heilbrunn: Klinkhardt 1999

Stöppler, Reinhilde: Verkehrserziehung an Schulen für Geistigbehinderte (Sonderschulen). Zeitschrift für Heilpädagogik 51 (2000) Heft 5, 199-203

Stöppler, Reinhilde: Selbstbestimmt mobil sein. Bausteine zur Mobilitäts- und Verkehrserziehung bei Menschen mit geistiger Behinderung. Geistige Behinderung 40 (2001) Heft 1 , 59-69

Bedienen eines Fahrkartenautomaten

Auch Aussteigen will gelernt sein

2.7 Fahrrad fahren

Didaktische Vorüberlegungen

Zu einer effektiven Verkehrserziehung gehört auch die Vermittlung der Fähigkeit, nicht nur als Fußgänger oder Mitfahrer mehr oder minder passiv am Verkehr teilzunehmen, sondern „selbst zu fahren“. Dies wird zunächst mit einem Dreirad oder Kettcar vorbereitet, dann aber mit einem Fahrrad oder sogar Mofa fortgeführt.

Nicht wenige Schüler der Schule für Geistigbehinderte/mit dem Förderschwerpunkt geistige Entwicklung sind erfahrungsgemäß in der Lage, sich „technisch“ mit einem Fahrrad fortzubewegen und tun dies auch zu Hause, selbst dann, wenn keine ausreichenden verkehrssichernden Kenntnisse und Fertigkeiten vorhanden sind. Die Schule ist daher verpflichtet, im Zusammenarbeit mit den Elternhaus eine größtmögliche „Verkehrstüchtigkeit und -tauglichkeit“ (vgl. Pohl 1981) zu vermitteln. Die Schüler müssen befähigt werden, über die technische Beherrschung dieses Verkehrs- und Fortbewegungsmittel hinaus, durch ein angemessenes Verhalten im Straßenverkehr sowohl Gefährdungen der eigenen Person als auch Schäden an Dritten zu vermeiden.

Dieses verkehrsgerechte Verhalten ist durch die Gebote und Verbote der Straßenverkehrsordnung bestimmt und stellt bei Schülern mit geistiger Behinderung im wesentlichen das Ergebnis konkreter Alltagserfahrungen und Übungen in möglichst realen Verkehrssituationen dar. Zur Durchführung eines entsprechenden Vorhabens, das auch als freiwillige Arbeitsgemeinschaft oder als Kurs über einen längeren Zeitraum und geplant organisiert werden kann, sind aber auch viele Lehr- und Lernmittel erforderlich, vor allem müssen genügend Fahrräder bzw. Fahrzeuge (auch Dreiräder, Kettcar, Roller) in unterschiedlichen Größen zur Verfügung stehen.

Ziele/Inhalte/Handlungsschritte	**Methoden/ Medien**

Ziele/Inhalte/Handlungsschritte

Teile des Fahrrads, die laut Straßenverkehrsordnung vorhanden und funktionstüchtig sein müssen, wahrnehmen und unterscheiden:

- Vorderrad- und Hinterradbremse (Rücktritt-/Felgenbremse)
- Schutzbleche
- Kettenschutz
- Scheinwerfer vorne
- Schlussleuchte mit rotem Rückstrahler
- Reflektor weiß vorne
- zus. Rückstrahler rot hinten
- Dynamo
- mind. 2 Speichenreflektoren pro Rad (Katzenaugen)
- gelbe Rückstrahler an beiden Pedalseiten
- Signaleinrichtung (Glocke, Klingel)
- ausreichendes Reifenprofil (mind. 1 mm)
- Teile an Abbildungen kennzeichnen (ankreuzen, ausmalen)
- Teile in Tabelle beschriften

Methoden/ Medien

Deutlich machen, dass ohne diese Teile ein Fahrrad auf öffentlichen Straßen nicht benutzt werden darf (Polizeikontrolle) und dass ohne funktionierende Bremsen überhaupt nicht gefahren werden darf

Kennenlernen, zeigen und benennen am Objekt

Wirkungsweise erfahren durch Ausprobieren der Beweglichkeit von Lenker, Pedalen, Rädern, Sitz u.a.

Vor- und nachmachen

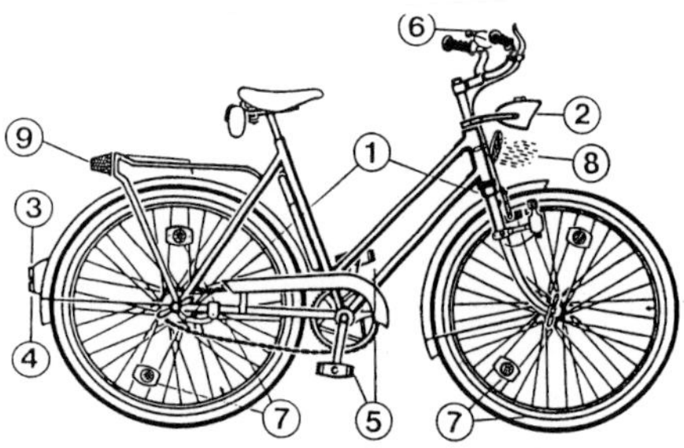

So muß ein verkehrssicheres Fahrrad ausgestattet sein:

Reifendruck kontrollieren und Reifen ggf. mit Luft aufpumpen	Ventile als Öffnung für die Luftzufuhr wahrnehmen und kennen; Funktionsweise einer Luftpumpe einüben
Defekten Schlauch reparieren können	Mit Hilfestellung: Reifen ausbauen, Schlauch aus Mantel entfernen, Loch im Wasser bestimmen (Bläschenbildung), defekte Stelle mit Flickzeug und Kleber schließen
Abends Licht überprüfen und ggf. defekte Birne auswechseln	Vor- und nachmachen
Schrauben von Zeit zu Zeit überprüfen und ggf. nachziehen Bremsen vor jeder Fahrt auf Funktionstüchtigkeit kontrollieren	Vor allem die am Vorder- und Hinterrad Vor jeder Benutzung eines Fahrrads (zur Gewohnheit machen)
Sattel auf die richtige Höhe einstellen	so dass man mit den Füßen Bodenkontakt erhält Entsprechendes Werkzeug (Maulschlüssel, komb. Werkzeug) aus Werkzeugtasche herausnehmen und Schraube nach links drehen; nach Verstellen Schraube wieder nach rechts festdrehen
Vor dem Losfahren Fahrradhelm aufsetzen	Gefährlichkeit von Kopfverletzungen durch Bilder von Unfallopfern bewusst machen

Mit einem Fahrrad fahren können

• ein Fahrrad sicher schieben, ohne anzustoßen	• Vor- und nachmachen • Vorübungen mit Dreirad und/oder Kettcar

Ziele/Inhalte/Handlungsschritte	Methoden/ Medien
• Balance halten und kurze und gerade Strecken fahrend zurücklegen • auf- und absteigen • langsamer und schneller fahren • Kurven und einen Kreis fahren • bergauf und bergab fahren • beim Überholen beschleunigen, links vorbeifahren	• sich schieben lassen und Lenkbewegungen ausführen • Konkrete Übungen zunächst auf großem Platz (Kleinspielfeld, Sportplatz o.a.) • Üben auf einem Hindernisparcours (siehe auch Schwerpunktprogramm o. J. S. 42ff) • Üben auf öffentlichen Straßen unter Aufsicht bei ausreichender Fahrpraxis
• bremsen mit Rücktritt • bremsen mit Vorderradbremse • beide Bremsen gleichzeitig bedienen • vor Hindernissen abbremsen und diese umfahren; enge Stellen langsam und vorsichtig durchfahren • mit einer Hand fahren, um Handzeichen geben zu können	
• mit einer Dreigang-Nabenschaltung umgehen und diese nutzen • mit einer Kettenschaltung umgehen	Erfahren, dass man nach dem Schalten in einen höheren Gang schwerer treten muss, dass das Rad dann aber auch schneller fährt Umschalten in einen kleineren Gang bei Steigungen

• auf der rechten Seite und möglichst geradlinig fahren • hintereinander, nicht nebeneinander fahren • einen Meter Mindestabstand von parkenden Autos und vom Bordstein einhalten • auf die anderen Verkehrsteilnehmer (Fahrradfahrer, Fußgänger) achten, diese beobachten, ggf. durch Klingeln warnen • Tempo verringern und bremsen, wenn Gefahr droht • bis zum vollendeten 8. Lebensjahren (§ 2 StVO) den Gehweg benutzen, sofern kein Radweg vorhanden ist • an Grundstückszufahrten, Einmündungen und Kreuzungen besonders auf abbiegende KFZ achten • in verkehrsberuhigten Bereichen jederzeit auf Fußgänger und spielende Kinder gefasst sein und Schrittgeschwindigkeit fahren • sich nicht an Mofas/Mopeds und anderen Fahrzeugen festhalten • keine anderen Kinder auf dem Gepäckträger mitnehmen • bei Nässe und Pfützen langsam und vorsichtig fahren	Vorschrift der StVO Übungen wie oben Rückmeldung über Videoaufnahmen Arbeitsblätter/Übungen aus • Mini-LÜK Nr. 256120 • LÜK-Grundwissen 1990 • Will/Lange o.J. Blickkontakt aufnehmen
Beim Überqueren der Straße anhalten und nach links und rechts schauen	Anfänger (und Schüler bis zum vollendeten 8. Lebensjahr) müssen beim Überqueren der Straße das Rad schieben

Ziele/Inhalte/Handlungsschritte	**Methoden/ Medien**
Abbiegen/Fahrspurwechsel durch rechtzeitiges und deutliches Herausstrecken eines Armes anzeigen sich angemessen einordnen	• Koordinationsprobleme beim Fahren beachten • Verkehr von hinten und vorne besonders beachten
Sicherheitskleidung, vor allem bei Dunkelheit, anziehen	Vermitteln, dass helle Kleidung eher gesehen wird und dass Reflektoren und Leuchtstreifen die Verkehrssicherheit erhöht
Einige wichtige Verkehrs- bzw. Vorfahrtzeichen, die Radfahrer betreffen, kennen und beachten: • Vorfahrt gewähren • Stopp (Halt! Vorfahrt gewähren) • Kreuzung oder Einmündung mit Vorfahrt von rechts • Vorfahrt an der nächsten Kreuzung • Vorfahrtsstraße • Ende der Vorfahrtstraße • Gefahrenstelle • Fußgängerüberweg: besonders aufmerksam fahren	• Regel „Rechts vor Links“ kennen und beachten, wenn kein vorfahrtsregelndes Zeichen am Straßenrand steht • Zeichen unterscheiden und benennen • Vorüben auf dem Parcours • Einsatz von entsprechenden großflächigen und anschaulichen Abbildungen, die Verkehrssituationen mit unterschiedlichen Vorfahrtregeln darstellen (siehe auch Schwerpunktprogramm o. J. S. 27ff)

Besondere Zeichen für Radfahrer und Fußgänger kennen und beachten: • Sonderweg für Radfahrer • Gemeinsamer Geh- und Radweg • Gehweg: Radfahren nur für Kinder unter 8 Jahren erlaubt	

Fahrradpflege nach dem Benutzen

Fahrrad sicher abstellen, so dass es nicht umfallen und andere Dinge beschädigen kann	Funktion des Fahrradständers kennenlernen
Fahrrad abschließen, wenn es an öffentlichen Plätzen abgestellt wird	Gefahr des Diebstahls bewusst machen Vor und Nachteile unterschiedlicher Sicherungsmöglichkeiten kennenlernen: Schloss; Kette u.a.
Fahrrad säubern, wenn es schmutzig ist: • Rad abspritzen oder mit Wasser und Schwamm reinigen • Kette und andere Teile ölen bzw. fetten Fahrradteile „trockenlegen“, wenn diese nass wurden	verhindert Rost, wenn Rahmen, Lenker, Gepäckträger und Chromteile mit einem Lappen trockengewischt werden

Literatur/Unterrichtsmaterialien:

Allgemeiner Deutscher Fahrrad-Club (ADFC): Fahr Fahrrad...aber richtig. 19 Tips zum Radfahren.

Alles ist fit? Fahrradinfos. Eine Information der AOK 1987

DEA Mediathek (Hrsg.): Videos: Richtig Radfahren; Radfahrer, ein Heer von Falschfahrern; Sicher auf dem Fahrrad; Rund ums Rad; Rund ums Radfahren. DEA Mediathek der deutschen Verkehrswacht, Am Pannacker 2, 53340 Meckenheim

Schuchardt, Anja: Wir erarbeiten Farben für verkehrssichere Kleidung. Förderung der visuellen Wahrnehmungsfähigkeit - durchgeführt in einer Mittelstufenklasse einer Schule für Geistigbehinderte. Zeitschrift für Heilpädagogik 51 (2000) Heft 6, 245-249

Staatsinstitut für Schulpädagogik München (Hrsg.): Lehrplan und Materialien für den Unterricht in der Schule für geistig Behinderte. München: Hintermaier 1982, S. 157 ff

Staatsinstitut für Schulpädagogik und Bildungsforschung München (Hrsg.): Lehrplan für den Förderschwerpunkt geistige Entwicklung. München: Hintermeier 2003; Kap. Verkehr

Verkehrskunde 1 für fünf- bis siebenjährige Kinder. Mini-LÜK Nr. 256120. Braunschweig: Vogel 1988

Will, Angelika/Lange, Jürgen: Sicher auf dem Fahrrad. Übung macht den Meister. Leinfelden: ASS o.J. (Würfel- und Gesellschaftsspiel für 2-5 Kinder ab 3 Jahre; Art. Nr. 2208/0)

Immer mit Helm fahren

Luft kontrollieren und pumpen

2.8 Ich telefoniere

Didaktische Vorüberlegungen

Vor allem Schüler mit geistiger Behinderung sollen in die Lage versetzt werden, ein Telefon als technisches Mittel zur sprachlichen Verständigung zu nutzen, zumal diese Fähigkeit in besonderem Maße zu einer selbständigeren Lebensführung und mehr Teilhabe am gesellschaftlichen Leben beitragen kann und Kommunikationskompetenzen fördert. Dazu müssen sie die Gelegenheit erhalten, innerhalb der Schule über die Haustelefonanlage in andere Klassen anrufen zu können. Weiterhin müssen sie wichtige Telefonnummern (von zu Hause, der Schule, Notruf) „auswendig“ lernen oder aber als Abschrift auf einem Merkzettel immer präsent haben, um diese Nummern „von außen“ (aus einer Telefonzelle, von Nachbarn oder Bekannten aus) anwählen zu können, wenn wichtige Nachrichten zu übermitteln sind.

Sofern die Schüler über Fähigkeiten und Fertigkeiten, selbst ein Telefongespräch zu führen, noch nicht verfügen, sollten sie in die Lage versetzt werden, die in der Klasse ankommenden Telefongespräche anzunehmen und weiterzuleiten. Dazu gehört, dass sie sich mit Namen melden und eine einfache Mitteilung des Gesprächspartners in ihrem Gedächtnis für kurze Zeit speichern, um sie dann an Dritte weiterzugeben oder dass sie einen kleinen Auftrag selbst ausführen können. Sofern dies nicht möglich ist, sollten sie imstande sein, einen vom Gesprächspartner gewünschten Teilnehmer herbeizurufen.

Während notwendige Teilhandlungen und -fähigkeiten oft nur im lernzielorientierten Unterricht als „didaktische Schleife“ kursartig einzuüben sind, ist der Vorgang des Telefonierens selbst zur Festigung und Vertiefung immer wieder in realen Situationen zu ermöglichen, um eine Offenheit und Flexibilität für neue Situationen zu fördern: Anrufen eines kranken Schülers zu Hause, um sich nach seinem Befinden zu erkundigen; Befragen der Auskunft, um eine bestimmte Nummer zu erhalten; Anruf bei Bahn oder öffentlichen Verkehrsbetrieben, um Fahrtzeiten in Erfahrung zu bringen; Anrufen in die Schule von einem Unterrichtsgang aus.

Als Hilfe zur Erhebung der Lernausgangslage kann das folgende Raster gute Dienste leisten:

	Schüler 1	Schüler 2	Schüler 3	
Auf das Klingelzeichen reagieren und				
zum Telefon gehen und Hörer abnehmen				
Mit Namen melden (oder Klasse nennen)				
Grüßen				
Mitteilungen entgegennehmen				
Mitteilungen weitergeben				
Andere Personen herbeirufen/-holen				
Sich verabschieden				
Selbst ein- oder zweistellige Nummern in der Schule anwählen				
Selbst über die Amtsleitung nach draußen telefonieren				

Ziele/Inhalte/Handlungsschritte	Methoden/ Medien
Das Telefon als Möglichkeit der Übermittlung von Nachrichten und als Mittel der Gesprächsführung erfahren und kennen	Einzelne Vorerfahrungen können bei vielen Schülern vorausgesetzt werden, vor allem in Hinblick auf das Annehmen von Gesprächen Nicht immer vorausgestzt werden kann die Erfahrung, dass man über ein Telefon jederzeit mit anderen, nicht anwesenden Menschen in Verbindung treten kann; entsprechende Erlebnisse und Erfahrungen sind daher zu vermitteln

Ein Telefon in seinen technischen Bestandteile kennen und deren Funktionen erfassen: • Gehäuse • Tastatur • Gabel mit Hörer (und Ohr- und Sprechmuschel) • Geräte- und Anschlussschnur	Das Wissen um technische Einzelheiten erscheint erforderlich, um möglichen Störungen vorbeugen bzw. um solche beheben zu können • konkreter Umgang • Erkunden und Experimentieren • Teile auf Abbildungen wiedererkennen, zuordnen und benennen • Alte, ausrangierte Telefone sind kostenlos von der Telekom erhältlich und Spielzeugmodellen vorzuziehen
Verschiedene Telefone und Unterschiede zwischen ihnen kennen: • Tastentelefon • drahtloses Telefon • Handy/Telefon in einer öffentl. Telefonzelle	• Besuch bei einer Niederlassung der Telekom oder in einem entsprechenden Fachgeschäft • Abbildungen sammeln und eine grafische „Gegenüberstellung“ erzeugen

Ein Telefongespräch annehmen können

• Klingelzeichen wahrnehmen und darauf reagieren • Hörer abnehmen und mit der Ohrmuschel ans eigene Ohr halten	Ermutigung und Aufforderung, selbst ans Telefon zu gehen
• sich mit Namen laut und deutlich melden (in der Schule u.U. Klasse/Raum benennen; bei Annahme eines Gesprächs des „Außentelefons“ auch den Namen der Schule erwähnen	• Sprachübungen • „Feedback“ über Cassetten- oder Videoaufnahmen

Ziele/Inhalte/Handlungsschritte	Methoden/ Medien
• Mitteilungen anhören, u.U. Fragen beantworten • Mitteilungen oder Gespräche weitergeben	„Für Herrn/Frau ...“
• Hörer sachgerecht auflegen • u.U. Auftrag/Wunsch des Gesprächspartners ausführen	Etwas besorgen; wegbringen
Ein Telefongespräch selbst führen Hörer abnehmen (bei schnurlosem Gerät Taste mit grünen Hörersymbol drücken)	Wählton – Dauerton ohne Unterbrechung – zeigt Funktionsbereitschaft an
Die richtige Nummer besorgen, merken oder von einem Zettel ablesen • zweistellig (häufig im Bereich der Schule) • vier- bis sechsstellig (nach draußen im Ortsbereich) • mehrstellig mit Vorwahl	Ziffern 0 bis 9 unterscheiden, zuordnen und sprachlich benennen: Zuordnungsübungen mit Ziffernkarten, Legoziffern und anderen didaktischen Materialien aus dem Mathematikunterricht
Wahlvorgang richtig ausführen	• Ziffern kurz, aber mit genügend Druck, eintippen • Bei Geräten mit Display gewählte Nummernfolge kontrollieren

Ein Gespräch führen: • warten, bis der gewünschte Teilnehmer sich meldet • sich mit Namen melden, grüßen und die beabsichtigte Mitteilung machen • u.U. Fragen beantworten; Gespräch führen	Bei Besetztzeichen Wahlvorgang nach einigen Minuten wiederholen; dabei, falls vorhanden, Wahlwiederholtaste benutzen
Gespräch beenden: • sich verabschieden und • Hörer richtig auflegen (bei schnurlosem Telefon „rote" Taste drücken)	

Aus einer Telefonzelle Hilfe herbeirufen

Telefonnummer des Elternhauses und der Schule kennen und aus einer öffentlichen Telefonzelle anwählen: • Hörer abnehmen • wählen (Tastentelefon)	Nummern möglichst auswendig lernen, ansonsten einen Merkzettel immer bei sich tragen Lese- und Schreibübungen im Kursunterricht Praktisches Üben
• Karte vorschriftsmäßig einschieben und Anzeige abwarten • wählen und Gespräch führen • Karte nach Beendigung des Gesprächs wieder entnehmen und wegstecken	Funktion einer Telefonkarte erfahren

Ziele/Inhalte/Handlungsschritte	Methoden/ Medien
In einer unbekannten Umgebung Polizisten oder fremde Personen nach einer Telefonzelle fragen und evtl. um Begleitung oder andere Hilfestellungen bitten	Sprachübungen in Verbindung mit der Durchführung von Rollenspielen: Ich habe mich verlaufen. Können Sie mir helfen? Ich heiße ... und wohne...(Oder: Ich muss telefonieren; wo ist eine Telefonzelle ...; Oder: Wo ist die Polizei?
Vor- und Zunahme sowie die Heimatadresse kennen und nennen	
Die Nummer 110 als „Notruf“ kennen und in Notsituationen benutzen, auch mit einem Handy	Deutlich vermitteln, dass diese nur in wirklichen Notsituationen beansprucht werden darf (z.B.: ich habe mich verlaufen; es brennt u.a.)
Kostenloser Notruf aus einer öffentlichen Telefonzelle absetzen, ohne Münzen einwerfen oder eine Telefonkarte benutzen zu müssen • 110 für Polizei • 112 für Feuerwehr/Rettungsdienst	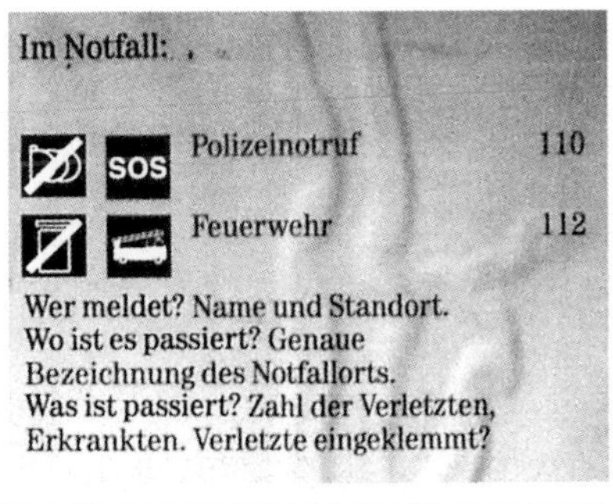
Nach Auslösung einer Notrufeinrichtung/Wählen der „110“ gegenüber der Polizei exakte Angaben machen: • zur eigenen Person • zum gegenwärtigen Standort • zum Geschehen	Vorbereiten/Einüben in Rollenspielen In der Realität in Absprache mit der Polizei (vgl. Vorhaben „Polizei – Notruf“)

Weitere Ziele für leistungsstärkere Schüler:

Auskunft anwählen und eine Telefonnummer erfragen	• Vorbereitende Übungen im Rollenspiel • Sprachmuster einüben, z.B. Bitte geben Sie mir die Nummer von Herrn/Frau ... (Name, Vorname, Wohnort)
In einem Telefonbuch eine bestimmte Nummer nachschlagen	
Angaben bei einem Handyvertrag verfolgen bzw. kontrollieren	
SMS als preisgünstige Alternative nutzen	

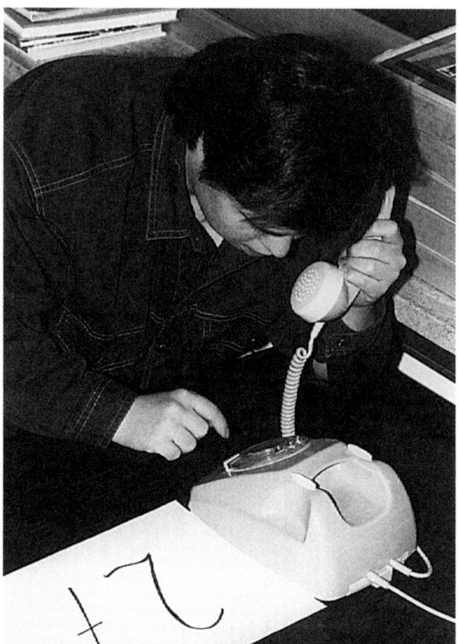

Telefonieren innerhalb der Schule – mit einem alten Telefon und vorgegebener Nummer

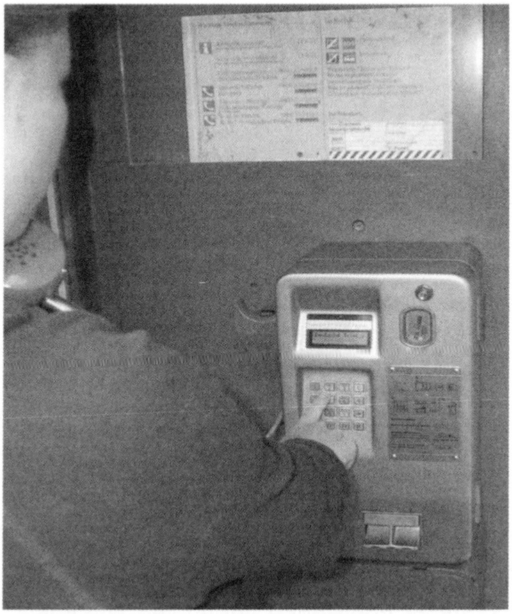

Telefonieren aus einer Telefonzelle – mit einem Münzfernsprecher

Literatur/Unterrichtsmaterialien:

Eimer, Josef: Wenn sich nur der Anrufbeantworter meldet. In: Grundschulmagazin (1995) 1, S. 15-16

Heinz, Annette: Wir basteln uns ein Telefonbüchlein. Arbeit mit dem Wörterbuch. In: Die Grundschule 26 (1993) 10, S. 62-63

Hell, Peter: Wie telefoniert man von einer Telefonzelle aus? In: Ehrenwirth-Sonderschulmagazin 3 (1981) 1, S. 19-20

Ministerium für Bildung, Frauen und Jugend (Hrsg.): Richtlinien für die Schule mit dem Förderschwerpunkt ganzheitliche Entwicklung und Lehrplan zur sonderpädagogischen Förderung von Schülerinnen und Schülern mit dem Förderbedarf ganzheitliche Entwicklung. Mainz: MfBFJ 2001; Kap. 7.5.5; 9.5.4

Schwarthoff, Gabriele/ Wenzel, Klaus: Wir rufen uns an. In: Lehrer-Journal. Sonderschulmagazin 9 (1987) 5, S. 29-30

Stuffer, Georg u.a.: Leben lernen in der Schule. Materialien für den Unterricht mit Geistigbehinderten. München: List 1980, S. 64 ff

Wieland, Michael, Reiniger, Renate: Wir telefonieren. Lernen durch Handeln, Hilfen und Übungsreihen für elementares Lernen. Hrsg. von P. Oberacker. Stuttgart: Wittwer 1982

2.9 Polizei – Notruf

Didaktische Vorüberlegungen

Kinder und Jugendliche müssen frühzeitig lernen, in unbekannten Situationen und vor allem in Notsituationen fremde Hilfe zu suchen und in Anspruch zu nehmen. Dies gilt in besonderem Maße für Schüler mit kognitiven Beeinträchtigungen, wenn sie sich z.B. während einer Stadtbesichtigung oder bei einem Ferienaufenthalt (Schullandheim) in fremder Umgebung verirren und dann „nicht mehr weiter wissen".

Hier bieten sich vor allem zwei Möglichkeiten an:

1. der Schüler wendet sich an einen Polizisten bzw. an ein in der Nähe befindliches Polizeirevier oder

2. er benutzt den Notruf aus einer öffentlichen Fernsprecheinrichtung oder, falls verfügbar, mit einem Handy.

Dazu ist es erforderlich, dass der Schüler die Umweltausschnitte, die für ihn hinsichtlich der praktischen Lebensbewältigung wichtig und bedeutsam werden können, kennen lernt und in ihrer „Sachstruktur" durchschaut.

Das sach- und situationsgerechte Benutzen von Notrufeinrichtungen ist von besonderer Bedeutung, weil die Schüler in akuten Gefahrensituationen auf schnelle Hilfe angewiesen sind. Hier geht es zum einen um die Kenntnis der verschiedenen Notrufeinrichtungen und deren angemessene Bedienung. Ebenso wichtig erscheint, dass die Schüler die Situationen, die zur Benutzung einer Notrufeinrichtung berechtigen, richtig einschätzen. Es muss also hinreichend vermittelt werden, was eine „Notsituation" ist und dass nicht wegen jeder „Kleinigkeit" Polizei oder Feuerwehr gerufen und in Anspruch genommen werden darf.

Für Schüler, die Ziffern sicher unterscheiden können, stellt die Benutzung öffentlicher Fernsprecheinrichtungen ebenfalls ein Mittel dar, in Notsituationen Hilfe anzufordern (z.B. die Eltern anrufen, wenn diese nicht zu Hause sind und die Nummer hinterlassen wurde; sich an andere Vertrauenspersonen wenden oder über die 110 Hilfe anfordern).

Von uniformierten Polizisten kann sich der Schüler Informationen verschaffen, die ihm anderweitig nicht zur Verfügung stehen. Oft stellt dies die einzige Möglichkeit dar, Wege zu erfragen und Hilfe und Unterstützung zu erlangen. Nach vorbereitenden Übungen im Rollenspiel sollte die Bereitschaft und Fähigkeit der Kontaktaufnahme mit der Polizei in enger Zusammenarbeit mit ihren regionalen Dienststellen aufgebaut werden.

Polizisten als mögliche Vertrauenspersonen und Helfer kennen lernen und etwas über ihre Aufgaben erfahren

Ziele/Inhalte/Handlungsschritte	**Methoden/ Medien**
Die Polizei als eine öffentliche Einrichtung kennen, die für „Recht und Ordnung“ sorgt: • sie regelt den Verkehr und kümmert sich um Unfälle • sie vermittelt in Streitfällen (Prügelei auf der Straße) • sie verfolgt „Verbrecher“ und schützt die Bürger • u.a.	• Erzählen, was aus früheren Kontakten, aus Fernsehberichten u.a. bekannt ist • Einen Polizisten in der Schule/auf dem Revier „interviewen“ („Was müssen Sie so alles machen?“) • Vergleich mit anderen, den Schülern bekannten Berufen
Einen Polizisten an seiner Uniform erkennen und charakteristische Kleidungs- und Gebrauchsgegenstände unterscheiden: • Mütze • grüne Hose und Jacke mit Abzeichen • Gürtel mit Halfter und Pistole • Funkgerät u.a.	• Aufsuchen einer Polizeidienststelle und einen Polizisten genau anschauen • Charakteristische Kleidungsstükke anschauen und untersuchen; benennen; zuordnen (eine ausgemusterte Uniform schenken lassen) • Einzelteile auf einer Abbildung kennzeichnen und benennen; Begriffe zuordnen

Ein Polizeirevier kennenlernen und als Dienst- und Leitstelle der Polizisten erfahren	Besuch des örtlichen Polizeireviers nach Absprache: Räumlichkeiten und Besonderheiten zeigen lassen (Telefonzentrale, Ausnüchterungszelle, Waffenschrank u.a.)
Erfahren, dass uniformierten Polizisten als Vertrauensperson begegnet werden kann und dass sie Hilfe leisten, wenn man selbst „in Not“ ist	• Vorbereitung im Rollenspiel; mögliche Themen: nach dem Weg fragen (ich habe mich verirrt und suche meine Mutter/ ich finde den Lehrer/die übrigen Schüler nicht mehr...) • Polizisten (nach Absprache) in der Öffentlichkeit ansprechen und Auskünfte erbitten
Polizisten Auskünfte erteilen: Ich heiße ...; wohne in ...., Straße...	• Vorname, Name und Adresse laut und deutlich mitteilen können (Nachbereitung und sprachliche Übungen durch Tonband- oder Videoprotokoll) • Rollenspielübungen: Lied „Herr Polizist, Herr Polizist ...“ (Lotz/ Krenzer 1976, S. 64)
Erfahren, dass man in Notsituationen (und nur dann) aus einer Telefonzelle die Polizei alarmieren kann • über die Notrufnummer 110	Die Nummer 110 auswendig lernen; erfahren, dass sich bei ihrer Wahl immer das nächste Polizeirevier meldet In Absprache mit der Polizei jeden Schüler einzeln den Notruf betätigen lassen und ihm die Erfahrung vermitteln, dass er dann auch tatsächlich mit dem Polizeirevier in Kontakt tritt und eine Nachricht übermitteln kann Vorübungen im Rollenspiel

Literatur/Unterrichtsmaterialien:

Bausen, Wilhelm: Im Polizeipräsidium. Unterrichtsprojekt: Grossstadt Bielefeld. In: Sonderschulmagazin 11 (1989) 3, S. 25-26

Enzmann, Lieselotte: Die Polizei. In: Sonderschulmagazin 6 (1984) 8, S. 19-20

Hermes, Wolfgang: Polizei - Helfer für Kinder und Eltern. In: Die Grundschule 16 (1984) 11, S. 36-39

Lotz, Inge/ Krenzer, Rolf: Hast Du unseren Hund gesehen? Neue Spiellieder für 3-8jährige. Lahr: Kösel 1976

Meier, Richard (Hrsg.): Mobile 2. Sachunterricht in Rheinland-Pfalz. Braunschweig: Westermann 1998

Metzger, Wolfgang/Erne, Andrea: Alles über die Polizei. Ravensburger Buchverlag 2003

Ministerium für Bildung, Frauen und Jugend (Hrsg.): Richtlinien für die Schule mit dem Förderschwerpunkt ganzheitliche Entwicklung und Lehrplan zur sonderpädagogischen Förderung von Schülerinnen und Schülern mit dem Förderbedarf ganzheitliche Entwicklung. Mainz: MfBFJ 2001; Kap. 9.5.4

Staatsinstitut für Schulpädagogik und Bildungsforschung München (Hrsg.): Lehrplan für den Förderschwerpunkt geistige Entwicklung. München: Hintermeier 2003, Kap. Medien (2.2; 4.1)

Rollenspiel: „Hier ist die Polizei. Kann ich Ihnen helfen?“

Besuch einer örtlichen Polizeidienststelle

2.10 Feuer – Feuerwehr

Didaktische Vorüberlegungen

Bei dem Thema „Feuer“ bzw. „Feuerwehr“ sollen die Schüler möglichst handlungsbezogen und anschaulich erfahren, dass das Feuer (einer Kerze oder in einem Kamin) Licht und Wärme spendet und für uns Menschen daher von elementarer Bedeutung ist. Sie sollen lernen, mit Streichholz und Feuerzeug sicher und ohne Angst eine Kerze anzuzünden und dabei Sicherheitsvorkehrungen zu beachten. Dazu gehören:

- Streichholz/Feuerzeug so halten, dass die Flamme nach oben zeigt (sich nicht die Finger verbrennen);
- Streichholz nach Benutzen (z.B. nach Anzünden einer Kerze) ausblasen und in einen Aschenbecher legen (nicht in den Mülleimer oder Papierkorb werfen);
- sich nicht über brennende Kerzen beugen.

Sie sollen auch erfahren und daran denken, dass eine Herdplatte nach Benutzen wieder ausgeschaltet werden muss (auf 0 stellen), weil sie sonst glühend heiß wird und andere Materialien entzünden kann oder dass heißes Fett in einer Pfanne nicht mit Wasser gelöscht werden darf. Auch auf das richtige Benutzen von Steckdosen ist hinzuweisen, damit Kurzschlüsse verhindert werden (nichts hineinstecken).

Ein anderer Zielbereich besteht darin, die Gefahren beim Ausbruch eines Brandes aufzuzeigen und angemessenes Verhalten einzuüben. Wie sollen sich die Schüler bei einem offenen Feuer verhalten? Diesbezüglich gilt zu vermitteln, dass man kleine „Feuerchen“ selbst mir Wasser löschen kann (sofern welches in der Nähe ist), bei größeren Bränden aber sofort „flüchten“ und sich nach draußen begeben muss. Erwachsene sollen auf jeden Fall um Hilfe gerufen werden.

Ein weiterer Themenbereich betrifft die Feuerwehr und ihren Aufgabenbereich als öffentliche Institution. Die Schüler erfahren, dass die Feuerwehr mit ihren Geräten Brände wirksam bekämpfen und löschen kann, dass sie aber auch noch andere Aufgaben wahrnimmt, z.B.

- technische Hilfestellung bei Hochwasser, schweren Unwettern und Überschwemmungen oder bei Einsturzgefahr von Häusern,

- Entfernung von Öl und anderen giftigen Stoffen bei Betriebsunfällen und Umweltkatastrophen auf dem Land und auf dem Wasser,
- Bergung von Verletzten aus einem PKW (mit einer Rettungsschere).

An die Eltern ist die Bitte zu richten, darauf zu achten, dass ihre Kinder mit allen Feuerquellen vorsichtig umgehen und Sicherheitsmaßnahmen beachten.

Vorsichtig und sicher mit offenem Feuer umgehen

Ziele/Inhalte/Handlungsschritte	Methoden/ Medien
Erfahren bzw. Wissen, dass Feuer Licht und Wärme ausstrahlt	Experimente mit Kerzen: in einem abgedunkelten Raum eine solche entzünden und seine „Ausstrahlung“ beobachten Die eigene Hand vorsichtig in die Nähe einer Kerze bewegen und die Wärme spüren
Feuer in verschiedenen Erscheinungsformen und in unterschiedlichen Situationen erleben und beobachten	• Offenes Feuer/Lagerfeuer (draußen entzünden und Würstchen grillen) • Feuer in einem Kamin/Ofen • Flamme in einer Heizungsanlage
Verschiedene auf dem Markt befindliche Zünd- bzw. Streichhölzer sowie Typen von Feuerzeugen wahrnehmen, Einzelteile unterscheiden und ihre Funktion kennen Ein Feuer mit einem Streichholz entzünden: • Schachtel richtig öffnen	Solche von Kollegen in der Schule ausleihen, vergleichen, Unterschiede benennen und Funktionsweise erkunden Zur Didaktik und Methodik des sachgerechten Umgang mit Streichhölzern siehe Stuffer u.a. 1980, S. 101 ff

• ein Streichholz entnehmen und im Pinzettengriff in der Mitte halten • Streichholz an der Reibefläche entzünden • Kerze o. a. entzünden und wieder rechtzeitig ausblasen	Situationen: • Kerzen in der (vor-) weihnachtlichen Zeit, beim Morgenkreis oder bei einer Geburtstagsfeier anzünden • Holz oder Kohle in Brand setzen, um zu grillen
Ein Feuer mit einem Feuerzeug entzünden	Eine konkrete Hilfestellung und Führung der Hand ist anfangs häufig vonnöten, da nicht wenige Kinder Angst im Umgang damit haben Bei schwächeren Schülern sind hier ebenfalls konkrete manuelle Hilfestellungen und Übungen erforderlich
Vorsichtsmaßnahmen beim Umgang mit offenem Feuer beachten: • Keine leicht brennbaren Stoffe herumliegen lassen, wenn etwas angezündet werden soll • Brennendes Streichholz frühzeitig ausblasen und nach dem Erlöschen in einem Aschenbecher „entsorgen“ – nicht in den Papierkorb oder Mülleimer oder die nächste Hecke werfen • Oberkörper nicht über eine brennende Kerzen beugen	Gefahren demonstrieren und möglichst – in abgeschwächter und ungefährlicher Form – „am eigenen Leib“ erfahren lassen Abbildungen von entsprechenden Gefahrensituationen betrachten und kommentieren Videofilmausschnitte z.B. aus der Reihe „Pumuckl“ einsetzen

Die Feuerwehr und ihre Aufgaben

Die Feuerwehr als eine öffentliche Einrichtung kennen, die in Brand- und Notfällen Hilfe leistet	• Erzählen von eigenen Begegnungen • Exkursionen zu Feuerwehrwachen • Filme, Dias, Abbildungen

Ziele/Inhalte/Handlungsschritte	Methoden/ Medien
Charakteristische Kleidungs- und Ausrüstungstücke der Feuerwehr im Einsatz wahrnehmen und ihre Funktion kennen: • Helm, damit der Kopf vor herunterfallenden Gegenständen geschützt wird • Gesichtsschutz • Feuerfeste Kleidung wegen der Hitze • Atemschutzgerät • Löschgeräte • Pumpen- und Fördergeräte (Leitern, Fangleine, Sprungtuch, Rettungsschere) • Geräte der ersten Hilfe (Krankentrage) • Funksprechgeräte	• Besuch bei der Feuerwehr • Feuerwehrmann in Uniform betrachten und befragen • Ausleihen typischer Kleidungsstücke und Erkunden von Aussehen und Funktion Audiovisuelle Medien bei der Feuerwehr bzw. den Bildstellen ausleihen Bilderbücher: • Baumann/Bernard 1981 • Damke 1988 • Metzger/Reider 2004 • Steinebach 1989 • Henkel-Waidhofer 1991 • Toll/Metzger 1998
Feuerwehrfahrzeuge als speziell ausgerüstete Fahrzeuge kennen und etwas über ihre Aufgaben erfahren: • Löschfahrzeuge (Transport der Besatzung) • Großlösch- und Spezialfahrzeuge • Gerätewagen • Schlauchwagen • Boote für den Einsatz auf Gewässern	Vor Ort besichtigen und „bestaunen“ Abbildungen, Filme, Dias u.a.

Verschiedenen Aufgaben der Feuerwehr kennen:	Befragungen beim Besuch der lokalen Feuerwehren
• Löschen von Bränden	
• Hilfe bei schweren Verkehrsunfällen	Erkundungen durch Medien
• Entfernung von Öl und anderen giftigen Stoffen	
• Bergung von gefährdeten Personen	
Die Feuerwehr in Notlagen herbeirufen	
• telefonisch über die Nummer 112	vgl. Kap. 2.8
• über eine Telefonzelle durch Betätigen der Notrufeinrichtung	
• Alarmknopf an Feuerwehrstationen betätigen	Eine solche Einrichtung ist häufig in kleineren Orten zu finden

Literatur/Unterrichtsmaterialien:

Enzmann, Lieselotte: Die Feuerwehr. In: Sonderschulmagazin 5 (1983) 3, S. 15-16

Hergenroeder, Marlene: Es brennt. Ein Unterrichtsbeispiel Lernverbindung Deutsch- Kunsterziehung. In: Ehrenwirth-Sonderschulmagazin 4 (1982) 1, S. 11-12

Krieg, Ortwin: Feuerwehr in der Grossstadt. In: Ehrenwirth-Sonderschulmagazin 2 (1980) 10, S. 11-12

Lotz, Inge/ Krenzer, Rolf: Hast Du unseren Hund gesehen? Neue Spiellieder für 3-8jährige. Lahr: Kösel 1976

Meier, Richard (Hrsg.): Mobile 2..Sachunterricht in Rheinland-Pfalz. Braunschweig: Westermann 1998

Meyerholz, Ulrike: Alarm, Alarm. Lieder zur Brandschutzerziehung. In: Die Grundschule 28 (1996) 3, S. 43-45

Ministerium für Bildung, Frauen und Jugend (Hrsg.): Richtlinien für die Schule mit dem Förderschwerpunkt ganzheitliche Entwicklung und Lehrplan zur sonderpädagogischen Förderung von Schülerinnen und Schülern mit dem Förderbedarf ganzheitliche Entwicklung. Mainz: MfBFJ 2001; Kap. 9.5.4

Stuffer, Georg u.a.: Leben und Lernen in der Schule. Materialien für den Unterricht mit Geistigbehinderten. München: List 1980, 101 ff

Bilderbücher:

Baumann, Kurt/ Bernard, Jiri: Piro und die Feuerwehr. Hamburg: Nord-Süd Verlag1981

Damke, Sabine: Wir sind bekannt im ganzen Land. Feuerwehr und Müllabfuhr, Post und Polizei. Düsseldorf 1988

Henkel-Waidhofer, Brigitte: Guck mal! Die Feuerwehr. Stuttgart: Franckh-Kosmos 1991

Metzger, Wolfgang / Erne, Andrea: Alles über die Polizei. Ravensburger Buchverlag 2003

Metzger, Wolfgang/ Reider, Katja: Die Feuerwehr. Ravensburger Buchverlag 2004

Steinebach, Judith: Tatü-ta-ta die Feuerwehr ist da! München: ars edition 1989

Toll, Claudia/ Metzger, Wolfgang: Mit der Feuerwehr unterwegs. Ravensburger Buchverlag 1998

Feuerwehr – früher und heute

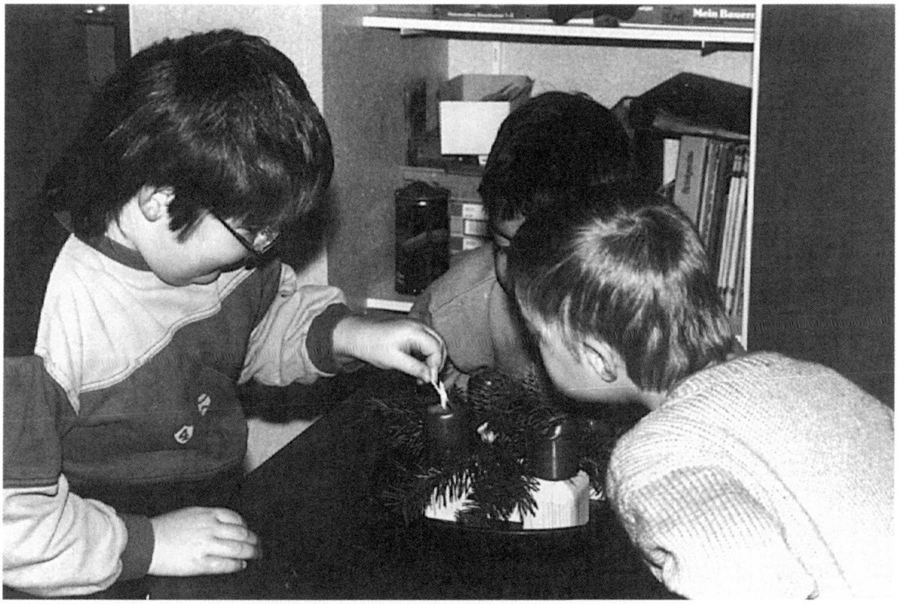

Mit Vorsicht eine Kerze anzünden

Nachbereitung: Gegenstände (wieder)erkennen und benennen

2.11 Zeitliche Orientierung

Didaktische Vorüberlegungen

„Zeitliche Orientierung“ ist für alle Menschen von grundlegender Bedeutung für eine erfolgreiche Teilnahme am gesellschaftlichen Leben und für die Bewältigung alltäglicher Aufgabenstellungen. Auch in der Schule wird Pünktlichkeit verlangt, wenn sich – auch ohne dass es klingelt – alle Schüler frühmorgens zum Beginn des Unterrichts in ihre Klasse begeben oder sich in der Mittagszeit zu einer bestimmten Uhrzeit im Essraum zum gemeinsamen Einnehmen der Mahlzeit treffen. Auch der Schüler mit geistiger Behinderung begegnet den Begriffen „jetzt“, „vorher“ und „nachher“ oder „heute“, „gestern“ und „morgen“ und möchte sich im Jahreszeitlauf zurechtfinden. Auch er bemerkt zeitliche Veränderungen im „Laufe des Jahres“ und erfährt, dass er jedes Jahr Geburtstag hat, älter wird und sich körperlich verändert.

Bei diesem Thema können folgende Schwerpunkte im Vordergrund stehen:

- Elementare Zeitbegriffe: jetzt/gleich, vorher/früher, nachher/später,
- Der Tagesablauf: morgens, mittags, nachmittags, abends, nachts,
- Der Wochenablauf (die Wochentage),
- Das Jahr (die Monate) und
- Die Uhr.

Während für leistungsschwächere Schüler zunächst die zeitliche Orientierung „im Lauf des Tages“ im Vordergrund stehen dürfte, kann mit anderen Schülern das Verständnis größerer Zeitabschnitte wie die Woche oder das Jahr sowie das Lesen der Uhr angebahnt werden. Neben einer schwerpunktmäßigen Erarbeitung solcher Teilbereiche im Rahmen der mittelfristigen Rahmenplanung bedarf es zudem der ständigen Thematisierung mancher Zielstellungen aus dem Bereich „zeitliche Orientierung“, und zwar im Sinne eines Unterrichtsprinzips das ganze Jahr über, wenn z.B.

- eine neue Woche oder ein neuer Monat angebrochen ist,
- ein Jahreszeitwechsel in der Natur zu beobachten ist oder
- ein Schüler Geburtstag hat und ein Jahr älter wird.

Die Überprüfung des sachstrukturellen Entwicklungsstands und individuellen Förderbedarfs sollte in einem Beobachtungsraster festgehalten werden, so dass „auf einen Blick“ deutlich wird, auf welchen Vorerfahrungen und Lernvoraussetzungen der Unterricht aufbauen kann.

Muster für ein Beobachtungsprotokoll

kennt, versteht und gebraucht die Begriffe	Schüler A	Schüler B	Schüler C	Schüler D
jetzt, sofort				
bald, später, nachher				
vorher, früher				
heute				
(über)morgen				
(vor)gestern				
Montag				
Dienstag usw.				
Januar				
Februar usw.				
Frühjahr				
Sommer usw.				

Der Tages- und Wochenablauf

Die Schüler bedürfen kontinuierlicher Erfahrungen und der Vermittlung eines festen Ordnungsschemas, nach dem der Tag abläuft. Als Ereignisse und Aktionen, die diesen im wesentlichen ausmachen und bestimmen, können aufgegriffen werden: Aufstehen, Waschen, Frühstücken, Fahrt zur Schule mit dem Bus, Unterricht über einen längeren Zeitraum (in Verbindung mit Pausen), Mittagessen, Pause und Freizeit, Nachmittagsunterricht, Ende der Schule und Fahrt nach Hause, Spiel und Beschäftigung mit den Eltern und/oder Geschwistern, Abendessen, Fernsehen, Schlafen.

Diese Tagessituationen werden mit der Zeit immer bewusster erlebt und erfasst. Sie strukturieren sich zu einer festen Ordnung mit der Erkenntnis, dass der Tag begrenzt wird von Morgen und Abend und dass zwischen dem heutigen und morgigen Tag die Nacht liegt. Durch immer wiederkehrende Erlebnisse und Erfahrungen werden so die Voraussetzungen geschaffen, dass der Schüler nach und nach auch die Begriffe gestern, heute und morgen verstehen und gebrauchen lernt.

Ähnlich schwierig gestaltet sich die Erfassung des Zeitraums „Woche“ und die Kenntnis des Ablaufs einer Woche. Dabei gilt zunächst zu bedenken, dass diese Zeitspanne nicht so sehr als Zeiteinheit sondern als eine Abfolge mehrerer Tage erlebt wird. Um zu veranschaulichen, dass die einzelnen Wochentage in einer bestimmten Reihenfolge und Ordnung verbunden sind, sollten sie zunächst mit festen und bedeutsamen Orientierungs- und Unterscheidungshilfen aus dem häuslichen Alltag und aus dem Schulleben verbunden werden.

Ziele/Inhalte/Handlungsschritte	Methoden/ Medien
Zeit -(spannen) bewusst erleben	Der Morgenkreis dauert nicht lange, danach frühstücken wir; wenn die Teekanne mit heißem Wasser vollgelaufen ist, drehe ich den Hahn zu und gebe die Teebeutel dazu; wenn Peter „endlich“ mit dem Frühstücken fertig ist, gehen wir in den Keller zum Werken; danach gehen wir zusammen in die Pause.

Ziele/Inhalte/Handlungsschritte	**Methoden/ Medien**
Warten können: auf den Beginn einer Situation, das Ende eines Ereignisses, auf Personen	Wir warten auf unsere Klassenlehrerin, die heute ein wenig später kommt; wir warten auf das Mittagessen; wir warten auf die Geburtstagsfeier von unserer Mitschülerin in zwei Tagen...
Grundlegende Zeitbegriffe verstehen und anwenden: • jetzt – bald • zuerst – dann • vorher (früher) – nachher (später)	Begriffe während des Tagesablaufs in allen sich bietenden Situationen immer wieder gebrauchen (lassen)
Den *Tagesablauf* in seinen elementaren Zeiteinheiten erleben und diese versprachlichen:	
• morgens	• beginnt der Tag: Morgenlieder; sich die Hand geben und „Guten Morgen“ sagen
• vormittags	• ist Unterricht
• mittags	• gibt es Mittagessen; dann ist Pause
• nachmittags	• ist wieder Unterricht; dann ist die Schule zu Ende und wir fahren mit dem Bus nach Hause
• abends	• wird es dunkel; wir essen zu Abend, spielen oder sehen fern und gehen dann zu Bett
• nachts	• schlafen wir (bis zum nächsten Morgen) Gemeinsame Planung und Strukturierung des Tagesablaufs: Heute morgen arbeiten wir/ gehen wir .../ heute mittag gibt es Hähnchen .../ am Nachmittag ist Sport

Die Begriffe heute, gestern und morgen in ihrer Bedeutung verstehen und verwenden	Immer wieder im Unterricht diese Begriffe einsetzen und ins „Bewusstsein“ rücken: *Heute* machen wir ... Was haben wir *gestern* gemacht? Was ist für *morgen* geplant?
Die *Woche* in ihrem zeitlichen Ablauf nach Tagen strukturieren und die einzelnen Tage benennen	• den jeweiligen Wochentag zu Unterrichtsbeginn vergegenwärtigen und benennen; Aktionen vorplanen und mit Inhalt „füllen“ • Begriffe immer wieder in entsprechenden Situationen einsetzen • überlegen, was gestern gemacht wurde und wie dieser Tag hieß • auf den nächsten Tag und wichtige Ereignisse hinweisen („morgen ist Mittwoch, dann gehen wir schwimmen“) • an einem Wochenkalender anhand eines markanten Ereignisses den jeweiligen Tag einstellen (vgl. Beispiel „Strukturierung der Woche“) • Lied „Am Montag, am Montag“ (Lotz/Krenzer 1976, 21 f) singen; Texte entsprechend umstellen
Unterschiede zwischen Sonn- und Werktagen bewusst machen und unterscheiden	Herausarbeiten, dass • sonntags keine Schule ist • die Eltern gewöhnlich nicht arbeiten • mehr Zeit für Spiele und gemeinsame Aktivitäten verfügbar ist Im Wochenkalender den Sonntag rot markieren

Ziele/Inhalte/Handlungsschritte	Methoden/ Medien
Einen Wochenkalender basteln:	
• Aus einer Sperrholzplatte rechteckige Teile mit der Laubsäge aussägen (evtl. vorgeben)	Modelle in anderen Klassen anschauen und gemeinsam überlegen, ob die Klasse auch einen solchen Kalender haben möchte
• Teile glatt schmirgeln	
• Die Namen der Wochentage aufmalen	Umrisse der Buchstaben bei einigen Schülern vorgeben bzw. Schablonen einsetzen
• Jedem Wochentag ein Photo mit dem für den Tag markanten Ereignis zuordnen	Photos von den entsprechenden Situationen machen
• Die fertigen Platten mit einer Schnur verbinden und an der Wand befestigen	Löcher an den Ecken einer jeden Platte bohren
• Den jeweiligen Wochentage jeden Morgen mit einer bunten (Wäsche-) Klammer stecken/ kennzeichnen	

Strukturierung der Woche: ein Beispiel

	Ereignisse/Aktivitäten
Montag	beginnt nach dem Wochenende wieder die Schule mit einem Morgenkreis; nachmittags haben wir Sport und gehen in die Turnhalle
Dienstag	besuchen wir nachmittags Arbeitsgemeinschaften
Mittwoch	gehen wir morgens schwimmen und nachmittags einkaufen
Donnerstag	Gesamtunterricht; nachmittags ist Lesekurs
Freitag	letzter Schultag in der Woche, Morgenkreis, dann kochen wir
Samstag	haben wir keine Schule; der Bus kommt nicht
Sonntag	ist auch keine Schule; auch die Eltern gehen nicht zur Arbeit und haben mehr Zeit für gemeinsame Aktivitäten

Wochenkalender

Das Jahr

Gerade das Jahr als zeitliche Einheit mit seinen vier Jahreszeiten und zwölf Monaten kann nicht „akademisch“ erlernt und erfasst, sondern nur „mit der Zeit“ und im Laufe des Schuljahres erlebt werden. Eine exaktes Verständnis der zeitlichen Struktur eines Jahres – dass dieses sich nämlich aus zwölf Monaten zu jeweils ca. 4 Wochen mit 7 Tagen zusammensetzt – wird nicht von allen Schülern erreicht werden können.

Durch gezieltes Bewusstmachen bedeutsamer zeitlicher Ereignisse sowie von Veränderungen in der Natur (der erste Schnee), von Feiertagen oder Geburtstagen, die für die Schüler bedeutsam und gefühlsbetont sind, können aber Orientierungshilfen auch für größere Zeiträume, zumindest für die vier Jahreszeiten, vermittelt werden.

Ziele/Inhalte/Handlungsschritte	Methoden/ Medien
Einen *„Monat“* als eine längere Zeiteinheit erleben	Entwicklungspsychologisch stellt ein solche lange Zeiteinheit eine recht abstrakte Kategorie dar, die für viele Kinder und Jugendliche mit geistiger Behinderung nur schwer erfassbar ist. Daher sind Hilfestellungen im Sinne eher fassbarer Zeiteinheiten erforderlich, z.B.: • 1 Monat ist vergangen, wenn 4 Wochen (4 x freies Wochenende) vorbei sind • Zeitraum, in dem ein bestimmtes Rahmenthema behandelt wird An einem Monatskalender täglich den vergangenen (gestrigen) Tag mit einem Kreuz kennzeichnen und so veranschaulichen, dass ein neuer Monat immer dann beginnt, wenn ca. 30 Tage vergangen/ markiert sind
Die einzelnen Monate in ihrer zeitlichen Abfolge kennen und benennen	• An einem Jahreskalender den jeweiligen Monat einstellen • Arbeitsblätter „Das Jahr“ (Hirschgraben) • Lied: Wer im Januar geboren ist ...
Aufbau und die Handhabung eines *Kalenders* kennen und sich mit seiner Hilfe zeitlich orientieren	Verschiedene Kalender betrachten und Unterschiede herausarbeiten
Einen eigenen Jahreskalender mit sinnlich-konkreten Symbolen/Bildern erstellen	dient auch als Raumdekoration

• aus Styroporplatten Rechtecke in einer vorgegebenen Größe mit Glühdraht oder Laubsäge abtrennen • Für die Monate entsprechende Bilder ausschneiden oder malen und dann aufkleben • Passbilder als Merkzeichen für Geburtstage zuordnen und aufkleben • Styroporplatten in der Reihenfolge Januar bis Dezember an der Wand anbringen	Mögliche Symbole: • Januar – Schneemann • Februar – Fastnacht • usw. Geburtstage der Kinder ebenfalls hier mit Photos kenntlich machen (Passbilder von Eltern erbitten oder selbst Photos machen) Monate mit Punkten bzw. Ziffern von 1 bis 12 nummerieren
Mehrere aufeinanderfolgende Monate mit ähnlichen Wetter- und Witterungsbedingungen als Jahreszeit begreifen: • Frühjahr • Sommer • Herbst • Winter Die Jahreszeiten in ihrer Reihenfolge erfassen und benennen können	Die jahreszeitlichen Begriffe in Zusammenhang mit entsprechenden Naturerscheinungen immer wieder in Verbindung bringen, z.B. „im Frühjahr gehen wir wieder in den Garten und säen“ (vgl. Overbeck 1987) Kalender mit charakteristischen Eigenschaften der Jahreszeiten erstellen, z.B. • Sommer: Sonne, Badehose, Ferien • Herbst: Blätter werden bunt und fallen ab; Ernte von Obst und Trauben Auswahl von Jünger-Arbeitstransparenten Nr. 7102 (Frühling, Sommer, Herbst und Winter) und Nr. 9121 (Was wir in den Jahreszeiten tun)

Monate

Die Uhr

Viele Schüler besitzen zwar eine Armbanduhr, wissen aber oft wenig damit anzufangen. Die wenigsten sind in der Lage, die Uhrzeit auf die Minute genau abzulesen. Dies kann auch als Überforderung angesehen werden, da die Uhrzeit bzw. die Struktur der Tageszeit auf einem komplexen und mathematisch-logisch schwer erfassbarem Sachverhalt basiert: Jeder Tag hat 24 Stunden, jede Stunde umfasst 60 Minuten, die wiederum jeweils 60 Sekunden dauern. Die Aussage „Es ist 12:44 Uhr" beinhaltet, wenn ein exaktes Zeitverstehen vorliegt, das Wissen, dass seit Mitternacht bereits 12 Stunden zu je 60 Minuten und von der 13. Stunde wiederum 44 Minuten vergangen sind. Solche Zusammenhänge überfordern in der Regel die intellektuellen Verständnismöglichkeiten von Kindern und Jugendlichen, die im Förderschwerpunkt geistige Entwicklung unterrichtet werden.

Es ist daher empfehlenswert, die Uhrzeit – zumindest zu Beginn von entsprechenden Unterrichtseinheiten und bei leistungsschwächeren Schülern – nicht nur unter dem Aspekt der Zeiteinheiten „Stunden, Minuten und Sekunden" und ihrer wechselseitigen Beziehungen zu behandeln, sondern unter einem lebenspraktischen Gesichtspunkt als Abfolge von „Zeiten" in

Bezug zu im Tagesgeschehen markanten Ereignissen. Bei einem Schüler ohne jegliche Ziffernkenntnisse kann dies folgendes Verständnis von der an der Wand hängenden Uhr bedeuten: Wenn der (kleine) Zeiger „nach links“ (gegen 9 Uhr) zeigt, dann fängt die Schule an, wenn er nach oben (12 Uhr) zeigt, gibt es Mittagessen, und wenn er nach rechts zeigt (15 bzw. 16 Uhr), dann ist die Schule (bald) aus und wir fahren mit dem Bus nach Hause (bezogen auf die Unterrichtszeiten in Ganztagsschulen).

Ziele/Inhalte/Handlungsschritte	**Methoden/ Medien**
Verschiedene Arten von Uhren kennen (Armbanduhr, Wanduhr, Wecker...) und wissen, dass sie alle „Zeitangaben“ machen	Verschiedene Uhrenmodelle in der Klasse präsentieren, untersuchen und benennen lassen
Wichtige Bestandteile einer Uhr und ihre Funktionen kennen: • Gehäuse mit Uhrwerk • Armband • (Mehrere) Zifferblätter • Einstellschraube • evtl. Datumsanzeige	Eine (alte) Uhr auseinandernehmen und Einzelteile untersuchen; Teile wieder zusammensetzen und Funktion beobachten und beschreiben Auf Arbeitsblätter fehlende Dinge entdecken und ergänzen
An einer selbstgebastelten Uhr konkrete Erlebnisse/Situationen des Tagesablaufs mit einem Zeiger markieren. Ein Beispiel: • Aufstehen: 7 Uhr • Busfahrt zur Schule: 8 Uhr • Unterrichtsbeginn: 9 Uhr • Mittagessen: 12 Uhr • Pause und Freizeit: 13 Uhr • Nachmittagsunterricht: 14 Uhr • Schulende: 16 Uhr	Gilt für leistungsschwächere Schüler; es sind in der Regel Ereignisse bzw. Tätigkeiten, die im Laufe der Woche in Ganztagschulen zu einer ähnlichen Zeit ablaufen

Ziele/Inhalte/Handlungsschritte	Methoden/ Medien
Die Zeiteinheit „eine Stunde“ kennen und als ein Maß für „Zeitgeschehen“ erfahren	Im Tagesablauf auf einer Wanduhr auf die Bewegung des Stundenzeigers achten und bewusst machen, wenn eine Stunde vorbei ist
Erfahren/wissen, dass jeder Tag zwölf Stunden hat und dass diese auf einer Uhr „ablesbar“ sind: • Volle Stunden • Halbe Stunden • Viertel Stunden	Vorgegebene Zeiten auf einer (selbstgebastelten) Spieluhr nachstellen: bei ganzen Stunden großer Zeiger immer auf die Zwölf, bei halben Stunden auf die sechs Spieluhren: von Fisher-Price u.a.
Erfahren/wissen, dass jede Stunde in (60) Minuten unterteilt ist und dass diese mit einem Minutenzeiger auf einer Uhr ablesbar sind	Für leistungsstärkere Schüler
Minuten auf einer Uhr ablesen	Für Schüler, sofern entsprechende mathematische Voraussetzungen und Einsichten vorliegen
Funktion des Sekundenzeigers als Maß für eine sehr kurze Zeiteinheit erfahren Wissen, dass nach 60 sec. (einer Umdrehung des Zeigers) eine Minute vorbei ist	Zeiteinheit mit Trommelgeräusch veranschaulichen; Sekundenzeiger in seinen Bewegungen beobachten und diese akustisch umsetzen Demonstration an einer Uhr mit Sekundenzeiger, bei der der Minutenzeiger sichtbar nach 60 sec. „weiterspringt“

Die eigene Uhr auf die richtige Zeit einstellen und pflegen können.	Vergleich mit einer (im Klassenzimmer befindlichen) richtig gehenden Uhr vornehmen Pflege: • vorsichtig damit umgehen • nicht damit ins Wasser gehen

Literatur/Unterrichtsmaterialien

Beck, Gertrud: Wie erleben Kinder die Zeit? In: Die Grundschulzeitschrift (1987) 2, S. 4-7

Dank, Susanne: Geistigbehinderte lernen die Uhr im Tagesablauf kennen. Übungsreihe für Geistigbehinderte Heft A 1. Dortmund: borgmann 1989

Deeken, Tina: Entwicklung der Raum-Zeit-Dimension in einer dritten Klasse der Schule für Lernhilfe. Zeitschrift für Heilpädagogik 54 (2003) Heft 7, 294-298

Jung, Edmund/ Krenzer, Rolf/ Lotz, Inge: Handbuch der Unterrichtspraxis mit Geistigbehinderten. Methodische und didaktische Wege. Frankfurt: Hirschgraben 1976, 28 ff (Der Tageslauf; Die Woche; Das Jahr)

Jünger Arbeitstransparent Nr. 7102: Frühling, Sommer, Herbst und Winter. Offenbach/Frankfurt: Jünger o.J. (Der Jahresablauf in der Natur)

Jünger-Arbeitstransparent Nr. 9121: Was wir in den Jahreszeiten tun. Offenbach/ Frankfurt: Jünger o.J.

Langenberg, Anne/ Ränsch, Christiane: Wir lernen den Sekundentakt in seiner Funktion als objektive Kurzzeitmessung kennen. Sachunterricht in einer Integrationsklasse (2. Schuljahr). Zeitschrift für Heilpädagogik 46 (1995) Heft 9, 451-455

Lotz, Inge/ Krenzer, Rolf: Hast Du unseren Hund gesehen? Neue Spiellieder für 3-8jährige. Lahr: Kösel 1976 („Lieder zum Jahresablauf“ und „Durch das Jahr“)

mini LÜK, Übungshefte, Uhr, Kalender von Heinz Vogel. Westermann 1993

Ministerium für Bildung, Frauen und Jugend (Hrsg.): Richtlinien für die Schule mit dem Förderschwerpunkt ganzheitliche Entwicklung und Lehrplan zur sonderpädagogischen Förderung von Schülerinnen und Schülern mit dem Förderbedarf ganzheitliche Entwicklung. Mainz: MfBFJ 2001; Kap. 9.2

Overbeck, Monika: Die vier Jahreszeiten. Lernen konkret 6 (1987) Heft 1, 27-29

Seibold, Peter: Zeitliche Orientierung: Die Woche. In: Lehrer-Journal. Sonderschulmagazin 10 (1988) 12, S. 15-17

Staatsinstitut für Schulpädagogik München (Hrsg.): Lehrplan und Materialien für den Unterricht in der Schule für geistig Behinderte. München: Hintermaier 1982, S. 147 ff

Staatsinstitut für Schulpädagogik und Bildungsforschung München (Hrsg.): Lehrplan für den Förderschwerpunkt geistige Entwicklung. München: Hintermeier 2003; Kap. Zeit und Freizeit

Thompson, Ruth: Die vier Jahreszeiten. Fotos von Peter Millard. Hanau/Salzburg/ Bern: Peters 1991 (Frühling), 1992 (Sommer), 1991 (Herbst) und 1990 (Winter)

Weinhold, Angela: Die Uhr und die Zeit. Ravensburg: Otto Maier 2003

Welling, A.: Zeitliche Orientierung und sprachliches Handeln. Handlungstheoretische Grundlegungen für ein pädagogisches Förderkonzept. Frankfurt a.M.: Peter Lang 1990

2.12 Pflanzen und Schulgarten

Didaktische Vorüberlegungen

Pflanzen, ob als Blumen zu Hause oder als Gemüse im Garten, sind Dinge des täglichen Lebens, denen Schüler mit geistiger Behinderung bereits früh und oft ihr Leben lang begegnen, wenn sie z.B. beobachten, dass

- die Mutter Schnittblumen kauft oder Topfblumen in der Wohnung gießt,
- der Vater im Garten Unkraut jäten,
- im Herbst allerlei Gemüse geerntet und gegessen wird.

Auch in der Schule spielen Pflanzen eine wichtige Rolle, wenn damit das Klassenzimmer verschönert und wohnlicher gestaltet oder im Schulgarten Gemüse angebaut wird. In der WfbM werden manche Schüler später Erfahrungen in einer Gartenbaugruppe sammeln und haben nach ihrer Schulzeit vielleicht einmal die Möglichkeit, dort tätig zu sein.

All dies macht es erforderlich, das Thema Pflanzen bereits möglichst früh und im Laufe der Schulzeit immer wieder unter verschiedenen Schwerpunkten aufzugreifen und in unterschiedlichen Vorhaben möglichst viele Sachkenntnisse über und Fertigkeiten im Umgang mit Pflanzen zu vermitteln.

Die Schüler sollen verschiedene Blumen und Pflanzen kennen lernen und durch die tägliche Pflege erfahren, dass diese zum Leben und Gedeihen Erde, Wasser, Luft und Licht benötigen. Es soll gemeinsam beobachtet werden, dass Blumen aus Samenkörnern heranwachsen, wenn diese in Blumenerde gesteckt und regelmäßig gegossen werden. Das Wachstum von Pflanzen lässt sich gut bei den schnell wachsenden Feuerbohnen beobachten, die in großen Blumenkästen am Fenster gezogen werden können (Wurzel- und Blattbildung, Ranken u.a.). Die Schüler sollen zudem beobachten und erfahren, dass Pflanzen sich durch Teilung vermehren und dass Ableger im Wasser Wurzeln ziehen.

Alle diese Tätigkeiten werden auch dazu führen, dass durch die heranwachsenden Blumen der Klassenraum verschönert und wohnlicher gestaltet werden kann.

Bei der Arbeit im Schulgarten geht es darum, die der Klasse zugeteilte Parzelle so zu bearbeiten (umzuspaten, zu hacken u.a.), dass dort Samen und in der Klasse vorgezogene Pflanzen gesetzt werden können. Diese können dann in ihrem Wachstum beobachtet und später geerntet und verarbeitet werden.

Wir beobachten das Wachstum von Pflanzen und verschönern unsere Klasse

Ziele/Inhalte/Handlungsschritte	**Methoden/ Medien**
Interesse für (neue) Pflanzen entwickeln, die das Klassenzimmer wohnlicher gestalten	• Durch den täglichen bzw. immer wiederkehrenden Kontakt mit den Zimmerpflanzen • Pflanzen in anderen Klassen kennen lernen • Besuch in einer Gärtnerei
Beobachten und erfahren, dass Pflanzen nur unter bestimmten Bedingungen wachsen, wenn sie nämlich regelmäßig • Nährstoffe • Wasser und • Sonne/Licht und Luft erhalten	„Negative" Erfahrungen mit Pflanzen in schattigen/dunklen Lagen machen; mit Pflanzen, die nicht genügend Wasser und Nährstoffe haben (Pflanzen „vertrocknen") Versuch mit Kressesamen: in 4 Dosen je ein Tempotaschentuch legen und darauf Kressesamen anfeuchten. Über 2 Dosen einen Karton stülpen; 1 Karton ist an einer Seite geöffnet
Das Wachstum von Pflanzen bewusst beobachten und registrieren	Feuerbohne ranken lassen Wachstumsmarkierung an einem Holzstab anbringen Auch bei Wurzelgemüse, Senf- und Kressesamen lässt sich das Wachstum gut beobachten (vgl. Simmons 1984, S. 2 und 3)

Ziele/Inhalte/Handlungsschritte	Methoden/ Medien
	Dokumentation und Versprachlichung über Photos und Videoaufnahmen
Wichtige Einzelteile von Pflanzen kennen und etwas über ihre Funktion erfahren:	Durch tägliche Beobachtungen und sprachbegleitendes Tun
• Wurzel (saugen Wasser und Nährstoffe aus dem Boden auf)	Wiederholung durch Versprachlichung von entsprechenden Arbeitsblättern
• Zwiebel/Knolle (Speicherung von Nährstoffen)	
• Stengel (leitet Wasser und Nährstoffe)	
• Blätter (Abgabe von Sauerstoff)	Wichtig für Menschen und Tiere zum Atmen
• Knospe/Blüten (beherbergen Samenkörner, woraus neue Pflanzen entstehen)	
Besonderheiten und Gefahren:	
• Rosen haben Dornen	
• Kakteen haben Stacheln	
Erfahren und wissen, dass Pflanzen aus	
• Samen	Erbsen, Bohnen, Kresse u.a.
• Zwiebeln	Tulpen, Narzissen, Zwiebeln
• Knollen	Schneeglöckchen, Kartoffeln
• und Ablegern entstehen können	Topfpflanzen

Beobachten und erfahren, wie man aus Blumen*samen* Pflanzen ziehen kann: • Töpfe/Blumenkästen besorgen • Blumenerde besorgen und in den Topf füllen • Samenkörner einzeln in die Erde drücken und mit solcher bedekken	Einkaufsfahrt zum nächsten Blumengeschäft oder Baumarkt und Einkauf von Tagetes, Lupinen, Feuerbohnen Abstand halten; u.U. Schablone an die Hand geben Pflanzen auf die Fensterbank stellen; regelmäßig – mindestens zweimal die Woche – gießen Gelegentlich Dünger hinzugeben
Erfahren, wie man durch Teilung von Topfpflanzen und ihrer Wurzeln neue gewinnen kann, indem • diese auseinander genommen werden • in die Erde gepflanzt oder • bei Pflanzen ohne Wurzeln ins Wasser gestellt werden Die Begriffe „Ableger“ und „Steckling“ erarbeiten und zuordnen	z.B. Sansevieria Vor- und nachmachen; konkretes Tun Handlungsschritte in einem Arbeitsblatt abbilden und darüber sprechen
Die aus Samenkörner selbstgezogenen Pflanzen beim Erreichen einer bestimmten Größe (Bildung des 2. Blattes) in einzelne Töpfe oder in den Garten vorsichtig umpflanzen (pikieren)	Konkretes Tun unter Anleitung

Ziele/Inhalte/Handlungsschritte	Methoden/ Medien
Topfpflanzen von Schnittblumen unterscheiden und als Oberbegriffe für verschiedene Arten von Blumen kennen und verwenden lernen	Topfblumen: Gummibaum, Geranie, Kaktee, Fleißiges Lieschen, Farn Schnittblumen: Tulpen, Narzissen, Astern, Margariten, Rosen Memory aus Blumenbildern anfertigen und damit spielen
Den Wert und Nutzen von Blumen für das menschliche Zusammenleben erfahren und kennen:	Sich am Duft und am Aussehen erfreuen
• zur Verschönerung von Wohnräumen	Balkon, Fensterbank u.a.
• als Tischschmuck bei Feierlichkeiten	Kommunion, Konfirmation, Hochzeit
• als Geschenk bei besonderen Anlässen	Geburtstag, bei Besuchen
• auf Friedhöfen	
Erfahren, dass es verschiedene Lebensräume von Pflanzen mit vielen unterschiedlichen Arten gibt	Garten, Feld, Wald, Park, Wiese, Heide, Bach, See vgl. Vorbereitung „Unser Wald" (Kap. 2.15)
Erfahren, dass Pflanzen schützenswert sind, vor allem wenn sie unter Naturschutz stehen	Sie dürfen angefasst und erkundet, nicht aber grundlos ausgerissen werden; eine Zerstörung könnte zu ihrer Ausrottung beitragen; „tote" Pflanzen können uns keine Freude bereiten

Erfahren, dass im Frühjahr die jährlich wiederkehrende Zeit für anfallende Arbeiten im Schulgarten gekommen ist Interesse entwickeln und bekunden, den Garten zu „bearbeiten“	Garten „inspizieren“ und Aussehen beschreiben An das vergangene Jahr erinnern (alte Videoaufnahmen anschauen) Von zu Hause erzählen, ob und was dort schon im Garten gearbeitet wurde
Gartengeräte unterscheiden und ihre Funktion erfahren/kennen: • Spaten • Hacke • Rechen • u.a.	Beobachten, wie die Geräte gehandhabt werden Geräte durch konkreten Gebrauch kennenlernen und den richtigen Namen zuordnen Unterscheidungsübungen anhand von Abbildungen
Spaten besorgen und den Boden gleichmäßig und tief umspaten	Auf eine angemessene Technik beim Spaten achten; schwächeren Schülern Hilfestellung geben
Unkraut und größere Steine entfernen	Unkraut (wie Brennesseln, Quekken, Winden und Löwenzahn) von Nutzpflanzen unterscheiden lernen
Schollen mit einer Harke zerkleinern und zerkleinerte Erde mit Rechen verteilen	
Samen auswählen und besorgen • Küchenkräuter: Schnittlauch, Petersilie u.a. • Gemüse: Spinat, Radieschen, Möhren u.a.	Einkaufsgang/ -fahrt zu einer Gärtnerei oder einem Baumarkt: Angebot an Pflanzen/Samen betrachten

Ziele/Inhalte/Handlungsschritte	Methoden/ Medien
• Versch. Blumensamen • Kartoffel	Wiederholen: Welches Gemüse gibt es? Was haben wir im vergangenen Jahr geerntet? Was kochen/ essen wir gerne? Was können wir gebrauchen?
Samen in großen Blumenkästen aussäen, Pflanzen vorziehen und später in den Garten umpflanzen	
Kartoffeln und Steckzwiebeln in die Erde setzen	
Erdbeerbeete aufhacken und Unkraut entfernen	
Erfahrungen mit körperlicher Arbeit sammeln und eigene Leistungsmöglichkeiten einschätzen	Gartenarbeit erfordert Kraft und Ausdauer; Pausen erforderlich

Literatur/Unterrichtsmaterialien

Bergner, Erika: Die Umgestaltung unseres Schulgartens in ein offenes naturfreundliches Schulgartengelände. Meine Erfahrungen. In: Grundschulunterricht 44 (1997) 2, S. 43-44

Blattner, Konrad: Mehr Selbstbewusstsein durch Schulgartenarbeit. In: Sonderschulmagazin 14 (1992) 5, S. 6-8

Brinkmann, Walter: Der Schulgarten in heilpädagogischer Sicht. In: Zeitschrift für Heilpädagogik 17 (1966), S. 66-77

Im Garten. Lernen konkret 6 (1987) Heft 3

Kayser, Renee/Vogel, Nathaele: Das große Arena Gartenbuch für Kinder. Arena 2003

Koch, Traude: Vom „Erdbad“ zur Erbse. Ein Bericht über die Arbeit im Schulgarten mit schwerbehinderten Schülern. In: Lernen konkret: Unterricht mit Geistigbehinderten 6 (1987) Heft 3, S. 16-22

Markmann, Erika: Das Ravensburger Gartenbuch für Kinder. Ravensburg: Otto Maier 2003

Ministerium für Bildung, Frauen und Jugend (Hrsg.): Richtlinien für die Schule mit dem Förderschwerpunkt ganzheitliche Entwicklung und Lehrplan zur sonderpädagogischen Förderung von Schülerinnen und Schülern mit dem Förderbedarf ganzheitliche Entwicklung. Mainz: MfBFJ 2001; Kap. 3.7; 9.3.4

Mozer, Nina: Der Schulgarten. Mit Alternativen für draußen und drinnen. Frankfurt: Scriptor 1980

Müllensiefen, Gertrud: Natur in uns und um uns. Entdeckungen auf dem Schulgrundstück. In: Praxis Grundschule (1992) 2, S. 6-15

Oberacker, Peter (Hrsg.): Arbeitsplan der Schule für Geistigbehinderte. Lernen durch Handeln. Päd. Schriftenreihe Bd. 8. Stuttgart: Wittwer 1988, S. 32 f

Simmen, R.: Der Sinnegarten. In: Schweizerische heilpädagogische Rundschau 5 (1983) 4, S. 85-91

Simmons, Diana: Ravensburger Gartenbuch für Kinder. Kleine Gärten im Zimmer, auf dem Balkon und im Freien. Ravensburg: Otto Maier 1984

Staatsinstitut für Schulpädagogik München (Hrsg.): Lehrplan und Materialien für den Unterricht in der Schule für geistig Behinderte. München: Hintermaier 1982, S. 132 ff

Staatsinstitut für Schulpädagogik und Bildungsforschung München (Hrsg.): Lehrplan für den Förderschwerpunkt geistige Entwicklung. München: Hintermeier 2003; Kap. Natur

„Blumendienst“

Mit Kraft und Geschicklichkeit – umspaten

Sonnenblumen

Blumen im Garten

2.13 Herbstfrüchte ernten und verarbeiten

Didaktische Vorüberlegungen

Besonders im Herbst bietet es sich an, Früchte der Natur

- da, wo sie wachsen, aufzusuchen und zu ernten,
- sie unter Beachtung von möglichen Gefährdungen für die Gesundheit zu verzehren,
- sie zu unterschiedlichen Gerichten zu verarbeiten oder
- sie auf unterschiedliche Weise haltbar zu machen.

Eine enge Verzahnung dieses Themas mit dem Bereich bzw. fachorientierten Lehrgang „Kochen" ist selbstverständlich.

Ziele/Inhalte/Handlungsschritte	Methoden/Medien
Den Herbst als eine (Jahres-) Zeit wahrnehmen und kennen, in der nach dem warmen Sommer Obst reift und geerntet werden kann	vgl. Kap. 2. 11 (Zeitliche Orientierung) Lied: Der Herbst ist da
Verschiedene Obstsorten, die in dieser Jahreszeit bei uns wachsen, ernten, wahrnehmen und unterscheiden und benennen	Obstgärten und -bäume in der näheren Umgebung aufsuchen und schauen, was dort wächst
• Äpfel	
• Birnen	
• Pflaumen	
• Mirabellen	
• Pfirsiche (Weinbergs-)	In wärmeren Lagen
• Trauben	In Weinbaugebieten

Wichtige Bestandteile dieser Früchte unterscheiden und etwas über ihre Funktion erfahren: • Schale/Haut: schützt die Frucht • Fruchtfleisch: dient dem Menschen und auch manchen Tieren als Nahrung • Kern oder Stein: dient der Vermehrung • Stiel: stellt Verbindung mit dem Ast dar	• Früchte mit allen Sinnen wahrnehmen (riechen, schmecken, fühlen) • Untersuchen, aufschneiden und Bestandteile entdecken (vgl. Ehrenwirth Sonderschulmagazin 9/1982 S. 29/30) • Auf Arbeitsblättern Teile wiedererkennen, markieren und benennen
Unterscheiden zwischen Kern- und Steinobst	Erfahren, dass man Kerne, z.B. beim Apfel, mitessen kann, nicht dagegen aber Steine von Mirabellen oder Pflaumen
Essbare und „schlechte“ Teile unterscheiden und den Begriff „faul“/„Fäulnis“ kennen	• Verfärbungen und andere Veränderungen wahrnehmen; daran riechen • auf Gesundheitsgefährdungen aufmerksam machen
Verschiedene Verwertungsmöglichkeiten von Äpfeln kennen: • Apfelbrei (-kompott) • Apfelsaft • Kuchen- und Pfannkuchenbelag • Bratäpfel • Obstsalat und Müsli • u.a.	Beobachten und konkretes Tun Arbeitsblätter (Bilderrezepte) einsetzen: • Wir kochen Apfelbrei (Stuffer 1980, S. 79) • Bratäpfel mit Vanillesauce Vgl. Schwemmer 1981

Ziele/Inhalte/Handlungsschritte	Methoden/Medien
„Bratäpfel mit Vanillesauce“ herstellen • Zutaten besorgen • feuerfeste Form dünn einfetten • Äpfel waschen, abtrocknen und das Kerngehäuse mit Kernhausstecher ausbohren • Zimt, Zucker, Rosinen und Mandeln in Schüssel verrühren • Äpfel mit dieser Mischung füllen • Äpfel in eine feuerfeste Form stellen, Butter auf die Äpfel geben und sie 20 Min. auf unterer Schiebeleiste garen • Nach Anleitung Vanillesauce zubereiten und diese zusammen mit den Äpfeln servieren/verzehren	*für 4 Personen:* 4 säuerliche Äpfel (z.B. Boskop), 1 TL Zimt, 1 TL Rosinen, 2 EL gehackte Nüsse, 4 TL Butter, Vanillesauce, 1/2 L Milch, 2 EL Zucker Äpfel können auch mit Marmelade gefüllt werden Vorsicht beim Essen: Die Äpfel sind heiß
Verwertungsmöglichkeiten von anderen Früchten kennen: • Birnen: Kompott, Müsli u.a. • Pflaumen: Mus, Marmelade, Kuchenbelag	
Verwertungsmöglichkeiten von *Trauben* kennen: • Traubensaft • Wein • Rosinen	Bei der Traubenlese helfen und bei einem Winzer im Herbst den Vorgang des Kelterns beobachten Selbst Saft herstellen: • Zunächst Trauben nach dem Waschen durch ein Sieb drücken und beobachten, wie der Saft ausgepresst wird

	• Später „effektivere“ technische Geräte wie eine Kartoffelpresse, Saftpresse oder Apfelpresse einsetzen Wahrnehmen, dass dieser Traubensaft besser/fruchtiger schmeckt als der „gekaufte“
Verschiedene Möglichkeiten der Haltbarmachung erfahren	
Kompott herstellen: • Früchte waschen • Früchte entkernen bzw. entsteinen • Faulstellen entfernen • waschen • Wasser, Zucker und Gewürze zugeben • aufkochen • pürieren	• Vorgang beobachten • Praktische Mithilfe • Abstrahierung und Verbalisierung über Abbildungen und Arbeitsblätter, Photos oder Videoaufnahmen
Einwecken von Früchten: • gute Früchte aussortieren • entsteinen bzw. Kerngehäuse entfernen • evtl. schälen • Zuckerlösung kochen • Früchte in saubere Einmachgläser füllen • einwecken, d. h. in einem großen Einmachbehälter nach Anleitung „einkochen“	siehe oben

Literatur/Unterrichtsmaterialien:

Handbuch für die Früchtezeit: Rezepte, Tipps, Erfahrungen. Pfeifer & Langen Köln o.J.

Ministerium für Bildung, Frauen und Jugend (Hrsg.): Richtlinien für die Schule mit dem Förderschwerpunkt ganzheitliche Entwicklung und Lehrplan zur sonderpädagogischen Förderung von Schülerinnen und Schülern mit dem Förderbedarf ganzheitliche Entwicklung. Mainz: MfBFJ 2001; Kap. Haushalt (5.2)

Schmitt-Dietrich, Kristine: „Danke". Ein Lied über den Herbst von Rolf Zuckowsky. In: Förderschulmagazin 19 (1997) 11, S. 15-18

Schwemmer, Schorsch: Mein Apfel. Ehrenwirth Sonderschulmagazin 9/1981, 29 ff

Staatsinstitut für Schulpädagogik und Bildungsforschung München (Hrsg.): Lehrplan für den Förderschwerpunkt geistige Entwicklung. München: Hintermeier 2003; Kap. Hauswirtschaft

Stuffer, Georg u.a.: Leben lernen in der Schule. Materialien für den Unterricht mit Geistigbehinderten. München: List 1980, 79 ff

Entkernen

Einwecken

Herbstfrüchte

Apfel

Birne

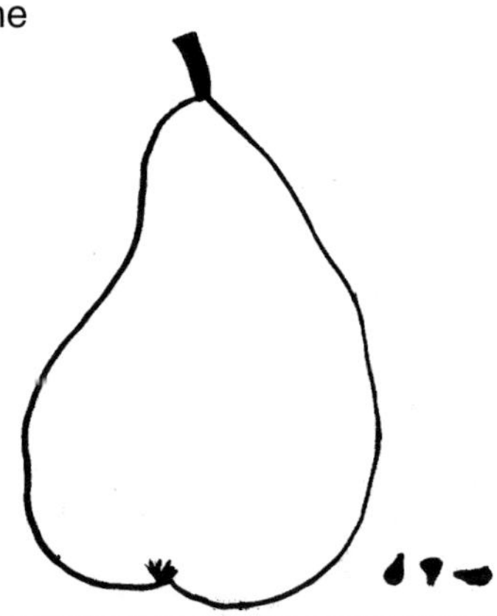

Zwetschge

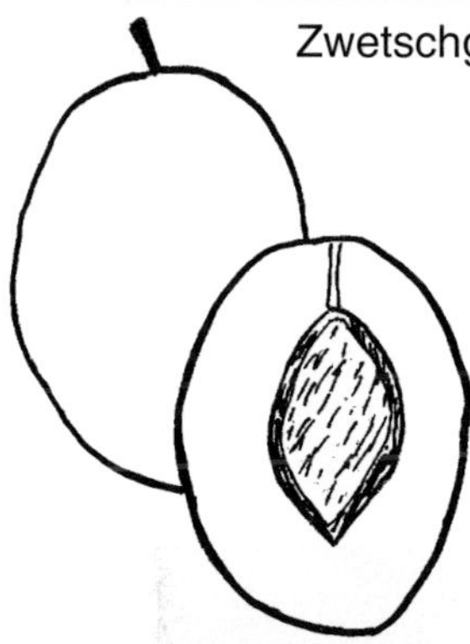

Pfirsich

Trauben

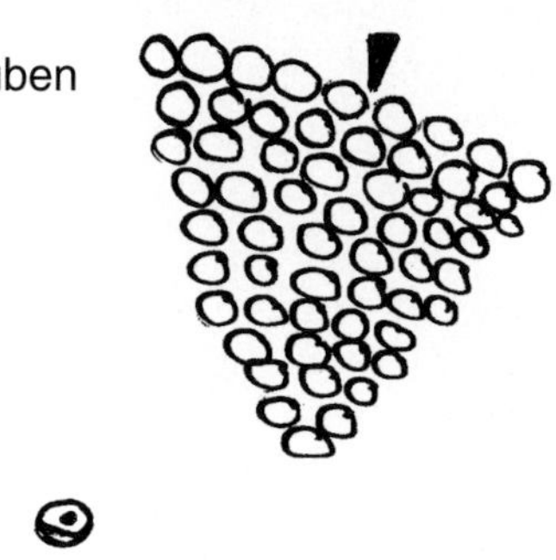

Kern- und Steinobst

Einkochen

Etikettieren

2.14 Vom Korn zum Brot

Didaktische Vorüberlegungen

Dieses Thema eignet sich in besonderem Maße deutlich zu machen, dass viele alltägliche Dinge unserer Zeit, so auch das Nahrungsmittel Brot, nicht „per se" existieren oder als fertige Produkte irgendwo heranreifen, sondern

- sich aus natürlichen Rohstoffen zusammensetzen,
- einem komplexen Herstellungsprozess unterliegen,
- an dem viele Menschen aus unterschiedlichen Berufsgruppen beteiligt sind.

Durch Beobachtungen „vor Ort" und durch mediale Vermittlung sollen die Schüler erfahren, dass

- der Landwirt im Frühjahr Getreide sät,
- dieses allmählich heranreift und nach einer bestimmten Zeit geerntet wird,
- beim Müller das Korn zu Mehl gemahlen wird,
- das wiederum beim Bäcker bzw. in Brotfabriken unter Hinzunahme zahlreicher anderer Produkte zu Brot oder anderen Backwaren weiterverarbeitet wird.

Dieser komplexe Prozess ist Kindern, vor allem wenn sie infolge einer intellektuellen Beeinträchtigung an der Teilhabe am gesellschaftlichen Leben be- bzw. gehindert werden, nicht bekannt; er muss vielmehr erst durch vielfältige Lernprozesse, möglichst am Ort des Geschehens und handlungsorientiert, erschlossen werden.

Ziele/Inhalte/Handlungsschritte	Methoden/Medien
Die vier wichtigsten Getreidesorten unterscheiden • Roggen (lange Ähren, kurze Grannen) • Weizen (ähnlich wie Roggen, ohne Grannen) • Hafer (Körner laufen im oberen Teil aus einzelnen Halmen heraus; Rispen) • Gerste (kurze Ähre, lange Grannen, Körner in Zweierreihen)	• Getreidefelder in der Nähe aufsuchen, beobachten und vergleichen • Die verschiedenen Getreidesorten abschneiden, untersuchen und vergleichen • Charakteristische Merkmale herausarbeiten und dokumentieren (jeweils eine Ähre mit den entsprechenden Körnern auf Karton aufkleben und Unterschiede beschreiben) • vgl. Kohlwagner 1981, S. 6 f • Spielerische Übungen: „Bauer Klaus und die Maus“. Ein Erntespiel für 2 bis beliebig viele Mitspieler. Habermaß-Spiel Nr. 4175
Einzelteile und Begriffe kennen und sachgerecht anwenden: Getreide, Ähren, Grannen, Halme, Wurzeln	Arbeitsblätter als Wiederholung und Vertiefung einsetzen Sprachübungen durch Memoryspiel (mit entsprechend erstellten Bildkarten)
Erfahren, was aus den einzelnen Getreidesorten hergestellt wird: • Roggen ⇨ Roggenmehl ⇨ Vollkornbrot • Weizen ⇨ Weißmehl ⇨ Weißbrot, Kuchen und Teigwaren, Grieß • Gerste ⇨ Bier, Futtergerste • Hafer ⇨ Haferflocken, Futterhafer (besonders für Pferde)	Besuch und Erkundungen in einer Mühle, Bäckerei, Brauerei u.a. Einsatz von Arbeitsblättern: Getreidesorten und daraus erstellte Produkte zuordnen Arbeitsblatt „Ordne zu“ (S. 182)

Die wichtigsten Schritte bei der Verarbeitung von Korn zu *Mehl* kennen und beschreiben: • der Bauer sät Getreide • das Getreide reift • der Mähdrescher erntet es • Die herausgesiebten Körner werden zu einer Mühle befördert; dort wird es zu Mehl gemahlen und verpackt	• Beobachtungen auf dem Feld • Diareihe „Vom Korn zum Brot" • vgl. Schlesiger 1989 • Besichtigung einer Mühle • Getreidekörner in der Schule mit einer Handmühle bzw. einer elektrischen Mühle mahlen und Vorgehen vergleichen Festhalten aller Beobachtungen auf Photos bzw. Video und die einzelnen Handlungsschritte wiederholen und verbalisieren lassen
Die Aufgaben des Müllers beim Vermahlen des Kornes zu Mehl kennen: • Reinigen des Korns von Sand und Steinchen • einmaliges Mahlen zu Vollkornmehl • Gewinnung weiterer Mehle durch weiteres Mahlen und Entfernen von Schalen und Keimlingen • Abfüllen in Säcke und Transport zum Bäcker bzw. in die Brotfabrik	Besuch in einer Mühle; Befragen des Müllers Beobachten und Festhalten auf Video Vorgänge verbalisieren und abstrahieren
Den Weg vom Mehl zum *Brot* kennen und beschreiben: • Zutaten: Mehl, Wasser, Salz und Treibmittel (Hefe oder Sauerteig) • Teig herstellen • Abwiegen und Formen	• Besuch/Besichtigung einer Bäkkerei und beobachten, wie Teig hergestellt und dieser zu Brot weiterverarbeitet wird • Arbeitsblatt (Bilderrezept) mit einzelnen Handlungsschritten erstellen

Ziele/Inhalte/Handlungsschritte	Methoden/Medien
• Abbacken im Ofen	• Brot selbst backen • vgl. Kohlwagner 1981, S. 12 ff
Weitere Verwendungsmöglichkeiten von Mehl kennen und erproben • verschiedene Arten von Brot: Weißbrot, Mischbrot, Roggenbrot, Schwarzbrot u.a. • Brötchen, Hörnchen, Croissants • Teilchen, Kuchen u.a.	Besuch in einer Bäckerei bzw. in der Brotabteilung von Supermärkten; Erkunden des Warenangebots Ravensburg Bilderbuch „Auf dem Markt“ (1980, 1-4)

Ein Beispiel: Wir backen Vollkornbrötchen

Zubereitung/Handlungsschritte	Geräte/Zutaten
300 g oder TA Weizenvollkornmehl abmessen und mit 1 Tütchen Hefe zusammenschütten	Messbecher/Tasse; Rührschüssel 300 g Mehl; 1 Tütchen Hefe
1 Tasse warmes Wasser hinzufügen	Tasse
1TL Salz, 2 EL Öl ebenfalls in die Rührschüssel geben	Tee-, Esslöffel
Alles mit dem Handrührgerät auf Stufe 1 oder 2 von der Mitte aus gut durchkneten	Handrührgerät
Den Teig mit den Händen so lange weiterkneten, bis er weich ist. Unter Umständen etwas mehr Mehl oder Wasser zugeben	Küchenuhr, Rost

Den Teig in der Rührschüssel im Backofen (untere Einschubleiste) bei 50° 25 Min. gehen lassen	Backblech, Küchenpinsel
Während der Teig geht, ein Backblech mit Margarine einfetten	Margarine
Nach dem Gehen aus dem Teig kleine Brötchen formen und auf das Blech legen	
Das Blech mit den Brötchen bei 200° 20 Min. braun backen lassen	Küchenuhr Anmerkung: Dieser Hefeteig kann mit leicht veränderten Zutaten auch für andere Brötchen- und Brotrezepte verwendet werden

Literatur/Unterrichtsmaterialien

Backhausz, Sylvia: Vom Korn zum Brot. In: Sonderschulmagazin 6 (1984) 12, S. 17-20

Eberhard, Irmgard/ Scheffler, Ursel: Auf dem Markt. Ravensburg: Otto Maier 1980

Gaspar, Sonja: „Unser tägliches Brot gib uns heute“. Den Lebensbezug eines Gebetes bewusst machen. In: Grundschulmagazin 11 (1997) 1, S. 21-22

Graf, Josef: Im Schrank kein Brot, und Hunger tut weh. In: Förderschulmagazin 17 (1995), S. 13-16

Jünger-Arbeitstransparente Nr. 9032 „Unser täglich Brot“

Kohlwagner, Gabi: Schau mal unser Brot. Luzern: Kinderbuchverlag 1981

Kaiser, Astrid: Praxisbuch handelnder Sachunterricht Band 1. Baltmannsweiler: Hohengehren 1999

Ministerium für Bildung, Frauen und Jugend (Hrsg.): Richtlinien für die Schule mit dem Förderschwerpunkt ganzheitliche Entwicklung und Lehrplan zur sonderpädagogischen Förderung von Schülerinnen und Schülern mit dem Förderbedarf ganzheitliche Entwicklung. Mainz: MfBFJ 2001; Kap. Haushalt

Miersner, Barbara: Vom Korn zum Brot. In: Grundschulunterricht 42 (1995) 7+8, S. 12-14

Mitgutsch, Ali: Vom Korn zum Brot. München 1989

Schlesiger, Gabriele: Vom Korn zum Brot. Donauwörth: Auer 2000

Worm, Heinz-Lothar: Vom Korn zum Brot. Ein Unterrichtsprojekt. In: Sonderschulmagazin 16 (1994) 6, S. 31-32

Ordne zu:

Roggen	Weizen	Hafer	Gerste

Wir mahlen Korn gemeinsam mit der Partnerschaftsklasse der Grundschule

Wir haben Brötchen gebacken

2.15 Unser Wald

Didaktische Vorüberlegungen

In dieser Unterrichtsreihe geht es darum, dass die Schüler den Wald als einen elementaren Bereich von Natur und Landschaft wahrnehmen und in seinen vielfältigen Einzelerscheinungen erschließen. Dies erfordert die Vermittlung von Sacherfahrungen: Woraus besteht der Wald? Was wächst und lebt dort alles? Worin unterscheiden sich die dort beheimateten Pflanzen und Tiere? Welche Möglichkeiten der Nutzung bieten sich dem Menschen?

Darüber hinaus wird die Zielstellung verfolgt, dass der Schüler durch Beobachtungen und Erlebnisse den Wald als pflege- und schutzbedürftigen Lebensraum des Menschen erfährt und so auch die Notwendigkeit von „Umweltschutz" erkennt.

Zielstellungen für schwerstbehinderte und leistungsschwächere Schüler

Ziele/Inhalte/Handlungsschritte	Methoden/Medien
Über elementare sinnliche Erfahrungen (fühlen, hören, riechen, schmecken) einen Eindruck von dem Naturraum „Wald" gewinnen • Im Wald gibt es viele Bäume; manche riesig hoch, andere so dick, dass man sie mit den Armen kaum/nicht umfassen kann • Im Moos und auf Blättern liegt man weich • Walderde und Blätter riechen modrig • Blätter rascheln, wenn man darüber geht oder sie zwischen den Fingern reibt	• Waldspaziergänge und -erkundungen durchführen • mit allen Sinnen wahrnehmen und beobachten • Sammeln und in der Schule damit spielen/manipulieren/basteln

• Blätter in verschiedenen Farben lassen sich abtasten, sammeln und aufkleben • Tannennadeln und -zapfen riechen gut (nach Tannenduft) • Früchte wie Buchecker und Eicheln kann man aufheben/sammeln; damit lässt sich etwas basteln • auf dem Boden bewegen sich mancherlei Kriechtiere wie Schnecken oder Käfer	

Zielstellungen für leistungsstärkere Schüler

Erfahren und erleben, dass ein Baum Schutz und Geborgenheit geben kann	• Auf Bäume kann man klettern • unter ihnen wird man vor Regen geschützt • Eine Baumhütte aus Ästen und Zweigen bauen • Lied: Du alter Baum (Krenzer)
Wahrnehmen und erfahren, dass Bäume sehr groß und alt werden können	• Besuch eines großen, alten (und bekannten) Baumes in der Umgebung • Umfang ausmessen und Vergleiche anstellen mit anderen Bäumen

Ziele/Inhalte/Handlungsschritte	Methoden/Medien
Bestandteile von Bäumen wahrnehmen und unterscheiden: • Wurzeln • Stamm • Rinde • Äste/Zweige • Blätter • Früchte	• Beobachtungen im Wald; Teile bewusstmachen durch sinnliches Erkunden • Bestandteile sammeln, untersuchen und vergleichen • Einen Baum (aus-) malen • auf einem Arbeitsblatt/einer Schemazeichnung Teile kennzeichnen/ausmalen
Bekannte *Nadelbäume* unterscheiden, kennen und benennen: • *Kiefer*: 4-7 cm lange Nadeln, in Bündeln zu zweit stehend; Zapfen eiförmig, stehend • *Fichte*: vierkantige und spitze Nadeln, ringsherum benadelt; Zapfen hängend • *Tanne*: flache und breite, leicht gekerbte Nadeln, mit weißlichen Streifen an der Unterseite; Zapfen stehend; hoher Baum mit silberweißer Rinde • *Lärche*: weiche, in Büscheln stehende einjährige Nadeln; Zapfen eiförmig, 1-3 cm groß	Nadelbaum von Laubbaum unterscheiden: Unterscheiden von Nadeln und Blättern Vor Ort im Wald Beobachtungen machen: Nadeln und Tannenzapfen sammeln, untersuchen und gegenüberstellen Arbeitsblatt erstellen; Teile ausmalen und benennen lassen
Laubbäume unterscheiden und benennen: • *Eiche*: gebuchtetes Blatt; Eicheln; grobrissige Rinde • *Buche*: eiförmiges, leicht gewelltes Blatt; Bucheckern; glatte Rinde	Blätter sammeln, vergleichen, trocknen und in einem Album gegenüberstellen Arbeitsblätter erstellen/einsetzen: • Blätter haben versch. Formen

• *Ahorn*: gelapptes Blatt; Flügelfrucht mit 2 Nüsschen; graue glatte Rinde • *Birke*: weiße Rinde • Eberesche: Vogelbeeren • *Kastanie*: fingerförmiges Blatt; Kastanien als Frucht	• Blätter und Früchte versch. Bäumen zuordnen
Beim Verzehr von Früchten vorsichtig sein	Nur essen, was man genau und als genießbar kennt (Brombeeren, Himbeeren und Walderdbeeren); ansonsten fragen Vor Tollkirschen und Vogelbeeren warnen
Erfahren und wissen, wie ein (neuer) Wald angelegt wird: • Bäume werden abgesägt • Waldbestand wird abgeholzt • Jungbäume werden gepflanzt • das Gebiet wird eingezäunt, um Wildfraß zu vermeiden	In Absprache mit dem Förster beobachten, wie abgeholzt wird (früher mit der Säge, heute mit Motorsäge bzw. automatischen Abholzmaschinen) Waldschäden besichtigen Besuch in einer Baumschule
Im Herbst für den Förster Eicheln und Bucheckern sammeln	Als Futter für die Tiere im Winter bzw. zum Aufforsten (Termin beim Forstamt erfragen)
Einen Förster an seinem äußeren Erscheinungsbild/an seiner Berufskleidung erkennen und typische Ausrüstungsgegenstände zuordnen • grüne Berufskleidung • Hut • Gewehr • Jagdhund • Fernglas	Besuch bei einem Förster; Bekleidung betrachten und beschreiben Schemazeichnung von einem Förster ausmalen

Ziele/Inhalte/Handlungsschritte	Methoden/Medien
Wichtige Aufgaben des Försters als Verwalter eines Forstreviers kennen • Pflege des Waldes und Regeln des Baumbestandes; Beaufsichtigung der Waldarbeiter; Holzverkauf u.a. • Schutz der Tiere • Regeln des Tierbestandes	• Befragen nach seinen Aufgaben • Den Förster bei seiner Arbeit im Wald begleiten • Bilderbücher und Broschüren der Forstbehörden • Haftmaterialien „Im Wald“
Erfahren, wie das Holz aus dem Wald verarbeitet und verwertet wird • abholzen • lagern • Verkauf an Sägewerke • Verarbeitung in einer Schreinerei bzw. in einer Möbelfabrik	• Abholzarbeiten im Wald beobachten • vgl. Kohlwagner 1983, 13 ff • Lagerplätze in der näheren Umgebung aufsuchen Besuch in einem Sägewerk Besuch einer Schreinerei oder Möbelfabrik
Kleintiere im Wald unterscheiden und kennen • Ameisen, Bienen • Uhu, Kuckuck, Specht • Schnecken • u.a.	• Im Rahmen von Waldspaziergängen und -aufenthalten auf solche Kleinlebewesen achten • Tiere in ihrem Aussehen, in ihrer Fortbewegung beobachten; ihren speziellen Lebensraum kennenlernen • Geräusche aus dem Wald identifizieren und entsprechenden Abbildungen zuordnen (Hausammann/Schneider o.J. Geräusch-Puzzle „Wald“)

Größere Tiere des Waldes kennenlernen und benennen • Rehe und Hirsche • Wildschweine • Hasen • Fuchs • u.a.	• Mit dem Förster auf einem Hochsitz • Besuch in einem Wild- bzw. Tierpark • Besuch eines Naturkundlichen Museums • Videos und Dias ansehen und versprachlichen • Ausmalbuch „Wir malen, was lebt in Wald und Flur“

Literatur/Unterrichsmaterialien

Alles was ich wissen will über Vögel, Schmetterlinge, Bäume und Blumen. Ravensburg 1980, Kap. 2/Seite 27-50

De Haen, Wolfgang: Wie ist es im Wald? Ravensburg: Otto Maier 1979

Hausammann, Elisabeth/ Moser-Schneider, Annemarie: Geräusche aus dem Alltag. Spiele zur Förderung des Gehörsinns. Schinznach-Dorf: pro-spiel o.J.

Im Wald. Haftmaterialien Nr. 41171 Huesmann + Benz Verlag (HBV), 78239 Rielasingen-Worblingen o.J.

Jünger Arbeitstransparente Nr. 7121 „Waldbäume: Baum - Blatt - Frucht und Samen“

Kohlwagner, Gabi: Schau mal unser Holz. Luzern: Kinderbuchverlag 1983

Kühn, Jörg/ Zisweiler, Vinzenz: Der Wald und seine Tiere. Zürich/Freiburg: Atlantis 1977

Luft, Vanessa: Tiere im Winter. Ellermann o.J.

Ministerium für Bildung, Frauen und Jugend (Hrsg.): Richtlinien für die Schule mit dem Förderschwerpunkt ganzheitliche Entwicklung und Lehrplan zur sonderpädagogischen Förderung von Schülerinnen und Schülern mit dem Förderbedarf ganzheitliche Entwicklung. Mainz: MfBFJ 2001; Kap. 3.7; 9.3.5; 9.3.7

Ministerium für Landwirtschaft, Weinbau und Forsten (Hrsg.): Waldreiches Land. Mainz o. J.

Nijkerk, Ingrid: Entdecke die Natur. Der Wald. Stuttgart: Breitschopf 1988

Schmidbauer, Hildegard/ Hederer, Josef: Erlebnisraum Wald. Praktische Umwelterziehung in Kindergarten und Schule. München: Don Bosco 1991

Staatsinstitut für Schulpädagogik München (Hrsg.): Lehrplan und Materialien für den Unterricht in der Schule für geistig Behinderte. München. Hintermaier 1982, S. 134 ff

Staatsinstitut für Schulpädagogik und Bildungsforschung München (Hrsg.): Lehrplan für den Förderschwerpunkt geistige Entwicklung. München: Hintermeier 2003; Kap. Natur

Tieraufnahmen in freier Wildbahn. Belauschte Reh-Kinderstube; Belauschte Wildbahn; Besuch bei Familie Fuchs. Super-8-Filme. TEKA-Film Theo Kubiak

Unser Wald, unser Holz. Hrsg. Centrale Marketinggesellschaft der dt. Agrarwirtschaft m.b.H (CMA). Bonn o.J.

Wir malen, was lebt im Wald und Flur. Hrsg. vom Landesjagdverband Rheinland-Pfalz e.V. Mainz: Hoffmann 1986

Zink-Pringel,Elisabeth/ Bannwart, Aulikki: Wir gehen in den Wald. Ravensburg: Otto Maier 1984

Im Wald

Ein uralter Baum

Wir sammeln Eicheln für den Förster

Laubbäume

	Baumwuchs	Blattform	Frucht
Ahorn			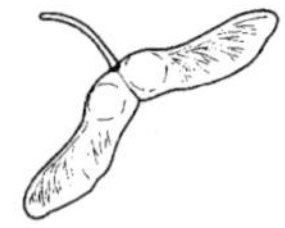
Buche			
Kastanie			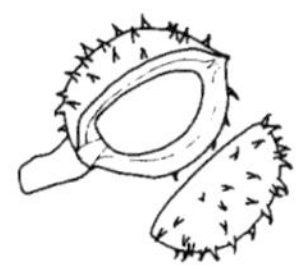
Eiche			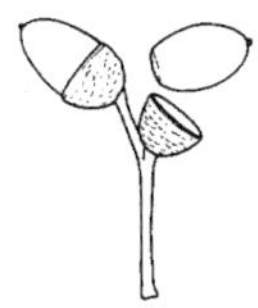
Linde			

Nadelbäume

	Baumwuchs	*Nadeln*	*Frucht/ Zapfenform*
Kiefer			
Fichte			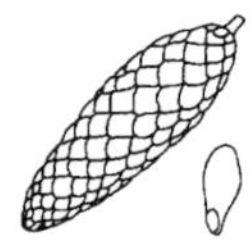
Tanne			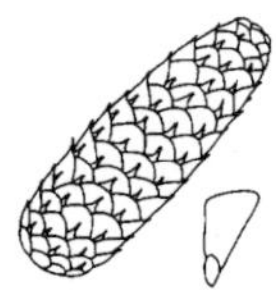
Lärche			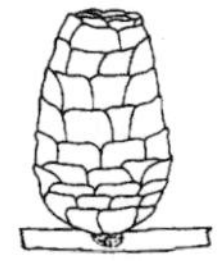

2.16 Wir fahren ins Schullandheim

Didaktische Vorüberlegungen

Die Durchführung eines Schullandheimaufenthalts gehört an vielen (Sonder-)Schulen zu den „Höhepunkten“ des Unterrichts im Schuljahr. Dies hängt zum einen damit zusammen, dass manche Kinder und Jugendliche mit geistiger Behinderung mit den Eltern selten in Urlaub fahren und sich auf Aufenthalte außerhalb der Schule „von Herzen“ freuen können und zum anderen damit, dass die teilnehmenden Lehrkräfte wie auch die Schüler in besonderem Maß von einem längerfristigen außerschulischen Aufenthalt profitieren:

- die Lehrkräfte erleben ihre Schüler nicht nur von morgens bis nachmittags während des Unterrichts, sondern den ganzen Tag über, auch abends und nachts, von montags bis freitags oder noch länger. Das vertieft soziale Beziehung, schafft Verständnis für individuelle Eigenheiten und Problemlagen und baut unter Umständen Vorurteile ab.
- Die Schüler haben die Möglichkeit, die „Erwachsenen“ von einer anderen Seite kennenzulernen. Sie erleben diese nicht nur in der Rolle der Lehrperson, sondern auch als Ersatz für Vater oder Mutter, als Spielkamerad und als Gesprächspartner, der mehr Zeit als üblich aufbringen kann. Da umsorgende und „überbehütende“ Eltern nicht anwesend sind, sind die Schüler gezwungen, sich über das gewohnte Maß hinaus lebenspraktisch selbst zu versorgen (waschen, Betten machen, Brot schmieren u.a.), was neue Lernerfahrungen mit sich bringt und einen Schritt „Abnabelung“ vom Elternhaus bedeutet kann.
- Für die Schüler als Klasse eröffnet sich die Möglichkeit, als Gruppe zusammenzuwachsen, wenn durch gemeinsame Aktivitäten ein größeres Zusammengehörigkeitsgefühl entsteht und neue Freundschaften geschlossen werden.

Das Gelingen oder Misslingen eines Schullandheimaufenthalts steht und fällt mit der Vorbereitung. Dies bedeutet nicht, dass nun jeder Tag und jede Minute restlos verplant werden sollte, allerdings empfiehlt es sich, unter Mitarbeit der Schüler und in ständiger Absprache mit Eltern und Schulleitung zu überlegen und zu entscheiden,

- wo die Fahrt hingeht,
- wie lange diese dauern soll und
- welchen erzieherischen Schwerpunkten der Aufenthalt dient: Sollen die Aspekte „Erholung und Freizeit“ im Vordergrund stehen oder pädagogische Zielstellungen wie lebenspraktische Selbstversorgung? Oder aber geht es im Rahmen eines zuvor durchgeführten Vorhabens um die Erkundung einer bestimmten Landschaft (Berge; Meer), um räumliche Orientierung (Verkehrserziehung in der Stadt) oder die Erarbeitung bzw. Vertiefung eines kulturellen Inhalts (Burgen; Museen u.a.)?

Entsprechend unterschiedlich fallen die Vorbereitungen und Unterrichtsplanungen aus.

Vorbereitung

Ziele/Inhalte/Handlungsschritte	**Methoden/Medien**
Interesse entwickeln und äußern, an einem Landschulheimaufenthalt teilzunehmen	An frühere Veranstaltungen erinnern und darüber sprechen Photos/Dias oder Videofilme anschauen
Verschiedene Urlaubsziele/Aufenthaltsorte kennenlernen, Vergleiche anstellen und sich für ein Ziel gemeinsam entscheiden	• Studium von Prospektmaterial (Reisebüros aufsuchen) • Sich bei anderen Klassen nach geeigneten Orten/Zielen erkundigen • Auf der Landkarte Zielort suchen und zeigen (leistungsstarke Schüler) • Vergleiche nach Kriterien vornehmen: Größe der Ferienwohnung, Freizeitmöglichkeiten u.a.

Ziele/Inhalte/Handlungsschritte	Methoden/Medien
Im gemeinsamen Gespräch organisatorische Fragen klären helfen:	
• Wann fahren wir? Wie lange? Womit? Wer fährt alles mit?	Wieviel Geld bekommen wir von den Eltern? Was gibt der Förderverein hinzu?
• Wie finanzieren wir den Aufenthalt? Woher bekommen wir Geld?	Befragen der zuständigen Personen
• Überlegen, auswählen und zusammenstellen, was alles unternommen werden kann bzw. soll (Ferienplan erstellen)	Vorschläge unterbreiten wie: spazieren gehen; schwimmen; Stadtbesichtigungen; Tier- und Freizeitpark u.a.
Überlegen und zusammenstellen, was jeder Teilnehmer/Schüler in seinem Koffer mitnehmen muss bzw. kann – dabei Oberbegriffe bilden: • Unterwäsche • Oberbekleidung • Schuhe • Wasch- und Badeutensilien • Bettwäsche • Sonstiges (Gesellschafts- und Freizeitspiele; Erste-Hilfe-Tasche u.a.)	Vorschläge unterbreiten: Kleider- bzw. Kofferliste aus den vergangenen Jahren durchschauen und aktualisieren Evtl. neue Liste von benötigten Kleidungsstücken/Gegenständen anhand von Abbildungen erstellen (Bilderliste)
Durchführung	
Sich in einer fremden, unbekannten Ferienanlage räumlich orientieren	• Schlaf- und Aufenthaltsräume und die nähere Umgebung gemeinsam erkunden • Kleinere Erkundungsgänge in der Nähe zunehmend selbst wagen

Kontakte zu anderen Feriengästen aufnehmen bzw. Kontaktangebote anderer Personen erwidern	• zu dem Personal • zu Schülern anderer Klassen (die sich z.B. in einer Jugendherberge aufhalten) • zu anderen Feriengästen
Koffer auspacken und in einen Kleiderschrank „ordentlich“ einräumen	Ähnliche Kleidungsstücke wie Unterwäsche oder Hosen zusammenlegen bzw. aufhängen
Bett beziehen und machen: • Laken auseinanderziehen, über die Matratze legen und einschlagen • Kopfkissenbezug auseinanderziehen, mit Kissen füllen und zuknöpfen • Bettbezug auseinanderfalten, mit dem Federbett füllen und zuknöpfen • Schlafanzug unter Kissen oder Federbett legen	Betrifft nur Aufenthalte in Jugendherbergen und in manchen anderen Häusern Vorübungen in der Schule
Sich möglichst selbständig sauber halten	waschen/duschen; Haare pflegen; Rasieren, Monatshygiene u.a.
Möglichst selbständig passende und saubere Kleidung heraussuchen und zusammenstellen	Darauf achten und Hilfen erteilen, dass die Kleidung • regelmäßig gewechselt wird (Unterwäsche) • die Auswahl den Witterungsverhältnissen entspricht und • farblich abgestimmt ist
Im Zimmer für Ordnung und Sauberkeit sorgen	Kleidung und andere Dinge aufräumen Raum gelegentlich fegen

Ziele/Inhalte/Handlungsschritte	Methoden/Medien
Am Frühstücks- und Mittagstisch sich möglichst ohne fremde Hilfen versorgen und • Tischmanieren beachten • Wünsche möglichst verständlich verbalisieren • Gegenstände anreichen	

Nachbereitung

Sich erinnern und berichten, wo der Landschulheimaufenthalt stattgefunden hat und was dort alles unternommen wurde	• Wie hieß der Ort? Welche besonderen Sehenswürdigkeiten und Städte wurden besucht? • Photos/Videofilm anschauen und darüber sprechen • Bewertungen vornehmen: was war schön, was weniger?
Erstellen einer Bildermappe zum Schullandheimaufenthalt	Photos machen und Prospekt sammeln, diese ggf. vervielfältigen und chronologisch zusammenstellen

Gleich geht's los

Literatur/Unterrichtsmaterialien:

Bergstraesser, Erwin: Projekt Schullandheimaufenthalt. In: Sonderschulmagazin 5 (1983) 2, S. 29-32

Bernhardt, Andreas: Wir fahren ins Schullandheim! Eine schriftliche Information für die Eltern. In: Sonderschulmagazin 16 (1994) 9, S. 13-15

Bundesarbeitsgemeinschaft „Hilfe für Behinderte“ (Hrsg.): Ferienführer. Düsseldorf: BAG Eigenverlag 1983

Bundesvereinigung Lebenshilfe für geistig Behinderte Marburg- Bereich Familie und Fachfragen: Verzeichnisse behindertenfreundlicher Ferien- und Urlaubs- sowie Kur- und Erholungseinrichtungen o.J.

Ernst, Franz-Peter: Gemeinsame Schullandheimaufenthalte behinderter und nichtbehinderter Kinder und Jugendlicher. In: Freizeitpädagogik 15 (1993) 1, S. 29-37

Giesen, Marianne u.a.: „Buenos Dias Mallorca!“ - Eine außergewöhnliche Schulfahrt mit Ober- und Werkstufenschülern. Lernen konkret 12 (1993) Heft 3, 26-32

Grumbach, Joachim: Schulwandern und Schulfahrten. Grünstadt: Sommer o.J.

Lebenshilfe für geistig Behinderte, Landesverband Nordrhein-Westfalen (Hrsg.): Geistig Behinderte hier willkommen. Unterkünfte für Gruppen: Geistig behinderte und nichtbehinderte Kinder, Jugendliche, Erwachsene und Familien

Mertes, Josef Peter: Argumente für die Durchführung von Schullandheimaufenthalten... Zeitschrift für Heilpädagogik 6/1978, 354 ff

Verband Dt. Schullandheime e.V. (Hrsg.): Schullandheimaufenthalte. Hinweise und Hilfen für die Planung und Durchführung. Hamburg: Verein Dt. Schullandheime Eigenverlag 1981

Vogel, Kerstin: Wintersport mit Kindern und Jugendlichen mit geistiger Behinderung in enem Winterlager. Zeitschrift für Heilpädagogik 52 (2001) Heft 11, 471-475

Wilken, Udo: Der pädagogische Stellenwert von Schulreisen und Klassenfahrten. Der Schullandheimaufenthalt als Chance zur Entwicklung wechselseitiger Integrationskompetenz von behinderten und nichtbehinderten Schülern. Zeitschrift für Heilpädagogik 49 (1998) 6, S. 259-265

Wir fahren ins Schullandheim. Lernen konkret 20 (2001) Heft 3

Anlage 1: "Checkliste" zur Vorbereitung eines Schullandheimaufenthalts

1. Vorüberlegungen zur Orts- und Terminplanung durch die Lehrkräfte der Klasse unter Beteiligung der Schüler

   Unterrichtung der Eltern auf einer Klassenelternversammlung über

   - Zielsetzung des Schullandheimaufenthaltes
   - mögliche Zielorte (Mitentscheidung durch Eltern ermöglichen)
   - Dauer und voraussichtlich entstehende Kosten erörtern
   - Einverständnis schriftlich einholen

2. Einvernehmen mit dem Schulelternbeirat herstellen
3. Information der Schulleitung über die beabsichtigte Maßnahme mit Angabe der beteiligten Lehrpersonen (evtl. Ersatzpersonen); Genehmigung durch Schulleitung als „Schulveranstaltung“ (ebenso Genehmigung als Dienstreise u.a.) einholen
4. Anfrage an Schullandheimträger bzw. Reisebüro (oder andere Träger/Veranstalter von in Frage kommenden Ferienhäusern/Appartements) und Buchung
5. Zwischeninformation der Eltern über Stand der Vorbereitungen
6. Finanzierungsplan aufstellen:
   - Eigenmittel (z.B. Förderverein der Schule)
   - Elternbeitrag
   - Antrag von Zuschüssen im Rahmen von Jugendfreizeitmaßnahmen
7. Vorbereitungen mit der Klasse treffen:
   - Informationen über Zielort einholen (Prospekte u.a.): Wie sieht es dort aus?

     Was können wir dort unternehmen? Was erwartet uns in der Jugendherberge/im Ferienhaus?
     Was müssen wir alles mitnehmen (Küchengeschirr (?), Freizeitspiele u.a.)

- Taschengeld
- Persönliche Ausrüstung festlegen (Kofferliste)
- Vorhaben/Unternehmungen für den Aufenthalt absprechen

8. Abschlussinformation an die Eltern (Kofferliste, Abfahrtszeiten, Adresse bekanntgeben u.a.)

Anlage 2: Informationen über persönliche Angelegenheiten des Kindes:

Name:..*Vorname:*...

geb.:..*Telefon*..

Anschrift: ....

In *dringenden Fällen* sind wir auch zu erreichen über/bei (Arbeitsstelle, Verwandte)

Name/Betrieb	Anschrift	Tolofon

Bei Erkrankungen:

- Krankenkasse:...
- versichert durch:..

Derzeitige Medikamenteneinnahme:

Medikament/Dosierung	morgens	mittags	abends

Besondere *Schlafgewohnheiten:*..

....

....

Weitere *Anmerkungen/Anregungen/Wünsche:*..

....

....

....

Einräumen und Ordnung halten

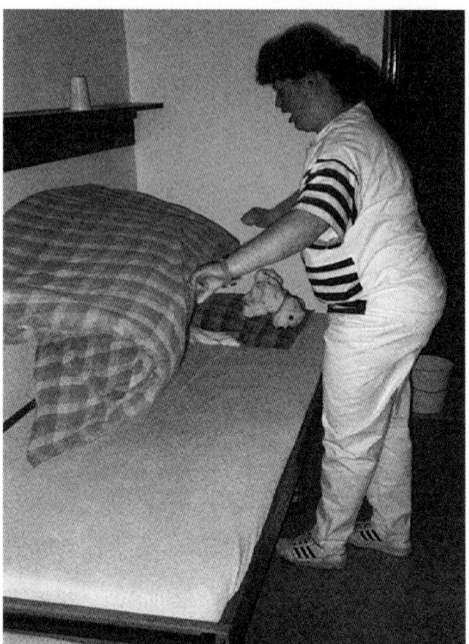

Betten machen

2.17 Wir kaufen ein

Didaktische Vorüberlegungen

Einkaufen als Warentausch gegen Geld ist als elementare Voraussetzung für die Erfüllung persönlicher Bedürfnisse und für Selbsverwirklichung und -bestimmung einzuschätzen.

Beobachtungen zeigen, dass das Handlungsziel „Einkaufen" allerdings zahlreiche und komplexe Anforderungen beinhaltet, die Kinder und Jugendliche mit kognitiven Beeinträchtigungen schnell überfordern. Denkt man z.B. an den kommunikativen Bereich, verfügen diese häufig über weniger aktive Sprachmuster oder über alternative Kommunikationsformen, und diese werden in konkreten sozialen Handlungssituationen häufig nicht verstanden.

Vor allem bei leistungsschwächeren Schülern ist daher eine Entflechtung bzw. Reduktion der Lerninhalte angezeigt, und zwar in Richtung auf

- die Erkennung eigener Bedürfnisse (habe ich heute Lust auf ein Eis oder eine Schokolade? Soll ich mir zum Frühstück lieber Milch oder Kakao kaufen?),
- das Treffens von notwendigen Vorbereitungen (Geld beschaffen, Einkaufskorb oder -tasche besorgen),
- die Auswahl eines geeigneten Geschäftes (in einem Lebensmittelgeschäft gibt es keine Schuhe zu kaufen; frische Brötchen gibt es beim Bäcker),
- die Übernahme der Rolle des Käufers und Anwendung geeigneter Sprachmuster (ich hätte gerne ...),
- die Bezahlung der eingekauften Waren (Unterscheiden von Münzen; eine Vorstellung von deren Wert haben) oder
- die Aktivierung von sozialen Umgangsformen (im Geschäft grüßen, sich bedanken, sich verabschieden).

Aktueller Anlass zum Unterrichtsgang in bestimmte Geschäfte bietet in der Schule vor allem der fachorientierte Lehrgang Hauswirtschaft-Kochen. Hier ist es erforderlich, die Zutaten zu den einzelnen Gerichten einmal in der Woche durch Einkaufen zu beschaffen, was nicht von den Lehrkräften, sondern von den Schülern selbst erledigt werden sollte. Es empfiehlt sich daher, im Wochenstundenplan eine feste Zeit für solche Einkaufgänge zu reservieren. Auch im Rahmen anderer Vorhaben und Lehrgänge ergeben sich immer wieder Anlässe, Einkäufe zu tätigen, wenn für ein Werkvorhaben das erforderliche Holz oder Farben zum Anstreichen fehlen oder für die Vorbereitung eines Klassen- oder Schulfestes Getränke und Gebäck zu beschaffen sind.

Gerade beim Einkaufen ist die Mithilfe des Elternhauses von entscheidender Bedeutung. Es hat sich gezeigt, dass selbst leistungsschwächere Schüler mit Hilfe von Auftragszetteln kleinere Einkäufe im häuslichen Umfeld tätigen können und dass viele Verkäufer schnell lernen, sich auf das Einkaufs- und Sprachverhalten von Kindern und Jugendlichen mit geistiger Behinderung einzustellen und sich große Mühe geben, deren Wünschen gerecht zu werden. Nach Absprache mit den Eltern kann die Teilhandlung der Bezahlung, sofern das Kind (noch) nicht über das erforderliche Zahlen- bzw. Geldverständnis verfügt, so geregelt werden, dass der Verkäufer entweder

- dem Kind beim Suchen und Hinlegen des Geldbetrages behilflich ist,
- das Geld selbst aus dem Portemonnaie entnimmt
- oder aber den Betrag notiert und mit den Eltern später abrechnet.

Bezug der Unterrichtseinheit Einkaufen zu elementaren Lernbereichen/-inhalten:

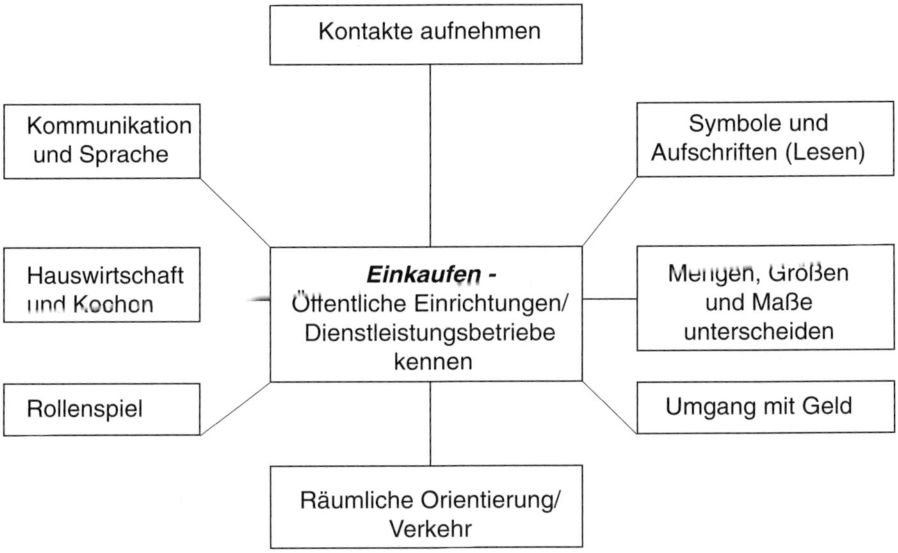

Allgemeine Zielstellungen

Ziele/Inhalte/Handlungsschritte	**Methoden/Medien**
Erfahren, dass man Dinge des täglichen Lebens in vielerlei Geschäften erwerben/kaufen kann	Eltern und Lehrpersonen beim Einkauf begleiten; selbst mit Hilfe kleinere Einkaufe tätigen
Unterschiedliche Geschäfte als Dienstleistungsbetriebe mit einem speziell begrenzten Warenangebot kennen und dies beim Einkauf berücksichtigen: • Lebensmittelgeschäft • Bäckerei • Metzgerei	Die verschiedenen Geschäfte aufsuchen und ihr Warenangebot kennen lernen und vergleichen

Ziele/Inhalte/Handlungsschritte	Methoden/Medien
• Gemüse- und Obsthandel • Schuhgeschäft • Textil- bzw. Bekleidungsgeschäft • Reinigung • Blumenladen • Baumarkt	Prospektmaterialien sammeln und Waren unter bestimmten Kriterien gruppieren, so wie sie in den verschiedenen Geschäften/Dienstleistungsbetrieben angeboten werden
Dienstleistungsbetriebe mit einem breiten und umfassenden Warenangebot kennen und sich dort orientieren • Supermarkt • Kaufhaus Rolltreppe fahren; evtl. Angst abbauen	Erfahren, dass die o.g. Geschäfte „unter einem Dach“ vereint sind, dass es hier „fast“ alles zu kaufen gibt und dass man sich aufgrund der Größe leicht verlaufen kann
Die Funktion von Automaten erfahren und diese bedienen können	Automaten für Getränke, Süßigkeiten u.a.
Notwendige Vorkehrungen zum Einkaufen treffen: • Einkaufstasche besorgen • Warenzettel (mit Bildern oder Text) vorbereiten (lassen) • Geldbeutel mit genügend Geld besorgen	Bei konkreten Einkaufsgängen durch Vorüberlegungen darauf achten Im Rollenspiel berücksichtigen
Die Bedeutung und Handhabung eines Einkaufswagens kennen	Als Transportmittel vor allem für viele und schwere Waren 1 Euro (einen Chip) in den vorgesehen Schlitz einstecken, um einen solchen Wagen zu erhalten

Sich in einem örtlichen Lebensmittelgeschäft räumlich orientieren	durch immer wiederkehrende Einkaufsgänge in bestimmten Geschäften
Unterschiedliche Verpackungsarten wahrnehmen, unterscheiden und beim Einkaufen benennen: • Flaschen (Sprudel, Öl, Essig) • Gläser (Marmelade, Gurken) • Dosen (Cola, Ravioli) • Tüten (Milch, Saft) • Päckchen (Salz, Tee) • Schachtel (mit Mohrenköpfen) • Tuben (Zahnpasta, Senf)	Waren auf die Art der Verpackung hin untersuchen; Verpackungen entfernen und vergleichen in Bezug auf • Größe • Materialbeschaffenheiten (Glas; Blech; Karton; Plastik u.a.) Verpackungsart bei sprachlichen Handlungen berücksichtigen: „Ich möchte ein *Tüte* Milch“
Wichtige Symbole und Zeichen, die Waren kennzeichnen, wahrnehmen und unterscheiden	Abbildungen, Werbeaufschriften, Mengen und Größen, grüner Punkt
Häufig vorkommende Gewichte und Maße von Waren erfassen: Gewichte: • 100g-Einheiten (Wurst; Käse) • kg (Fleisch; Obst u.a.) Maße: • Liter (Milch; Saft u.a.)	Erfahren, dass manche Artikel nach ihrer Anzahl, andere in Gewichten angegeben werden Im kursorientierten Unterricht: Abwiegen und Abmessen üben
Kennen von Maßen, die die eigene Person betreffen • 36-38-40- ... • S-M-L-XL	Größe für Schuhe, Hosen, Kleider, Hemden u.a.

Ziele/Inhalte/Handlungsschritte	Methoden/Medien
Eigenschaften von (nicht) ordnungsgemäßen Waren erleben und kennen	Waren vor dem Kauf immer auf Vollständigkeit und Unversehrtheit prüfen: • Lebensmittel am Geruch und am Aussehen überprüfen • nach dem Verfallsdatum sehen • beim Verkäufer nach der „Frische“ der Ware fragen
Umgang mit Geld	
Erfahren und wissen, dass man alle Waren nur gegen Entgelt nehmen darf, also bezahlen muss	• Bewusst erfahren, wie die Lehrperson die für den Hauswirtschaftsunterricht gemeinsam gekauften Waren bezahlt • Sanktionen erleben, wenn Waren heimlich „mitgenommen“ werden
Eine ungefähre Vorstellung vom Wert unterschiedlicher Geldmünzen gewinnen	Die verschiedenen Geldmünzen mit dem Kauf von bestimmten Waren, mit denen der Schüler einen mehr oder minder großen Wert verbindet, in Zusammenhang bringen: Ein Lutscher kostet ……Cent, ein Mohrenkopf ……Cent, eine Tafel Schokolade ……Euro
Unterschiedliche Geldmünzen unterscheiden und benennen: • 1 Cent • 2 Cent • 5 Cent	Unterscheidungs- und Sortierübungen im kursorientierten Unterricht mit • realen Münzen • Spielgeld (von den Sparkassen erhältlich)

• 10 Cent • 50 Cent • 1 Euro • 2 Euro • 5 Euro • Scheine	Kauf- und Rollenspielübungen
Die Beziehung zwischen einzelnen Münzen erfassen: • 2 Cent = 2 x 1 Cent • 5 Cent = 5 x 1 Cent • 10 Cent = 10 x 1Cent • 1 Euro = 10 x 10 Cent • 2 Euro = 2 x 1 Euro • 5 Euro = 5 x 1 Euro	Unterscheidungs- und Zuordnungs-übungen
Preisschilder wie 4,37 Euro lesen und den entsprechenden Betrag mit Geldmünzen zuordnen/bezahlen	Erfahren, dass bei diesem Betrag die erste Ziffer (vor dem Komma/dem Punkt) die Euro, die zweite (hinter dem Punkt/Komma) die Zehner und die dritte die Cent angibt

Ziele/Inhalte/Handlungsschritte	Methoden/Medien
Erfahren, dass das eigene (Taschen-) Geld oft nur für einige wenige und kleine Teile wie ein Lutscher, ein Eis oder Schokolade ausreicht und dass man auf andere, größere und teurere Dinge verzichten muss	Im gemeinsamen Gespräch mit den Eltern Taschengeld einführen und beim „Verwalten“ Hilfestellung erteilen
Aufgrund der Preise zwischen notwendigen und weniger notwendigen Artikeln unterscheiden	Bewusst machen, dass beim Einkauf von nicht oder weniger notwendigen Waren das verfügbare (Taschen-) Geld schnell aufgebraucht ist
Erfahren, dass man sparen muss, um Artikel zu erwerben, die zu „teuer“ sind	„Wenn ich mir diese Woche keine Süßigkeiten kaufe, dann kann ich mir nächste Woche ein großes Eis leisten“; „Wenn ich mehrere Wochen lang mein Taschengeld spare, dann kann ich mir die neue Cassette kaufen“
Die Funktion der Sparkasse bzw. anderer Geldinstitute als öffentliche Einrichtungen/Dienstleistungsunternehmen erfahren. Diese • bewahren auch „mein“ Geld auf • dafür bekomme ich „etwas“ (Zinsen) • verleihen auch Geld	• Besuch/Besichtigung einer Bank • Ein Konto eröffnen • Gespartes Geld auf das eigene Konto einzahlen • Geld abheben • einen Geldautomaten bedienen

Kommunikation und Sprache

Beim Eintritt ins Geschäft Blickkontakt aufnehmen	

Grußformen anwenden oder erwidern können („Guten Tag“ sagen)	Vorbild und Nachahmung Vorbereiten und Einüben im Rollenspiel
Den Kaufwunsch kommunikativ bewältigen (mitteilen) können: • Wünsche und Bedürfnisse durch verbale und gestische Äußerungen mitteilen (zeigen mit „da“ oder „das“ sagen) • Wünsche und Bedürfnisse durch Äußerung des entsprechenden Wortes (der Bezeichnung) mitteilen (bitte Schokolade) • zwei und mehr Waren durch die entsprechenden sprachlichen Begriffe fordern können (bitte Pudding und Milch) • Eigenschaften und die Menge von Waren ausdrücken (bitte 2 rote Äpfel) • einen und mehrere Gegenstände in Mehrwortsätzen/einem grammatisch korrekten Satz (in Verbindung mit Höflichkeitsausdrücken) fordern („ich möchte bitte Pudding haben“)	Vorbereitende Rollenspielübungen (vgl. Fischer 1985) Konkrete Einkaufserfahrungen im Rahmen von Besorgungen für die Klasse oder für den eigenen Bedarf; Feedback über Cassetten- oder Videoaufnahmen Einkaufsmöglichkeiten auch in der Schule schaffen und wahrnehmen (vgl. „Unsere kleine Stadt“ 1993) Die Schüler sind hier auf das Entgegenkommen der Verkäufer angewiesen. In Vorgesprächen können diese über die Unterrichtsziele der Schule informiert und gebeten werden, • den Schülern nicht jeden Wunsch von den Augen „abzulesen“ und • soweit wie möglich Zeit und Geduld bei deren sprachlichen Äußerungen aufzubringen
Sprachliche Umgangsformen wie Danke und Bitte schön anwenden und erwidern	
Ein Gespräch annehmen und in Gang halten: einfache Fragen des Verkäufers zu beantworten versuchen; selbst Fragen stellen	

Ziele/Inhalte/Handlungsschritte	Methoden/Medien
Veränderte Situationen sprachlich bewältigen, z.B. einen Alternativwunsch bei Nicht-Vorhandensein einer Ware äußern	• Ähnlichkeiten von Waren kennen • Auf gleichwertige Produkte anderer Hersteller ausweichen • Auf ähnliche Produkte ausweichen (Kakao kaufen, wenn keine Milch mehr da ist)
Reklamation und Umtausch einer Ware sprachlich bewältigen	
Kontakt sprachlich ablösen	„Auf Wiedersehen"; „Tschüss" sagen

Materialien/Unterichtsmaterialien

Berges, Michael: Wir spielen Einkaufen und bezahlen mit Geld. In: Sonderschulmagazin 6 (1984) 12, S. 15-16

Einkaufsspiele. von Prof. Dr. S. O. Zellmer. Ravensburg: Otto Maier 1977 (Art. Nr.: 009039)

Fischer, Erhard: Förderung sprachlicher Fertigkeiten beim Einkaufen durch Rollenspiel. Lernen konkret 4 (1985), 12-21

Jung, Edmund/ Krenzer, Rolf/ Lotz, Inge: Handbuch der Unterrichtspraxis mit Geistigbehinderten. Methodische und didaktische Wege. Frankfurt: Hirschgraben 1976, S. 104 ff

Kultusministerium Rheinland-Pfalz (Hrsg.): Materialien zur Arbeit in der Werkstufe der Schule für Geistigbehinderte (Sonderschule). Grünstadt: Sommer 1982, Kap. 2.22.9

Ministerium für Bildung, Frauen und Jugend (Hrsg.): Richtlinien für die Schule mit dem Förderschwerpunkt ganzheitliche Entwicklung und Lehrplan zur sonderpädagogischen Förderung von Schülerinnen und Schülern mit dem Förderbedarf ganzheitliche Entwicklung. Mainz: MfBFJ 2001; Kap. 9.5.2

Puttich-Becke, Marion: Einkaufen. In: Sonderschulmagazin 8 (1986) 4, S. 11-12

Rehberger, Michael: Planspiel Einkaufen. Praxis-Info 6 Heft 2, 1984

Rehberger, Michael: Wir kaufen ein Teil 2. Praxis Info 6, Heft 2, 1984

Staatsinstitut für Schulpädagogik und Bildungsforschung München (Hrsg.): Lehrplan für den Förderschwerpunkt geistige Entwicklung. München: Hintermeier 2003; Kap. Selbstversorgung (6)

Unsere kleine Stadt. Lernen konkret 12 (1993) Heft 1

Wir kaufen ein. Lernen konkret 4 (1985) Heft 2

Kaufladenspiele

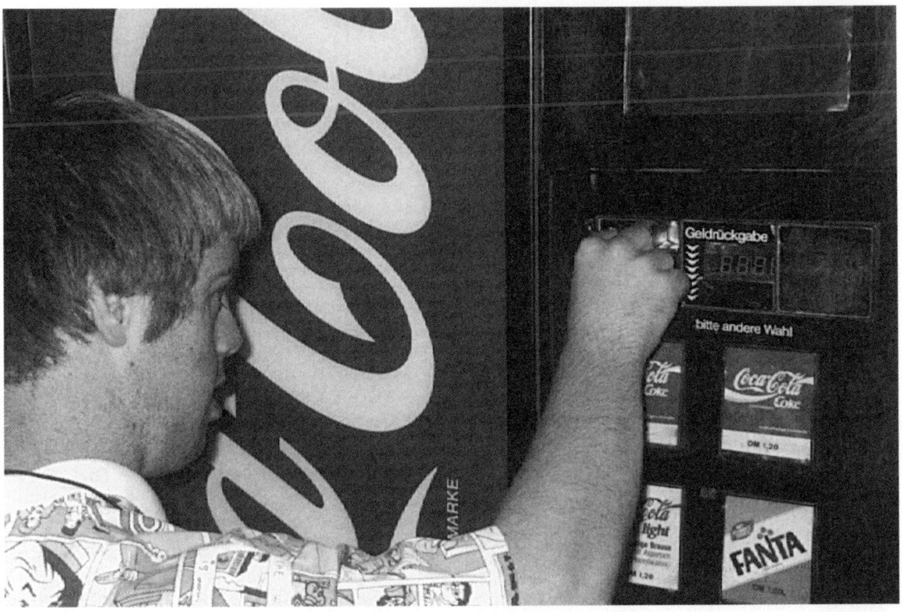

Getränkeautomat in der Jugendherberge

2.18 „Sterntaler“– wir üben gemeinsam mit einer Grundschulklasse ein Märchenspiel ein

Didaktische Vorüberlegungen

Während Integration behinderter Kinder als Zielrichtung einer möglichst weitgehenden gesellschaftlichen Eingliederung in alle Lebensbereiche sowohl den Eltern wie auch den Fachwissenschaften schon immer ein gemeinsames Anliegen war, gehen die Meinungen über die geeignetsten Mittel und Wege zur Erreichung dieser Zielsetzung weit auseinander.

Im schulischen Bereich gewann als Folge eines „Kippeffektes des überzogenen Selektionsprinzips“ das Umbruchthema „gemeinsame Erziehung“ (Speck 1987) immer mehr an Gewicht. Kontroversen werden allerdings in Abhängigkeit von den politischen Mehrheiten in den einzelnen Bundesländern noch über die Formen gemeinsamer Erziehung ausgetragen, vor allem hinsichtlich einer uneingeschränkten gemeinsamen Unterrichtung von behinderten und nicht behinderten Schülern.

Keine bzw. kaum Divergenzen allerdings bestehen über die Notwendigkeit einer verstärkten Zusammenarbeit zwischen Sonder- und Regelschulen. Hiervon sind die Schulen mit dem Förderschwerpunkt geistige Entwicklung nicht ausgeschlossen, wie eine Reihe von Erfahrungsberichten in der Literatur deutlich macht (vgl. Pauls 1989; Gemmel 1989; Einsiedel 1989; Geischert-Blinkert/Schweizer 1989; Bös/Scholtes 1990; Hampe 1990; Henze 1995; Hennek 2000).

Vorteile additiv-kooperativer Maßnahmen gegenüber rein integrativen Klassen sieht Mühl (1987; 1997) vor allem in den Möglichkeiten

- der allmählichen Anbahnung und einer intensiveren Vorbereitung gemeinsamer Unterrichtsvorbereitungen,
- des unterschiedlichen Ausmaßes der Beteiligung und des Angebots für alle Schüler mit geistiger Behinderung,
- der Vorbereitung und Einstellung der Regelschullehrer auf nur eine Behindertengruppe,
- der Aufrechterhaltung der Ganztagsbeschulung,
- einer Fortführung von Kontakten und Kooperation auch im Sekundarstufenbereich sowie

- günstigerer schulpolitischer Realisierungschancen.

Ungünstige Rahmen- bzw. Interaktionsbedingungen ergeben sich vor allem dann, wenn ein gemeinsames Lernen „unter einem Dach“ (Modell „Außenklassen“) ermöglicht wird und wenn die Qualität der Beziehungen und gemeinsamen Unterrichtung stimmt (vgl. Breitenbach u.a. 1997; 1999).

Die inhaltlichen Möglichkeiten einer solchen Zusammenarbeit sind vielfältig. An gemeinsamen Vorhaben kommen alle Aktivitäten und Vorhaben in Frage, die sowohl den behinderten als auch den nicht behinderten Schülern ausreichend Möglichkeiten bieten, auf ihrem Entwicklungsnivoau zu handeln und die über ein „Nebeneinander“ hinaus Situationen aufweisen, in denen soziale Erfahrungen mit dem und über „den anderen“ Schüler erbringen. Solche gemeinsamen Aktionen und Situationen können sein:

- wir frühstücken gemeinsam
- wir töpfern ein Gefäß für Muttertag
- wir üben ein Theaterspiel ein
- wir fahren zusammen im Schullandheim
- wir bereiten eine Schulmesse für alle Schüler der Grund- und der Sonderschule vor.

Soziale Erfahrungen auf Seiten der Schüler sind erfahrungsgemäß sehr unterschiedlich und unterliegen, im Zusammenhang mit der Regelmäßigkeit und dem Ausmaß der Kontakte, verschiedenen Kategorien.

Zunächst agieren Kinder *nebeneinander*, ohne dass sichtbare Interaktionen zu beobachten sind. Die Bedeutung für Integrationsprozesse liegt darin, dass

- physische Nähe ausprobiert und ertragen wird,
- erfahren wird, dass miteinander spielen nicht unbedingt Konfliktverhalten, sondern gegenseitige Akzeptanz bedeuten kann.

Bsp.: Eine Gruppe nicht behinderter Kinde spielt „Mensch-ärgere-dich-nicht“. Die behinderte Ulli steht am Tisch und schaut interessiert zu.

Auf einer *emotional-kognitiven Ebene*, ohne dass es zu sichtbaren Interaktionen kommt, beschäftigen sich nicht behinderte Kinder irgendwann mit Schädigungen und auffallenden Besonderheiten und Verhaltensweisen der Schüler mit geistiger Behinderung und versuchen, diese Besonderheiten zu deuten und in Einklang mit ihren bisherigen Erklärungsmustern zu bringen. Bsp: Die körperlich und geistig schwer behinderte Kerstin liegt auf der Matte und soll unter Anleitung einer Krankengymnastin in spielerischen Übungen besser greifen und sich bewegen lernen. Einige nicht behinderte Kinde stehen dabei und stellen Fragen. „Warum kann Kerstin den Ball nicht allein festhalten? Wann lernt sie das?“

Im Rahmen einer *einseitigen Interaktion* kommt es zu unmittelbarer physischer Kontaktaufnahme, wobei die Initiative und Aktivität eher von einigen wenigen nicht behinderten Schülern ausgeht. Ein Miteinander im Sinne von „Aktion-Reaktion-Aktion“ auf der Grundlage der Einschätzung der Bedürfnisse und Handlungsmöglichkeiten des anderen sind noch nicht zu beobachten. Bsp.: Steffi und Julia spielen mit dem körperbehinderten Martin, der auf der Matte sitzt. Sie streicheln ihn, bieten ihm Spielzeug an oder fahren ihn im Rollstuhl spazieren. Martin freut sich. Das behinderte Kind wird hier als emotionaler Bezugspunkt bzw. als Ruhepunkt in der Gruppe gesucht und emotional versorgt. Das Verhalten der nichtbehinderten Kinder entspricht häufig ihrem eigenen Bedürfnis nach Nähe und Geborgenheit sowie eigenen Versorgungswünschen. Damit verbunden werden aber die Erfahrungen, dass der Junge zwar nicht sprechen kann, sich aber durch Mimik und Gestik verständlich macht und dass er einfache sprachliche Mitteilungen versteht und darauf reagiert.

Auf der letzten Ebene *komplexer Interaktionen* vollziehen sich schwerpunktmäßig gemeinsame Aktivitäten, die sich entweder von vornherein auf der Basis gemeinsamer Interessen entwickeln oder bei denen gemeinsame Bedürfnisse und Handlungswünsche im Laufe des gemeinsamen Spielens und Lernens erst entstehen. Bsp.: Der nicht behinderte Jörg spielt in einer Ecke des Aufenthaltsraums allein mit einem Ball. Uwe, in seinem kognitiven und sprachlichen Verhalten erheblich beeinträchtigt, motorisch aber recht „fit“, steht eine Zeitlang dabei, „traut“ sich dann aber mitzumachen, als der Ball in seine Richtung rollt und er aufgefordert wird, zu reagieren. Er schießt den Ball zurück, und es entwickelt sich für kurze Zeit ein gemeinsames „Spielen“. Jörg macht für sich dabei die Erfahrung: „Der Uwe kann ja richtig Fußball spielen“. Oder: Nach der Probe für ein Theaterspiel begeben sich zwei Schüler der Sonderschule zum Kicker und spielen eine Zeitlang alleine. Einige Schüler der Grundschule stehen anfangs daneben, spielen dann aber mit und entwickeln sichtlich Freude am gemeinsamen Spiel, was dadurch begünstigt wird, dass die beiden „behinderten“ Schüler aufgrund ihrer Spielerfahrungen recht gut mithalten können und als Interaktionspartner akzeptiert werden.

Eine Möglichkeit des gemeinsamen Handelns und Lernens, die Vorbereitung und Einstudierung eines Theater- bzw. Märchenspiels, soll im folgenden näher beleuchtet und beschrieben werden.

Ziele/Inhalte/Handlungsschritte	Methoden/Medien
Mit Schülern einer benachbarten Grundschulklasse etwas gemeinsam unternehmen wollen	• An frühere gemeinsame Aktivitäten erinnern • Sich bei anderen Klassen nach gemeinsamen Vorhaben mit Grundschulklassen erkunden
Kontakte zu Grundschülern aufnehmen und erwidern: • sich in einem Morgenkreis mit Namen gegenseitig vorstellen • Fragen zur Klasse und Schule stellen und beantworten • Klassenraum und Schule zeigen und attraktive Spielmaterialien vorstellen	Erste Möglichkeiten des Kennenlernens: • gemeinsam frühstücken • einen Spaziergang unternehmen • schwimmen gehen, etwas töpfern oder kochen (Grundschulen verfügen häufig nicht über entsprechende Räumlichkeiten und Medien und sind für solche Einladungen dankbar)
Interesse an der Einstudierung eines Märchens entwickeln und äußern	• Begriffsklärung Märchen: Märchen erzählen • falls möglich, Veranschaulichung durch ähnliche Projekte anderer Klassen (Videoaufzeichnungen)

Ziele/Inhalte/Handlungsschritte	Methoden/Medien
Das Märchen vom Sterntaler • in seinem Gehalt erarbeiten und verstehen • sprachlich in eigenen Worten (Bildern) wiedergeben • die soziale/religiöse Dimension der Geschichte erfahren und verstehen	• Vereinfachte Originalversion nach den Gebr. Busch bzw. die Version von Krenzer (1977, 28 f) immer wieder erzählen • Bilder/Dias dazu zeigen und versprachlichen lassen
Die verschiedenen in der Geschichte vorkommenden Figuren herausarbeiten und die darzustellenden Rollen herausarbeiten: • Sprecher • Mädchen/Sterntaler • Alter Mann (Brot) • 1. Kind (Mütze) • 2. Kind (Jacke) • 3. Kind (Hose) • 4. Kind (Hemd) • Sterne • Musikalische Begleitung (Flötengruppe)	Gemeinsam erarbeiten und überlegen, wie die einzelnen Rollen zu gestalten sind Das Märchen entsprechend den Spielmöglichkeiten und -wünschen der Schüler verändern/umschreiben (s. Anlage Text)
Sich eine bestimmte Rolle, in Abhängigkeit von den persönlichen Leistungsmöglichkeiten, aussuchen und die verschiedenen Wünsche koordinieren	Erfahren: „Nur ein Schüler kann das 'Mädchen' darstellen"; „der 'Sprecher' muss lesen und möglichst laut und deutlich artikulieren können"
Vorschläge zu einer angemessenen Verkleidung der zu spielenden Rolle unterbreiten	Kleidungsstücke besorgen (von zu Hause mitbringen; Elternbrief)

Den Text der zugewiesenen Rolle • auswendig lernen • im gemeinsamen Spiel möglichst laut und deutlich sprechen	Texte auf den individuellen Lernbedarf eines jeden Schülers zuschneiden
Mit den anderen Grund- und Sonderschülern kooperieren (*gemeinsam* handeln): • die Mitspieler in ihrem Tun beobachten (sich nicht von den Zuschauern ablenken lassen) • abwarten, bis man an der Reihe ist (Einsatz beachten) • Angst vor Fehlern oder Blamagen abbauen – Vertrauen in die eigenen Leistungen entwickeln	Die Grundschüler sollten durch die einführenden Aktivitäten und Erfahrungen gelernt haben, dass die Leistungen ihrer „behinderten" Mitschüler vor allem im kognitiven und sprachlichen Bereich begrenzt sind und in der Lage sein, dies in ihrem Spiel zu berücksichtigen,
Lieder für die Aufführung aussuchen und mitsingen • Text kennen und verstehen • die Melodie hören und (mit)singen	Lieder: • Der Mond ist aufgegangen • Kinder-Halleluja • Wenn das Brot das wir teilen... Begleitung durch Flötengruppe der Grundschule Vor- und nachsprechen Vertiefung der Texte im Lesekurs
Kulissen (mit) entwerfen und gestalten: • Abbildungen von Sternen und Schafen ausschneiden und auf eine große Pappe kleben • Kleid für das „Mädchen" schneidern • Sternenkrone und -hemd für die „Sterne" basteln	Aufteilung in Gruppen je nach zu spielender Rolle

Ziele/Inhalte/Handlungsschritte	Methoden/Medien
Theateraufführung vor allen Schülern der Sonderschule, ebenfalls in der Grundschule aufführen und sich über die gemeinsam erbrachte Leistung freuen	Bewusst machen durch Videoaufzeichnung, wie die Aufführung auf die „Zuschauer“ wirkte; zeigen, dass es viel Applaus gab und dass dies ein Grund ist, stolz zu sein

Aufführungsvorschlag:

Kulisse/Hintergrundaktivitäten	Sprachliche Aktivitäten
Einzug der Kinder, dazu wird das Lied gesungen „Der Mond ist aufgegangen“ (Flötenbegleitung) Die Schüler, die „Sterne“ darstellen, stellen sich im Halbkreis vor der Kulisse (Tafel mit Wald, Schafen und Sternen am Himmel) auf	
Während des Vortrags erscheint das Mädchen, zeigt seine Kleider, das Stück Brot und versucht, einen traurigen Eindruck zu erwecken	Sprecher: „Es war einmal ein kleines Mädchen, dem waren Vater und Mutter gestorben. Es war so arm, dass es kein Zimmer mehr hatte, wo es wohnen konnte und kein Bett, wo es schlafen konnte. Schließlich hatte es nur noch seine Kleider auf dem Leib und ein Stückchen Brot in der Hand. So ging es hinaus in die weite Welt und vertraute auf Gottes Hilfe.“
„Alter Mann“ kommt hinzu. Mädchen gibt ihm das Brot. Der alte Mann nimmt es, beißt hinein, bedankt sich und geht.	Mann: „Ich hab so Hunger. Hast Du was zu essen“? Mädchen: „Da habt Ihr ein Stück Brot.“

Sterne umkreisen das Mädchen und singen: „Wenn das Brot, das wir teilen, als Rose blüht und das Wort, das wir sprechen, als Lied erklingt, dann hat Gott unter uns schon sein Haus gebaut, dann wohnt er schon in unserer Welt. Ja, dann schauen wir heut schon sein Angesicht, in der Liebe, die alles umfängt, in der Liebe die alles umfängt.“	
Mädchen gibt die Mütze ab. Kind bedankt sich.	Kind: „Mir ist so kalt. Mir ist so kalt am Kopf“ Mädchen: „Da hast Du meine Mütze.“
Sterne umkreisen wiederum das Mädchen. Instrumentalmusik nach der Melodie von „Wenn das Brot das wir teilen“.	
2. Kind (ohne Hemd) erscheint. Kind erhält die Jacke und zieht diese an.	2. Kind: „Mir ist so kalt, ich friere so schrecklich. Hast Du was zum Anziehen für mich?“ Mädchen: „Da hast Du meine Jacke.“
Sterne erscheinen und singen: „Wenn die Hand, die wir halten, uns selber hält, und das Kleid, das wir schenken, auch uns bedeckt, dann hat Gott....“	
3. Kind erscheint (ohne Schuhe). Kind erhält die Schuhe und zieht sie an.	3. Kind: „Ich habe so kalte Füße.“ Mädchen: „Da hast Du meine Schuhe.“

Sterne erscheinen und spielen instrumental die Melodie von „Wenn das Brot ...“	
4. Kind (ohne Hose) erscheint. Erhält die Hose und zieht diese an.	4. Kind: „Mir ist so kalt. Mit ist so kalt an den Beinen.“ Mädchen: „Da hast Du meine Hose.“
5. Kind erscheint (ohne Hemd). Kind zieht das Hemd an und geht. Sterne umkreisen das Mädchen, ziehen ihm ein neues, mit Sternen besticktes Hemd an und überhäufen es mit Goldtalern. Instrumentalbegleitung	5. Kind: „Mir ist so kalt. Ich habe kein Hemd.“ Mädchen: „Da hast Du mein Hemd.“
Schlusslied (alle Kinder): „Für die Sterne wollen wir singen. Singt mit uns das Sternenlied! Hoch am Himmel in der Ferne leuchten nachts für uns die Sterne. Gott will, dass es so geschieht. Gab die Sterne uns zu Brüdern. Darum singen wir, halleluja darum singen wir, halleluja darum singen wir, halleluja dir zum Dank das Sternenlied.“	Text und Melodie „Das Kinder – Halleluja“ (Text: Krenzer; Musik: Janssen)

Das arme Mädchen gibt seine Jacke ab

Pausenbeschäftigung: gemeinsam Kicker spielen

Literatur/Unterrichtsmaterialien:

Arens, Gerlinde: Jambo Afrika - Eine kooperative Projektwoche mit Schülern einer Schule für geistig Behinderte und einer Grundschule. Zeitschrift für Heilpädagogik 51 (2000) Heft 2, 64-71

Bös, Klaus/ Scholtes, Udo: Integrativer Sportunterricht von nichtbehinderten und geistigbehinderten Schülern. Eine empirische Untersuchung am Beispiel der Vorbereitung eines Spielfestes. Zeitschrift für Heilpädagogik 41 (1990) 4, 246-253

Breitenbach, Erwin/ Ebert, Harald: Verändern Formen schulischer Kooperation die Einstellungen von Schülerinnen und Schülern gegenüber Kindern mit geistiger Behinderung? Behindertenpädagogik 36 (1997), Heft 1, 43 - 67

Breitenbach, Erwin/ Ebert, Harald/ Straßmeier, Walter/ Wimmer, Martin: Vertiefte Kooperation - das Modell einer Fördereinheit in der Allgemeinen Schule. Zeitschrift für Heilpädagogik 50 (1999) Heft 12, 564-571

Bundesvereinigung Lebenshilfe für geistig Behinderte (Hrsg.): Gemeinsames Leben und Lernen geistig behinderter und nichtbehinderter Kinder und Jugendlicher im Schulalter. Symposium vom 11. bis 13.12.1986. Marburg: Eigenverlag 1987

Bundesvereinigung Lebenshilfe für geistig Behinderte (Hrsg.): Materialien des Arbeitskreises Integration: Gemeinsam leben - gemeinsam lernen. Geistig behinderte Kinder und Jugendliche in der allgemeinen Schule. Marburg: Eigenverlag 1986

Einsiedel, Mechthild u.a.: Erfahrungen einer Schule für Geistigbehinderte aus Rüsselsheim. Lernen konkret 8 (1989) 2, 16-21

Fediuk, Friedhold: Die soziale Akzeptierung geistig Behinderter in integrativen Lerngruppen. Behindertenpädagogik 29 (1990) 2, 154-173

Feuser, Georg: Integrative Pädagogik und Didaktik - Kooperation statt Integration? Behindertenpädagogik 30 (1991) 2, 137-155

Fischer, Erhard: Kooperation zwischen Sonder- und Grundschule. Ein Erfahrungsbericht. Die Grundschule 24 (1992) Heft 11, 52-54

Fischer, Erhard/ Jung, Brigitte: Projekt „Arche Noah“ - Kooperation zwischen einer Grund- und Sonderschulklasse. rheinland-pfälzische schule 52 (2001) Heft 2, 29-32

Geischert-Blinkert, Christa/Schweizer, Hildegard: Kooperation einer Schule für Geistigbehinderte mit einer Grundschule. Hrsg. vom Forschungsprojekt „Gemeinsam leben - gemeinsam handeln“ am Fachbereich Sonderpädagogik Reutlingen. Reutlingen 1989

Gemmel, Walter: „Du mein Freund!“ Erfahrungen mit der Partnerschaft zwischen dem Friedrich-Wilhelm-Gymnasium und der Schule für Geistigbehinderte in Trier. Lernen konkret 8 (1989) 2, 10-12

Hampe, Ruth: „Arche Noah“. Ästhetisches Lernen im kooperativen Unterricht. Zeitschrift für Heilpädagogik 41 (1990) 4, 253-258

Hennek, Iris: Mammut mag Musik, 2, 3, 4, - eine rhythmisch-musikalische Reise durch die Steinzeit mit Schülern der Schule für Geistigbehinderte in einer Kooperationsklasse der Orientierungsstufe. Zeitschrift für Heilpädagogik 51 (2000) Heft 9, 378-385

Henze, Bettina: Lernen unter einem Dach - im Rahmen des Vorhabens „Schnekken“. Lernen konkret 14 (1995) Heft 2, 12-16

Kooperativer Unterricht. Lernen konkret 8 (1989) 2

Krenzer, Rolf: Spieltherapeutisches Märchenbuch für Geistigbehinderte. Bonn-Bad Godesberg: Rehabilitationsverlag 1977

Kühlewind, Rainer: Wieviel Außenklasse verträgt der Förderschwerpunkt Geistige Entwicklung? Behindertenpädagogik in Bayern 46 (2003) Heft 4, 212-214

Ministerium für Kultus und Sport Baden-Württemberg: Schulische Förderung von Kindern mit Behinderungen. Zeitschrift für Heilpädagogik 39 (1988), 112-124

Miteinander - füreinander. Lernen konkret 19 (2000) Heft 4

Mühl, Heinz: Additiv-kooperative Organisationsformen. Lernen konkret 8 (1989) 2, 1-4

Mühl, Heinz: Integration von Kindern und Jugendlichen mit geistiger Behinderung. Berlin: Marhold 1987

Mühl, Heinz: Lernen unter einem Dach - Integration durch schulische Integration. Marburg: Bundesvereinigung Lebenshilfe 1997

Mühle, Karin: „...denn man hat eine ganz andere Beziehung wie zuvor“ - Kooperation zwischen einer Schule für Geistigbehinderte und allgemeinen Schulen. Lernen konkret 14 (1995) Heft 2, 7-10

Pauls, Gottfried: Freie Schule Trier. Lernen mit Kopf - Herz und Hand. Lernen konkret (8) 1989) Heft 2, 13-15

Schulische Kooperation. Lernen konkret 17 (1998) Heft 3

Speck, Otto: Das strukturelle Dilemma der schulischen Integration geistig behinderter Kinder. Geistige Behinderung 27 (1988), 93-100

Staatsinstitut für Schulpädagogik und Bildungsforschung (Hrsg.): Bausteine für Kooperation. München: Auer 1998

Staatsinstitut für Schulpädagogik und Bildungsforschung München (Hrsg.): Lehrplan für den Förderschwerpunkt geistige Entwicklung. München: Hintermeier 2003; Kap. Gemeinsam Lernen

Streicher, Werner/ Leske, Rainer: Soziale Integration Geistigbehinderter im Sportunterricht der Grund- und Hauptschule. Zeitschrift für Heilpädagogik 36 (1985), 477-487

2.19 Wir üben ein Schattenspiel für Weihnachten ein

Didaktische Vorüberlegungen

An vielen Schulen ist es zur Tradition geworden, in der letzten Woche vor den Weihnachtsferien eine Feier vorzubereiten und durchzuführen, an der alle Schüler der Einrichtung, häufig aber auch als Gäste die Eltern und Schüler von Partnerklassen anderer Schulen teilnehmen.

Ein wesentliches Element einer solchen Feier stellt die Aufführung einer Hirten- oder Weihnachtsgeschichte dar, wofür zahlreiche Geschichten und Bilderbücher als Vorlage dienen können. Neben der traditionellen Form der Darstellung einer solchen Geschichte durch Personen (Schüler in verschiedenen Rollen) kommt auch die Form des Schattenspiels in Frage.

Dazu ist es erforderlich, eine Reihe von Figuren aus Sperrholz auszusägen oder aus einer dicken Pappe auszuschneiden, mit Führungsstäben zu versehen und eine großflächige Leinwand zu erstellen. Gegenüber der Darstellung als Rollenspiel bietet diese Vorgehensweise Vorteile:

- Die Schüler spielen „hinter den Kulissen“, sind also nicht unmittelbar dem Publikum „ausgesetzt“, so dass die Ablenkung durch Zuschauer geringer ausfällt.
- Notwendige Hilfen durch die Lehrpersonen können intensiver sein, was vor allem schwerer behinderten Schülern zugute kommen kann.

Ziele/Inhalte/Handlungsschritte	Methoden/Medien
Die Weihnachtsgeschichte • in ihrem religiösen Gehalt und • in ihren wesentlichen Elementen kennen und verstehen	• Erzählen aus der Bibel • Bilderbuch „Jesus ist geboren" anschauen (über Episkop) und darüber sprechen • Ergänzung durch Dias
Den Wunsch entwickeln, für die Gestaltung der nächsten Weihnachtsfeier der Schule einen Beitrag zu leisten (ein Spiel einzuüben)	• Überlegen, welche Beiträge/Aufführungen in den vergangenen Jahren bereits aufgeführt wurden • „Alte" Videofilme anschauen
Den Inhalt der Geschichte „Ochs und Esel" (eine Weihnachtsgeschichte mit Bildern von I. Schmitt-Menzel, erzählt von G. Spang) erfahren und verstehen	Geschichte vorlesen; Bilder über Episkop vergrößern und darüber sprechen
Die Technik des „Schattenspiels" kennen lernen bzw. in Erinnerung rufen	Erleben, dass und unter welchen Bedingungen Licht Schatten wirft und dass auf diese Weise Bilder projiziert werden können: • Experimentieren mit Licht und Schatten • Als Lichtspender Diaprojektor, starke Filmlampe oder Overheadprojektor besorgen und einsetzen • mit dem ganzen Körper/den Händen Abbildungen auf einer Leinwand erzeugen
Beim Aufbau einer Leinwandkulisse helfen	• Mehrere Bettücher zusammennähen, an den oberen und unteren Enden zwischen zwei zurechtgeschnittene Holzleisten klemmen und an einem Kartenständer aufhängen

Ziele/Inhalte/Handlungsschritte	Methoden/Medien
Die wichtigsten Szenen der Geschichte und die tragenden Figuren herausarbeiten • Stall • Esel/Schnuff und Ochs einzeln • Esel, eine Karre ziehend, mit Wirt • Wirt, Maria und Josef • Hirten • Krippe mit Jesuskind	Anhand der Geschichte alle vorkommenden Personen, Tiere sowie wichtige Requisiten wie Stall oder Krippe bestimmen (vgl. Vorlagen)
Überlegen und Vorschläge unterbreiten, welche Aktionen/Handlungen diese Figuren zur Wiedergabe der Geschichte ausführen müssen	Im gemeinsamen Gespräch Möglichkeiten erarbeiten und ausprobieren
Aus dicker Pappe oder Sperrholz Figuren/Tiere ausschneiden und an einem Stab befestigen	• Herstellung im Werkunterricht durch Laubsägearbeiten • Unter Aufsicht und mit Hilfestellung mit einer Puksäge • Der Stab sollte möglichst dünn sein, damit er kaum bzw. wenig auffällt; Befestigung durch Leimen und Nageln
Diese Figuren hinter der Leinwand angemessen bewegen können	Visuomotorische Koordination: • möglichst ruhig halten • langsam und gleichmäßig bewegen • auf die richtige Höhe achten

Auf das Verhalten der Mitschüler achten und das eigene Spiel danach ausrichten	• Beobachten, was die Mitschüler tun • Auf den Einsatz achten; sich während des Spiels voll konzentrieren
Sich über eine gemeinsam einstudierte und erbrachte Leistung freuen	Aufführung auf Video aufzeichnen lassen und anschauen; Reaktion der Zuschauer beachten und sich über Beifall bewusst freuen; Anerkennung und Lob durch die Lehrpersonen

Aufführungsvorschlag:

Sprachliche Aktivitäten	Kulisse/Hintergrundaktivitäten/ Handlungen
Sprecher:	***Szenenaufbau:*** Leinwand an zwei Kartenständern; schwarzes Tuch am unteren Rand befestigt; Overheadprojektor als Leuchtquelle projiziert Bild eines Stalls; Kassettenrecorder; Mikro mit Verstärker Aufstellung: Ochs (links) und Esel (rechts) stehen sich gegenüber; Musik an ; Licht an
Vor langer Zeit standen in Bethlehem in einem Stall zwei Tiere, ein Ochs und ein Esel. Der Esel hieß Schnuff. Es ging ihm gar nicht gut, denn der Ochs fraß ihm immer das Futter weg, und manchmal piekste er ihn mit den Hörnern	Ochs nähert sich dem Esel und stößt diesen mit seinen Hörnern

Sprachliche Aktivitäten	Kulisse/Hintergrundaktivitäten
	Licht aus
	Aufstellung: Esel mit Karre rechts; Licht an
Und wenn der Wirt, dem der Stall gehörte, zum Markt wollte, musste immer Schnuff den schweren Wagen ziehen. Das war kein schönes Leben, und der Esel war oft traurig.	Esel mit Karre bewegt sich nach links, dreht sich und trabt zurück Esel schreit I-ah, I-ah
	Licht aus
	Aufstellung: Ochs und Esel; Nachtszene; Musik an; Licht an
In der Weihnachtsnacht stand plötzlich ein großer Stern über dem Himmel. Er erleuchtete den ganzen Stall. Schnuff fühlte sich ganz anders, wie verzaubert, und seine Traurigkeit war weg.	Musik an Taschenlampe wirft „Stern“ an die Wand Musik ausblenden; Licht bleibt an
Kurze Zeit später kam der Wirt, und brachte zwei Gäste mit: Maria und Josef. Er hatte den beiden gesagt, dass kein Zimmer mehr frei sei, und ließ sie nun im dem alten Stall übernachten. Schnuff freute sich, und machte laut „I-ah-I-ah“. Maria lächelte, und Josef kraulte den Esel hinter den Ohren. Dieser freute sich wie noch nie, denn es war das erste Mal, dass jemand nett zu ihm war.	Wirt, Josef und Maria kommen langsam von rechts Esel: I-ah, I-ah, I-ah Josef krault Esel

	Licht aus
Maria brachte in dieser Nacht ein Kind zur Welt, Jesus. Das Kind schrie so laut, dass sich Schnuff vor lauter Schreck die Haare in die Höhe stellten. Er meinte, dass es dem Kind vielleicht kalt sei, und er schob seinen Kopf ganz nah an die Krippe und blies ihm seinen warmen Atem entgegen. Da beruhigte sich das Kind und schlief ein.	Aufstellung: Ochs, Krippe und Esel Esel nähert sich Jesuskind Licht aus
	Esel und Ochs stehen sich gegenüber (Platzwechsel zwischen Esel und Krippe); Aufstellung Hirten und Schaf rechts
Am nächsten Morgen kamen Hirten von den Feldern herbei. Sie brachten Geschenke mit. Auch ein Sack voll Heu war dabei. Von dem bekamen der Esel und der Ochs zu fressen. Und der Ochs war diesmal ganz anders; er fraß viel weniger als sonst und ließ Schnuff eine große Portion über.	Hirten und Schaf nähern sich Einblendung „Heu" über Overheadprojektor Hirten und Schaf drehen sich und gehen nach Hause
	Licht aus; Ochse stellt sich rechts von der Krippe
Als aber der Herbergsvater einmal in den Stall schauen kam, versetzte ihm der starke Ochs einen kräftigen Tritt mit den Hinterbeinen, so dass dieser im hohem Bogen zur Tür heraus flog. Das hatte er nun davon, dass er Josef und Maria kein Zimmer und nur einen alten Stall angeboten hatte.	Wirt kommt von rechts Ochs tritt „von hinten"; Wirt fällt zurück und verschwindet

Sprachliche Aktivitäten	Kulisse/Hintergrundaktivitäten
	Es wird Nacht (blaue Folie)
Dann kam die Nacht, in der Josef und Maria ihre Sachen zusammenpackten, denn sie wollten mit dem Jesuskind nach Ägypten ziehen. Da kam der Herbergsvater. Ihm tat es leid, dass er Josef und Maria kein Zimmer gegeben hatte, und er sagte: „Ich hab für das Jesuskind noch ein Geschenk. Schnuff soll Maria und das Jesuskind tragen. Mit ihm werdet ihr viel schneller vorwärtskommen.“ Schnuff rief begeistert „I-ah-i-ah“ und freute sich, dass er mit auf die Reise gehen dufte.	Wirt nähert sich von rechts Esel schreit: I-ah, I-ah
	Licht aus; Aufstellung Josef, Esel mit Maria und Kind und Ochs; Licht an
Geduldig und sicher trug er Maria und das Kind über Stock und Stein.	Josef und Esel mit Maria und Kind bewegen sich langsam nach rechts und verschwinden am rechten Bildrand; Ochs bleibt zurück
Der Ochs blieb ein wenig traurig zurück.	
	Musik; Licht aus

Literatur/ Unterrichtsmaterialien:

Eitel, Walter: Biblische Geschichten spielen. Vorschläge für Kindergottesdienste und Kindergruppen. München: Kösel 1992

Hentschel, Angela: Bewegende - Phantasien in Spiel und Szene. Bewegungstheater mit geistigbehinderten Jugendlichen. In: Pusteblume (1998) 1, S. 7-13

Hoder, Jürgen: Jeder kann Theater spielen. In: Lernen konkret 16 (1997) 1, S. 5-7

Hoder, Jürgen: Nicht sprechen - aber viel sagen! Gedanken zum Pantomimenspiel mit Geistigbehinderten. In: Lernen konkret 16 (1997) 1, S. 17-19

Jesus ist geboren. Reihe: Was uns die Bibel erzählt. Deutsche Bibelgesellschaft 1967

Knußmann, Johannes: Die dumme Augustine. In: Lernen konkret 16 (1997) 1, S. 10-13

Krenzer, Rolf: Spieltherapeutisches Märchenbuch für Geistigbehinderte. Bonn-Bad Godesberg: Rehabilitationsverlag 1977

Kreuser, Ursula: Kunst - Theaterspiel - Persönlichkeitsentwicklung in der Geistigbehindertenpädagogik. Geistige Behinderung 36 (1997) Heft 3, 300-319

Maier-F., Emil: Jesus ist geboren. Mit einer Erzähleinheit von M. Spiegel. Stuttgart: Kath. Bibelwerk 1980

Mayrhofer, Hans/ Zacharias, Wolfgang: Spiel mit! Beliebte Kinderspiele für drinnen und draußen. Ravensburg: Otto Maier 1982

Ochs und Esel. Eine Weihnachtsgeschichte mit Bildern von I. Schmitt-Menzel, erzählt von G. Spang. Echter Verlag Würzburg 1975

Schoeppe, Annelore: Die Verflixten Schauspieler. Theaterprojekt mit Jugendlichen und jungen Erwachsenen mit geistiger Behinderung. Geistige Behinderung 33 (1994) Heft 1 (Einhefter)

Staatsinstitut für Schulpädagogik und Bildungsforschung München (Hrsg.): Lehrplan für den Förderschwerpunkt geistige Entwicklung. München: Hintermeier 2003; Kap. Spiel (3: Fantasie- und Rollenspiele)

Stuffer, Georg u.a.: Leben lernen in der Schule. Materialien für den Unterricht mit Geistigbehinderten. München: List 1980, S. 112 ff

Vieregg, Volker: So kann Theater sein... Theaterspiel - ein Prozess. In: Lernen konkret 16 (1997) 1, S. 2-5

Vieregg, Volker: Spielräume mit Masken entdecken. In: Lernen konkret 16 (1997) 1, S. 14-16

Ausschnitt aus dem Bühnenbild

Vorlagen für Schattenspielfiguren

2.20 Wir richten unsere Klasse gemütlich ein

Didaktische Vorüberlegungen

Veränderte Lehrformen wie die im Eingangskapitel beschriebenen offenen handlungs- und situationsbezogenen Aktionsformen verlangen auch eine Veränderung des Unterrichtsraumes. Bereits Maria Montessori fordert, dem aktiven Kind eine „angepasste Umgebung" zu geben, und Peter Petersen wies darauf hin, wie stark schulisches Lernen durch Veränderung des Klassenzimmers zum Positiven verändert werden kann.

Wie sieht es diesbezüglich in der Praxis aus? Sicherlich von Schule zu Schule und Klasse zu Klasse unterschiedlich, im großen und ganzen aber nicht immer zufriedenstellend. Immer noch begegnet man Beton, kahlen Wänden, tristen Empfangshallen, oder Pausenhöfen ohne Betätigungsmöglichkeiten.

Was muss sich ändern? Wir benötigen Klassenräume, in denen die Schüler sich wohl fühlen, in denen sie „sinnlich" angeregt werden zum eigenen Tun, in denen Unterricht flexibel gestaltet werden kann. Es müssen Räume sein, die

- zur Selbsttätigkeit und zum Handeln animieren,
- gemeinsame Erfahrungen ermöglichen und das Sozialverhalten fördern,
- optimale Kommunikationsbedingungen schaffen und
- den persönlichen Erfahrungsbereich eines jeden Kindes erweitern.

Um das Klassenzimmer auch als Freiraum für eine „organisierte Anregung" und Beschäftigung mit Lernmaterialien und Alltagsgegenständen nutzen zu können, scheint es vorteilhaft, so wenig Materialien wie möglich fest zu installieren. Raumteiler, Sitzgelegenheiten und Lern- und Spielobjekte sollten leicht auf- und abzubauen sein, damit der Raum variabel gestaltet und entsprechend den geplanten Unterrichtsaktivitäten verändert werden kann.

Neben der in allen Schulen vorfindbaren Grundausstattung (Tafel, Tische und Bänke) erscheinen aus pädagogischer Sicht folgende Materialien für einen Klassenraum unentbehrlich, damit ein erfahrungsoffener Unterricht – mit dem Anspruch eines individualisierenden und differenzierenden methodischen Vorgehens - stattfinden kann:

- Bastel- und Klebeecke: Verfügbarkeit von Materialien zum Basteln, Kneten, Kleben, Zeichnen (mit Scheren, Klebstiften u.a.; Hefter; Pappe und Papier...)
- Beobachtungs- und Forschungsecke (mit Pflanzen, Tieren, Keimversuchen u.a.)
- Freiraum mit Sitzkreis (für Gespräche zum Vorlesen und Erzählen, Musizieren, Singen u.a.)
- Lese-/Medienecke mit Materialien zur Informationsentnahme zur Stillarbeit sowie mit Medien zu den Unterrichtsvorhaben (Bilder- und Sachbücher; Lexika und Nachschlagewerke; Cassetten mit Recorder und Kopfhörer...)
- Schreibecke zur Textgestaltung (Druckermaterialien, Computer ...)
- Spielecke als Fördermöglichkeit bzw. als Pausenbeschäftigung (mit Lern-, Konzentrations-, Gesellschafts- und Geschicklichkeitsspielen u.a.)
- Raumteiler als feste Schränke/Rollschränke; mit Regalen/Schrankfächern zur Aufbewahrung von persönlichem Eigentum (Taschen) wie von Arbeitsmitteln und von im Unterricht erstellten Gegenständen
- Informationstafeln zu: Stunden- und Wochenplan; Ämter-/Blumen-/Tafeldienst; Termine von Geburtstagen und Festen
- Ausstellungsmöglichkeiten: Pinnwand aus Kork oder Dämmfilzplatten; Schaukästen; Bilderleiste mit Haken u.a.
- Deckengestaltung: Mobiles; Segel u.a.
- Fenster(bank-)gestaltung: Blumen; Gestecke; Tongefäße u.a.

Die im folgenden wiedergegebene Planungseinheit verfolgt den Schwerpunkt, einen Klassenraum neu aufzuteilen und attraktiver zu gestalten. Es soll eine Ecke für die Installation einer gemütlichen Sitzecke mit Teppich, Couch und Tisch gewonnen werden, die es durch Raumteiler abzutrennen gilt. Weiterhin ist geplant, kleine, selbstgenähte Gardinen an den Fenstern aufzuhängen und für das Bett eines schwerstbehinderten Schülers einen „Himmel“ zu werken bzw. zu gestalten.

Dies alles eröffnet den Schülern die Möglichkeit, durch konkrete Mitwirkung bei der Gestaltung „ihrer“ Klasse eigene Vorstellungen über Wohnraumgestaltung einzubringen und so etwas wie eine „Wohnkultur“ zu entwickeln, also zu erfahren und zu beurteilen, was als schön oder weniger schön einzustufen ist.

Ziele/Inhalte/Handlungsschritte	Methoden/Medien
Das Bedürfnis entwickeln, den eigenen Klassenraum zu verändern und zu „verschönern“	• Vergleich mit anderen Klassenzimmern in der Schule vornehmen und besondere Merkmale/ Einrichtungen erkennen und beschreiben • Besichtigung von Klassenräumen in anderen (Sonder-) Schulen, die bezüglich bestimmter Einrichtungsgesichtspunkte „Modellcharakter“ haben und Anregungen vermitteln
Eigene Vorstellungen und Wünsche erkennen und äußern	- „Ich hätte gerne eine gemütliche Couch“ - „Gardinen finde ich doof“
Mitschülern im Gespräch zuhören und andere Meinungen erfahren und respektieren	„Ich hätte gerne eine Spiel- und Bauecke – Uwe sagt: das ist nur was für 'Kleine' “
Bei unterschiedlicher Meinung sich mehrheitlich – durch Abstimmung – für einen der Vorschläge entscheiden	

Ziele/Inhalte/Handlungsschritte	Methoden/Medien
Klasse und Schränke aufräumen: • Spiel- und Arbeitsmaterialien in allen Schränken dahingehend prüfen, ob diese noch altersgemäß, funktionstüchtig sind und gebraucht werden • defekte Materialien aussondern und zum Müll geben	In den Schränken befinden sich erfahrungsgemäß eine Reihe von Materialien, die lediglich wertvollen Platz wegnehmen, ohne aber regelmäßig bzw. häufig eingesetzt zu werden; diese sollten eher in einem zentralen Lehr- und Lernmittelraum deponiert werden oder aber anderen Klassen (die die Materialien eher benötigen) zur Verfügung gestellt werden
Eine Sitzecke installieren: • Eine geeignete Ecke aussuchen/bestimmen • Platz schaffen (Schränke umräumen) • Einen Teppich beschaffen/kaufen und auslegen • Eine Sitzecke beschaffen	• Größe mit Hilfe der Lehrpersonen bestimmen • Teppich in einem Fachgeschäft kaufen (Finanzierung klären: Schulleitung oder Förderverein befragen, bei öffentlichen Einrichtungen um eine Spende bitten) • Gebrauchte Sessel und/oder Couch sowie Tisch über Bekannte/Freunde beschaffen, abholen und in der Klasse plazieren
Raumteiler zur Abtrennung der Sitzecke installieren: • in der Schule vorhandene, offene Schränke oder Regalsysteme besorgen • Schränke so stellen, dass diese die Sitzecke räumlich abtrennen, Rückwände mit Bildern/Postern bekleben oder anderweitig gestalten	Diese schaffen eine räumliche Gliederung und ermöglichen es, dass später in unterschiedlichen Ecken auch unterschiedliche Arbeiten (Aspekte Differenzierung und Individualisierung) erledigt werden können

• Raumteiler mit Spielzeug/Arbeitsmaterial, das häufig gebraucht wird, füllen	
Gardinen für Fenster beschaffen: • Platz für Gardinen ausmessen • Gardinenstoff in einem Fachgeschäft oder Baumarkt einkaufen • bei der Befestigung helfen	Erfahren, dass und wo man Gardinen bzw. Stoffe kaufen kann; Erleben, dass dadurch eine andere Wohnraumgestaltung erzielt wird (dass der Raum „gemütlicher“ wird)
Einen „Himmel“ mit Stoffdrucktechnik gestalten: • Weiße Bettücher von zu Hause mitbringen oder aber kaufen • Bettuch zuschneiden • Zugeschnittene Schablone auf den fertig zugeschnittenen Stoff legen • Motiv mit einem kurzborstigen Pinsel mit Stoffmalfarbe auftupfen • Fertig bedrucktes Teil zum Fixieren bügeln	Dieser Himmel kann je nach Größe über das Bett eines schwerbehinderten Schülers oder aber über der Sitzecke angebracht werden Als Vorübung: Bedrucken von kleinen Tischdecken Material: Schablonen aus Plastik, Stoffmalfarbe, kurzborstige Pinsel Fortführung: Anfertigung eines Wandbehangs für die Wandtafel
Eine Collage mit dem Thema „Unser Dorf“ erstellen, um eine weiße, kahle Wand zu verschönern • auf DIN A4 Blättern mit Wachsmalstiften Häuser bunt (aus-) malen • eine Straße, Autos und andere Fahrzeuge malen • auf einer großen Pappe den oberen Teil als Himmel blau ausmalen	Umrisse können leistungsschwächeren Schülern vorgegeben werden Korrektes Ausmalen und -schneiden kann als Übung zur senso- und visuomotorischen Koordination dienen

Ziele/Inhalte/Handlungsschritte	Methoden/Medien
• Bilder ausschneiden und auf der Pappe so übereinanderlegen und -kleben, dass der Eindruck eines mit Häusern verschachtelten Dorfes entsteht • Collage als Wandschmuck an einer „kahlen“ Wand anbringen	siehe Foto S. 241

Literatur/Unterrichtsmaterialien:

Berghoff, Bettina/ Weber, Alexander: Praxis der Klassenraumgestaltung in der Grundschule. Ein Untersuchungsbericht. rhein-pfälzische schulblätter 5/1995, 25-29

Burk, K./ Haarmann, D. (Hrsg.): Wie viele Ecken hat unsere Schule? I, Schulraumgestaltung: Das Klassenzimmer als Lernort und Erfahrungsraum. Frankfurt am Main, 1979

Burk, K./ Haarmann, D. (Hrsg.): Wieviel Ecken hat unsere Schule? II, Schulraumgestaltung: Schulhaus- Schulhof- Schulanlage. Frankfurt am Main, 1980

Fischer, Erhard: Aktion „Schülerfreundliches Klassenzimmer“ - zur Nachahmung empfohlen. rhein-pfälzische schulblätter 43 (1992) Ausg. 6, 13-16

Foelling-Albers, Maria/ Wopp, Christel: Wir richten unseren Klassenraum ein. Klassenraumgestaltung als ein gemeinsamer Erfahrungsprozess. In: Die Grundschule 19 (1987) 5, S. 45-47

Michalke-Haffke, Manfred: Raumgestaltung zur Förderung behinderter Menschen. Geistige Behinderung 33 (1994) Heft 3, 216 -224

Rittelmeyer, C.: Schulbauten positiv gestalten. Wie Schüler Farben und Formen erleben. Wiesbaden; Berlin. 1994

Schütte, Dagmar: Klassenraumgestaltung. In: Die Grundschule 26 (1994) 5, S. 28-29

Staatsinstitut für Schulpädagogik und Bildungsforschung München (Hrsg.): Lehrplan für den Förderschwerpunkt geistige Entwicklung. München: Hintermeier 2003, S. 19ff

Collage „Unser Dorf“

Anbringen einer Gardine

Sitzecke mit Wandbehang

2.21 Wir reinigen unsere Klasse

Didaktische Vorüberlegungen

Nicht nur im Hinblick auf eine spätere Arbeit in der Werkstatt für behinderte Menschen (WfbM) oder in öffentlichen Betrieben (z.B. im Hotel- und Gaststättengewerbe) und das (Zusammen-) Leben in einem Wohnheim, sondern auch für die in der Klasse/Schule anfallenden täglichen Reinigungsarbeiten sind Kenntnisse vonnöten, was, warum und wie „geputzt" werden muss.

Erste Vorerfahrungen bringen Schüler in der Regel mit, weil sie die Mutter/den Vater zu Hause regelmäßig bei Reinigungsarbeiten beobachten und, was aus pädagogischer Sicht natürlich wünschenswert ist, weil sie dabei assistieren dürfen. Hinzu kommt, dass die Schüler auch im Raum der Schule bereits früh mit Reinigungsarbeiten konfrontiert werden, wenn sie z.B. das Frühstücksgeschirr abdecken oder den Tisch abwischen, nach einer Klassen- oder Schulfeier aufräumen und kehren helfen oder nach dem Kochen Geschirr spülen und den Herd säubern.

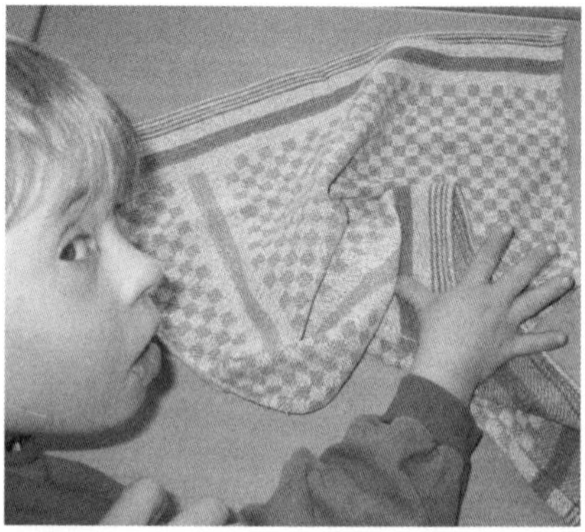

Über diese Erfahrungen hinaus sollte der Unterricht den Sachbereich „Putzen" einmal eigens thematisieren und allen Schülern, spätestens in der Werkstufe, im Rahmen eines Unterrichtsvorhabens angemessene und effektive Reinigungstechniken vermitteln.

Abstauben und feucht abwischen (abwaschen)

Ziele/Inhalte/Handlungsschritte	Methoden/Medien
Erfahren und wahrnehmen, dass sich auf allen Schränken und Regalen, aber auch in den Schränken und auf den Fensterbänken mit der Zeit Staub absetzt	Begriff „Staub" erarbeiten Fingerprobe: mit einem Finger, einer Hand oder einem Tempotaschentuch über Regale fahren und schauen, ob Staub hängenbleibt

Erfahren, dass dieser Schmutz (Staub) entweder • mit einem trockenen Tuch abgestaubt oder • mit einem nass zu machenden Lappen abgewischt werden kann	Techniken beobachten, Unterschiede feststellen und verbalisieren Vor- und Nachteile herausarbeiten
Vorgang/Technik des Abwischens selbständig durchführen: • Staubtuch oder anderes sauberes, trockenes, flusenreines Tuch besorgen • Tuch in eine Hand nehmen und über die zu reinigenden Flächen gleichmäßig und systematisch wischen • Verschmutzung an der sich festsetzenden Staubschicht beobachten und kontrollieren • Staubtuch ab und zu aus dem Fenster halten und Staub abschütteln	Begriff „Staubtuch/-lappen“ erarbeiten Vor- und nachmachen; konkretes und regelmäßiges Tun Falls erforderlich, eine Sicherheitsleiter besorgen, richtig anstellen und unter Aufsicht emporsteigen, um Arbeiten besser verrichten zu können Zur sprachlichen Unterscheidung: Memory mit Photos/Abbildungen von Reinigungs- und Putzutensilien erstellen, mit der Aufforderung, die Abbildungen beim Spielen korrekt zu benennen
Vorgang/Technik des Abwischens/Abwaschens selbständig durchführen: • Schränke und Regale ausräumen • Handwarmes Wasser in Eimer füllen und Putzmittel hinzugeben • Abwaschtuch nass machen und auswringen • die zu reinigende Fläche gleichmäßig und systematisch abwischen	ggf. vorher trocken abwischen z.B.: 1 TL Dorint Begriff „Abwaschtuch“; beim Wringen anfangs Hilfestellung erteilen

Ziele/Inhalte/Handlungsschritte	Methoden/Medien
• Bei größeren Objekten (Schrank) von oben nach unten putzen • Lappen ab und zu (je nach Verschmutzung) im Wasser auswaschen • gesäuberte Flächen mit sauberem Tuch trocken reiben • Schrank-/Regalinhalt wieder – mit System – einräumen	kleines Frotteehandtuch; Geschirrspültuch

Boden reinigen

Alle leicht beweglichen Gegenstände vom Boden entfernen	Stühle auf Tische stellen (u.U. diese erst abwischen)
Boden mit Zimmerbesen erst ausfegen: • am Fenster (von der entferntesten Ecke aus) beginnen und an der Tür aufhören • Schmutz am Schluss zusammenkehren und mit Handfeger und Kehrblech entfernen	Zimmerbesen von anderen Besenarten unterscheiden Materialien: - großer Putzeimer - Bodenputztuch - Schrubber - Putzmittel wie Neutralreiniger u.a.
Großen Eimer mit Wasser füllen und Putzmittel (nach Anweisung) hinzugeben	
Sockelleiste mit trockener Bürste von links nach rechts an der Oberkante abbürsten – die senkrechte Fläche mit nasser Bürste reinigen	Bürste

Fußboden flächenweise mit heißem Wasser kräftig scheuern (Steinfußboden)	Putzwasser bei Bedarf erneuern
Mit dem um den Schrubber gelegten Bodenputztuch strichweise aufwischen	
Mit dem gut ausgewrungenen Putzlappen trocken wischen	
Gegenstände erst einräumen, wenn der Boden völlig trocken ist	
Arbeitsmittel und -geräte säubern	

Staubsaugen

Verschiedene Saugerarten kennenlernen: • Bodenstaubsauger • Handstaubsauger • Akkusauger u.a.	
Funktion und Arbeitsweise eines Staubsaugers erfahren und wesentliche Einzelteile unterscheiden und benennen: • Gehäuse mit Rollen, Motor und Raum für Staubbeutel • Tragegriff • Stromkabel mit Rückspultaste • Öffnung für Wechsel der Filtertüte • Anzeigen (betriebsbereit, Filterwechsel)	• beobachten, wie Luft angesogen wird, die Schmutz mitzieht und entfernt (Demonstration mit Watte, Flusen) • Schmutzbeutel untersuchen und feststellen, dass der durch die Bürste gesaugte Schmutz hier gelandet ist Einzelteile am Gerät beschreiben und benennen; Ausmal- und Zuordnungsübungen mit entsprechenden Arbeitsblättern

Ziele/Inhalte/Handlungsschritte	Methoden/Medien
• Saugrohr und -schlauch • Teppich- bzw. Bodenbürste • Sonderzubehör: Polsterdüse, Möbelpinsel, Fugendüse	
Vorbereitungen (Staubsauger einsatzbereit machen) • Kabel herausziehen (nicht am Stecker) • Stromverbindung herstellen • Staubbeutel überprüfen (Kontrolleuchte beachten) • angemessene Bürste anstecken (Teppichbürste; Klopfsaugerbürste)	Vor- und Nachmachen Regelmäßiges Tun
Angemessen und effektiv saugen: • Von der entferntesten Ecke aus zur Tür in Seitenform saugen • In Räumen mit vielen Möbeln „Inselsaugen“ • Polster und Matratzen mit besonderer Düse saugen	Vor- und Nachmachen Konkretes Tun mit erforderlichen Rückmeldungen
Nacharbeiten leisten: • Stecker ausziehen und Kabel aufrollen • u.U. Saugrohr entfernen • Gerät wegräumen	

Fenster und Spiegel reinigen

• Fensterbänke abräumen	
• Kleinen Eimer mit Wasser füllen und Spülmittel (mit einem Spritzer Essig oder Spiritus) hinzugeben	
• Zunächst Fensterrahmen reinigen	
• Mit Fensterleder Fläche gleichmäßig und schlangenförmig abreiben; Tuch des öfteren säubern und auswringen	
• Gereinigtes Fenster mit Gummiwischer oben waagerecht abziehen; dann von oben nach unten ohne Zwischenräume abziehen	Wischer nach jedem Zug abwischen
• Leder auswaschen und ausdrükken; Wasserreste mit Fensterleder abwischen	
• Untere Seiten Fensterrahmen abwischen und trockenreiben	

Elementare Sicherheitsvorkehrungen und Regeln zur Unfallverhütung beachten:

- Nur ordnungsgemäße Geräte benutzen (defekte Geräte beim Hausmeister melden bzw. abgeben)
- Schutzvorkehrungen von Maschinen nutzen
- Rutschsichere, flache Schuhe tragen
- Nur Trittleitern mit Rutschschutz und Spanngelenk benutzen
- Auf saubere und trockene Fußböden achten
- Reinigungs- und Pflegemittel so aufbewahren und wegstellen, dass Unbefugte (jüngere/leistungsschwache Schüler) nicht herankommen

Regeln für umweltbewusstes Verhalten beachten:

- mit Strom und Wasser sparsam umgehen
- Möglichst biologisch abbaubare Reinigungs- und Pflegemittel benutzen (Zeichen „blauer Umweltengel“ beachten)
- Reinigungsmittel sparsam dosieren
- Abfallprodukte sortieren (Abfallbeseitigungsmöglichkeiten, die in der Schule angeboten werden, nutzen)

Literatur/Unterrichtsmaterialien:

Kultusministerium Rheinland-Pfalz (Hrsg.): Materialien zur Arbeit in der Werkstufe der Schule für Geistigbehinderte. Grünstadt: Sommer 1982 , Kap. 2.12.10: Putzen will gelernt sein

Ministerium für Bildung, Frauen und Jugend (Hrsg.): Richtlinien für die Schule mit dem Förderschwerpunkt ganzheitliche Entwicklung und Lehrplan zur sonderpädagogischen Förderung von Schülerinnen und Schülern mit dem Förderbedarf ganzheitliche Entwicklung. Mainz: MfBFJ 2001; Kap. 5.3

Sauer, I./ Stäblein, M.: Hauspflege mit System. Hamburg: Verlag Dr. F. Büchner (HT 4821)

Schimpfendörfer, Dorothea: Hauswirtschaft, Wohnen und Reinigen. Handwerk und Technik 2004

Staatsinstitut für Schulpädagogik und Bildungsforschung München (Hrsg.): Lehrplan für den Förderschwerpunkt geistige Entwicklung. München: Hintermeier 2003, Kap. Hauswirtschaft (2.3)

Stuffer, Georg u.a.: Leben lernen in der Schule. Materialien für den Unterricht mit Geistigbehinderten. München: List 1980, S. 67 ff (Ich kann mit dem Staubsauger umgehen)

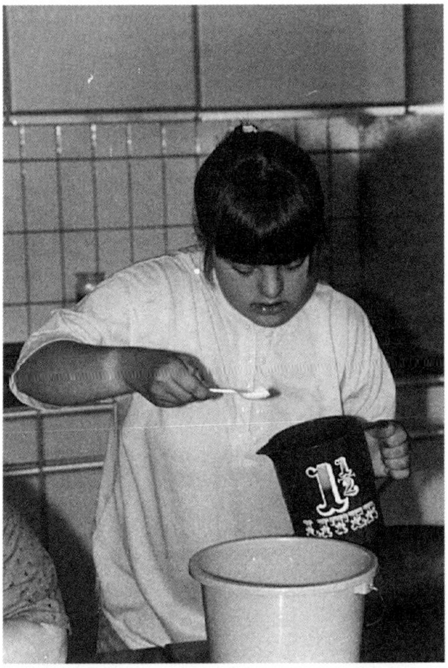

Putzmittel ins Wasser geben

Gründlich und „mit System“ abwischen

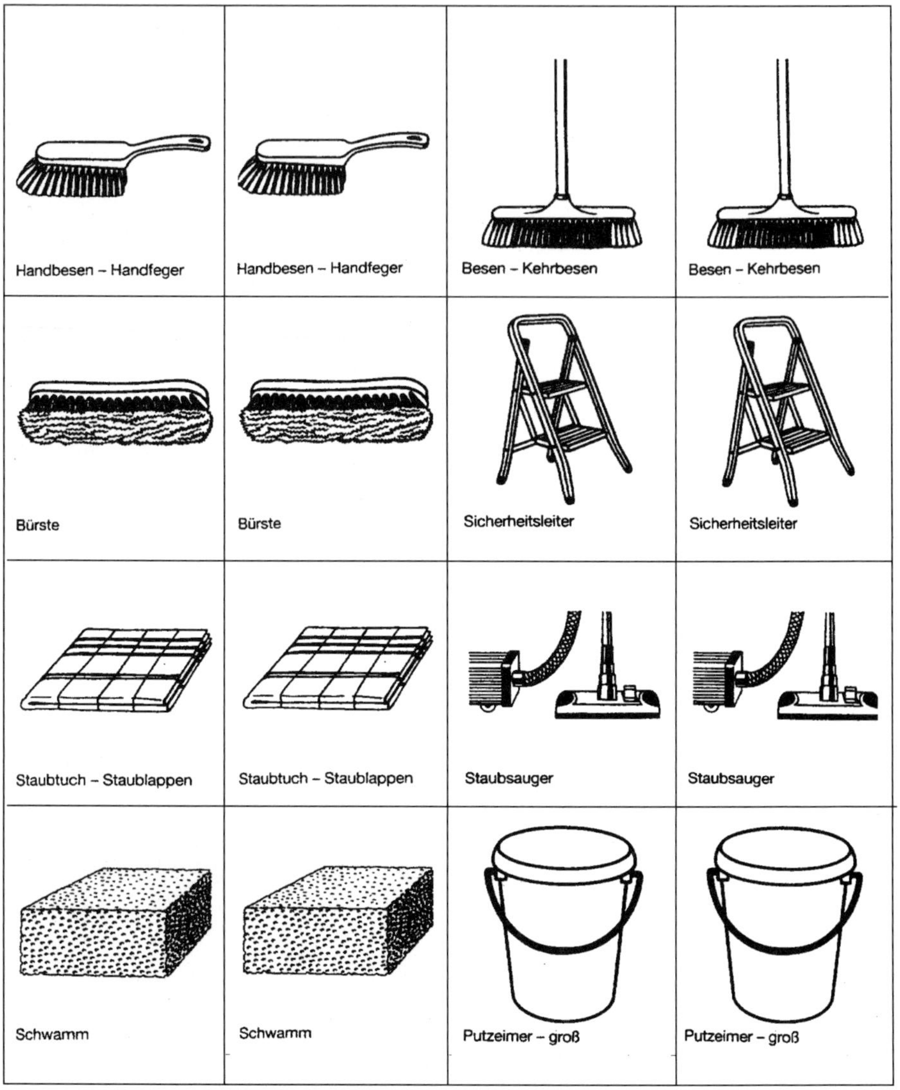

Memorykarten „Reinigungsmittel“ (aus Sauer/Stäblein 1994, S. 6-10)

2.22 Wir werken mit Holz und gestalten einen „Apfelbaum“

Didaktische Vorüberlegungen

Werken, vor allem mit dem Naturmaterial Holz, stellt eine Lern- bzw. Arbeitsform dar, der an vielen Schulen ein besonderes Gewicht zukommt. Dies ist nicht weiter verwunderlich, da hier Kinder und Jugendliche mit geistiger Behinderung die Möglichkeit haben, sich vielfältige basale sinnliche Erfahrungen anzueignen, bei denen der kognitve Aspekt zunächst einmal in den Hintergrund tritt:

- verschiedene Hölzer riechen und ganzheitlich wahrnehmen,
- mit den Händen bzw. den Fingern wesentliche Eigenschaften und Oberflächenbeschaffenheiten wie glatt und rauh ertasten oder
- durch Sägen, Nageln oder Bohren Materialien verändern und gestalten.

Hinzu kommt die Gelegenheit, motorische Grundfertigkeiten zu entwickeln und zu koordinieren, zugunsten eines zielorientierten Werkvorhabens augenblickliche Interessen und Wünsche auch einmal zurückzustellen, längerfristig planen zu müssen, die eigene Tätigkeit in einem größeren sozialen Zusammenhang zu sehen (wenn alle Schüler der Klasse gemeinsam ein Werk schaffen möchten) oder Arbeitstugenden wie Sorgfalt, Genauigkeit und Ausdauer zu entwickeln und auszubauen.

Bei diesem hier vorgestelltenVorhaben liegt der Schwerpunkt im Üben grundlegender Fertigkeiten des Werkens mit Holz, besonders des Schleifens und Nagelns. Nachdem aus Reststücken genügend unterschiedlich große Holzstücke gesägt wurden, geht es darum, diese sauber zu schleifen, anzumalen oder zu lackieren und dann so auf eine Unterlage zu nageln, dass das Motiv eines Baumes entsteht. Als „Früchte“ bzw. „Äpfel“ werden Holzkugeln verwendet, die zuvor rot angemalt wurden. Nachdem mehrere kleinere Bilder für die Verschönerung des Klassenzimmers fertiggestellt sind, soll ein besonderes großes Bild zur Flurgestaltung hergestellt werden.

Die Motivation für die Schüler ergibt sich nicht nur aus der Freude am Arbeiten und Gestalten mit Holz, sondern auch aus dem Interesse, für die eigene Klasse und den Flur etwas herzustellen, das als Raumschmuck diese wohnlicher und attraktiver macht.

Ziele/Inhalte/Handlungsschritte	Methoden/Medien
Sich für ein Werkvorhaben entscheiden, bei dem aus vielen unterschiedlich großen Holzstücken das Motiv eines Baumes gestaltet wird	Den Schülern werden über das Episkop einige Abbildungen von entsprechenden Werken gezeigt, mit der Frage, ob sie „so etwas“ auch herstellen möchten
Einen Baum in den beiden wesentlichen Bestandteilen „Stamm“ und „Krone“ unterscheiden und gestalterisch reproduzieren	• Einen Baum draußen in der Natur bewusst wahrnehmen, Einzelteile begreifen, anschauen und unterscheiden • Einen Baum malen oder aus Knete herstellen

Einen Baum aus mehreren unterschiedlich großen Holzstücken legen können	Ein „Modell“ kann schwächeren Schülern vorgegeben bzw. vorgelegt werden; dieses ist dann aus anderen Hölzern „nachzulegen“ 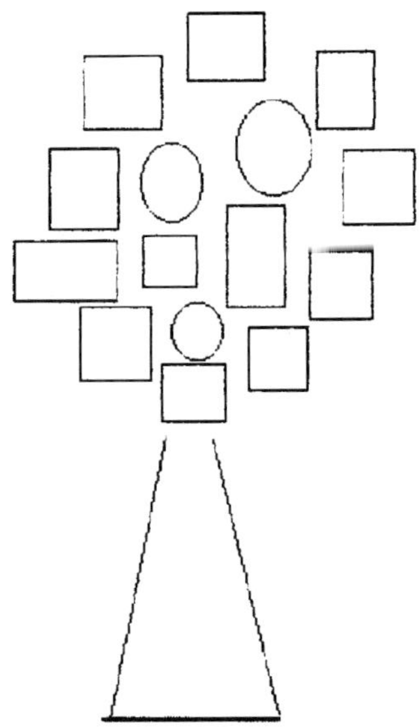
Holz besorgen: • Reststücke im Werkraum sammeln und prüfen, ob diese verwendet werden können • Bei in der Nähe befindlichen Baumärkten, Schreinereien oder Möbelwerkstätten nach „Resten“ fragen	Massivholzstücke aus Fichte, Kiefer oder Erle sind leichter und weicher als Teile aus Spanplatten und lassen sich besser verarbeiten Im Werkraum sind solche Reststükke als Abfälle von anderen Werkvorhaben häufig zu finden
In einer Gehrungssäge eingespannte Holzstücke in kleine Teile/Scheiben sägen • Gehrungssäge mit Schraubzwinge befestigen	Begriff „Gehrungssäge“ erarbeiten; diese von anderen Sägen unterscheiden lassen

Ziele/Inhalte/Handlungsschritte	Methoden/Medien
• Reste von Brettern oder Kanthölzern in die Gehrungssäge so einspannen, dass auf der rechten Seite die gewünschte Holzgröße übersteht • Säge möglichst gleichmäßig und mit etwas Druck hin und her bewegen • Nach dem Abtrennen Holz neu einspannen und Sägevorgang wiederholen • Nach Gebrauch Säge abbauen, säubern und wieder an den dafür vorgesehen Platz zurückstellen	Dabei unterschiedliche Größen und Formen sägen, was später beim Gestalten das Motiv „Baum“ attraktiver macht Dreieckige Stücke, die später das Baummotiv interessanter machen, können von einer Lehrkraft maschinell gesägt werden
Holzstücke glatt *schmirgeln* • Holz in einen Schraubstock so einspannen, dass die zu schmirgelnde Seite nach oben waagerecht herausragt • Ein ausreichend großes Stück Schmirgelpapier um ein Schmirgelholz legen und mit einer Hand fest umgreifen • Schmirgelholz gleichmäßig und mit ausreichendem Druck über das Holz in Faserrichtung bewegen • Wirkung mit den Fingern einer Hand immer wieder überprüfen (fühlt sich die Fläche jetzt glatter an) • Holz umspannen und andere Seiten schmirgeln	Unterscheiden/ertasten von „glatt“ und „rauh“ Begriffsbildung; Wortschatzerweiterung Erforderliche Stärken von Schmirgelpapier auswählen bzw. bereitstellen; ggf. vorher zurechtschneiden; für schwächere Schüler Schmirgelhölzer wählen, in die das Papier fest eingespannt werden kann

• größere Flächen mit einem Schwingschleifer schmirgeln	Begriff und Funktion dieses Gerätes erarbeiten Unterschiede zum Schleifen mit der Hand beobachten und verbalisieren
Holzstücke in unterschiedlichen Farben anmalen oder lasieren und trocknen lassen	Betrifft die kleineren Wandbilder, die in der Klasse aufgehängt werden
Massivholzstücke für das „große Wandbild“ lackieren: • Holz mit der Vorderseite nach oben auf eine Unterlage (Zeitung) legen • mit sauberem Pinsel oder Leinentuch dosiert mit Lack bestreichen • evtl. „fein schleifen“ und ein zweites Mal lackieren • trocknen lassen	Massivholzstücke aus Erle oder heimischer Fichte oder Tanne wirken am schönsten, wenn sie naturbelassen werden Übungen: Vorder- und Rückseite unterscheiden
Für die verschiedenen Bilder entsprechend große Unterlagen aus Spanplatten zurecht schneiden (lassen) und diese bunt anstreichen	Als Hintergrundfarbe eignet sich vor allem blau (Motiv „Himmel“)
Nageln als eine einfache Art der Holzverbindung kennenlernen	Vorübungen: Reststücke zusammennageln und erfahren, dass diese dann „zusammen“ sind und -halten
Einzelne Holzstücke auf eine Unterlage aufleimen und -nageln: • Nägel bzw. Drahtstifte so auswählen, dass sie durch ca. drei Viertel der Holzverbindung gehen	Vorher überlegen und ggf. vorzeichnen, wo die einzelnen Stücke am besten hinpassen, so dass schließlich in der Gesamtschau das Bild eines Baumes entsteht

Ziele/Inhalte/Handlungsschritte	Methoden/Medien
• Nagel zuerst zur Hälfte durch das obere Holzstück einschlagen, dann auf die Unterlagen aufsetzen • Rückseite dünn mit Holzleim bestreichen • Holz mit Nagel ganz einschlagen	Mit dem Hammer einmal auf die Spitze der Nägel schlagen und diese versetzt und ein wenig schräg zur Maserung ansetzen, damit das Holz sich nicht so leicht spaltet
Fertig gestellte Bilder in der Klasse bzw. im Flur aufhängen und als Wandschmuck „bewundern“ (lassen) Fehler und mögliche Verbesserungen (für zukünftige Vorhaben) herausarbeiten und die eigenen Leistungen kritisch einschätzen	Herausarbeiten, dass all dies nur durch die gemeinsame Arbeit und Anstrengung aller Schüler erreicht wurde Bewertungsphase im Rahmen eines Vorhabens/Projektes

Befestigen eines Holzstückes

Der „Baum“ ist fertig

Literatur/Unterrichtsmaterialien

Arbeiten mit Holz. Lernen konkret 4 (1985) Heft 1

BAGUV (Hrsg.): Unfallverhütung und Sicherheitserziehung in der Schule. Sicherer Umgang mit Holzbearbeitungsmaschinen. München: 1984

Betzing, Albert: Werken. Ton - Gießton - Holz - Metall. Bad Honnef: Dürr & Kessler 1986

Bundesvereinigung Lebenshilfe für geistig Behinderte (Hrsg.): Musterförderplan für den Arbeitstrainingsbereich der Werkstatt für Behinderte. Eine Empfehlung. Sonderdruck 3. Auflage. Marburg 1983, S. 10 ff

Doert, Friedel: Wir stellen Werkzeugkisten her. Unterrichtsplanung im fachorientierton Lohrgang Arbeitslehre für eine Werkstufenklasse der Schule für Geistigbehinderte. Zeitschrift für Heilpädagogik 47 (1996) 8, 342-347

Gloor, Elisabeth: Kinderwerkstatt Holz. Spielen - Bauen - Werken. Ravensburg: Otto Maier 1983

Kohlwagner, Gabi: Schau mal unser Holz. Luzern: Kinderbuchverlag 1983

Kultusministerium Rheinland-Pfalz (Hrsg.): Materialien zur Arbeit in der Werkstufe der Schule für Geistigbehinderte (Sonderschule). Grünstadt: Sommer 1982, Kap. 2.12.5; 2.12.7; 2.12.11; 2.12.13

Mertes, Josef Peter: Arbeitslehre in der Schule für Geistigbehinderte. Heidelberg: Schindele 1984, Kap. 5.34 (Zeitungsständer) und 5.4.3 (Lehrgang Bohren)

Ministerium für Bildung, Frauen und Jugend (Hrsg.): Richtlinien für die Schule mit dem Förderschwerpunkt ganzheitliche Entwicklung und Lehrplan zur sonderpädagogischen Förderung von Schülerinnen und Schülern mit dem Förderbedarf ganzheitliche Entwicklung. Mainz: MfBFJ 2001; Kap. Arbeit und Beruf (2.4.1)

Pädagogisches Zentrum (Hrsg.): Unterrichtshilfe 3-4/86. Arbeitslehre Lernbereich Technik. Holzverarbeitung (SfL). Bad Kreuznach 1986

Staatsinstitut für Schulpädagogik, München (Hrsg.): Lehrplan und Materialien für den Unterricht in der Schule für geistig Behinderte mit Abdruck der Allgemeinen Richtlinien. München: Hintermaier 1982, S. 269 ff

Staatsinstitut für Schulpädagogik und Bildungsforschung München (Hrsg.): Lehrplan für den Förderschwerpunkt geistige Entwicklung. München: Hintermeier 2003; Kap. Werken

Stuffer, Georg (Hrsg.):; Leben lernen in der Schule - Unterricht mit Geistigbehinderten. München: List 1980

Stuffer, Georg/ Zeckel, Franz: Werken in der Werkstufe. Praxisbeispiele aus dem Materialbereich Holz. Donauwörth: Auer 1980

Theis-Scholz, Margit/ Thümmel, Ingeborg (Hrsg.): Sonderpädagogische Förderung konkret - Praxisnahe Konzepte und Beispiele. Weinheim, Berlin, Basel: Beltz Verlag 2002

2.23 Wir arbeiten mit Metall

Didaktische Vorüberlegungen

Bei dem geplanten Werkvorhaben handelt es sich um eine Einführung in das Kennenlernen und die Bearbeitung von Metall, einem Werkstoff, der sicherlich nicht so attraktiv erscheint wie das leichter zu bearbeitende Material Holz. Denn Metall fühlt sich kalt an, ist sehr hart und schwer, lässt sich nicht leicht bearbeiten und sondert nicht den attraktiven Geruch von massivem Holz ab. Dies führt dazu, dass an vielen Schulen selten oder gar nicht mit diesem Material gearbeitet wird.

Andererseits ist Metall ein Werkstoff, aus dem zahlreiche Gegenstände des täglichen Lebens, mit dem die Schüler immer wieder zu tun haben, hergestellt sind und der in vielen Werkstätten in speziellen Produktionsbereichen ver- bzw. bearbeitet wird. Dies macht es erforderlich, auch diesen Werkstoff einmal zum Gegenstand eines Werkvorhabens zu machen und Möglichkeiten der Bearbeitung und Gestaltung zu erproben.

Im Vordergrund der folgenden Unterrichtsreihe steht das Biegen von Draht und das Treiben von Kupfer, was den Schülern exemplarisch einige besondere Eigenschaften von Metallen vermitteln soll.

Vorbereitungsphase

Ziele/Inhalte/Handlungsschritte	Methoden/Medien
Materialien aus Metall wahrnehmen und benennen und von solchen aus anderen Werkstoffen unterscheiden	Gegenstände aus dem näheren Umfeld (Klasse, Schule) suchen, soweit transportabel sammeln und ihre Eigenschaften bestimmen Unterscheidungen vornehmen zu Holz, Kunststoff, Keramik und Glas

Eigenschaften von Metall erleben und benennen: • schwer • sehr hart • kalt • riecht nicht	Gegenstände • mit allen Sinnen erkunden • mit anderen Stoffen vergleichen (abwiegen) • versuchen, Metall wie Holz zu verändern (sägen, schlagen) oder anderweitig zu bearbeiten
Verwendungsmöglichkeiten im Alltag erfahren und kennen	Was ist alles aus Metall? Untersuchen von Blechen, Röhren, Draht, Gebrauchsgegenständen in der Küche, im Werkraum u.a.
Draht als dünnes, biegsames Material aus Metall wahrnehmen und einige Verwendungsmöglichkeiten kennen	Mit den Händen erkunden Verwendungsmöglichkeiten im Alltag: etwas im Garten festbinden; Büroklammern biegen/herstellen; etwas an der Decke befestigen (Haken) Besichtigung eines Metallwarenhandels, um die Produktvielfalt und verschiedene Stärken kennenzulernen
Charakteristische Eigenschaften von Draht kennenlernen: • hart, glatt, kalt, glänzend • kann stechen und verletzen • lässt sich je nach Dicke durch Biegen oder Schlagen verändern	Untersuchen und vergleichen mit anderen biegsamen Materialien wie Kordel, Peddigrohr u.a.

Ziele/Inhalte/Handlungsschritte	Methoden/Medien
Verschiedene Drähte, je nach Material und Farbe, wahrnehmen und unterscheiden: • rot: Kupferdraht • grau: Stahldraht • weiß: Aluminiumdraht • gelb: Messingdraht	Anschauen, vergleichen, Unterschiede beschreiben Im praktischen Tun immer wieder benennen lassen

Drahtbiegearbeiten

Mit der Hand ein Stück Draht nach eigenen Ideen biegen bzw. bearbeiten	Freies Experimentieren und gestalten Vor- und nachmachen: • Draht in beiden Händen halten und nach unten biegen, wobei die Daumen eine Gegenkraft bilden • Anfangs möglichst dünnen Draht benutzen
Auf Abbildungen vorgegebene Formen und Modelle biegen: • geeigneten Draht aussuchen • Drahtlänge abmessen • Draht abschneiden • Draht biegen	Mögliche Motive und Modelle: Fingerring S-Haken Wurfringe Fisch Mobile 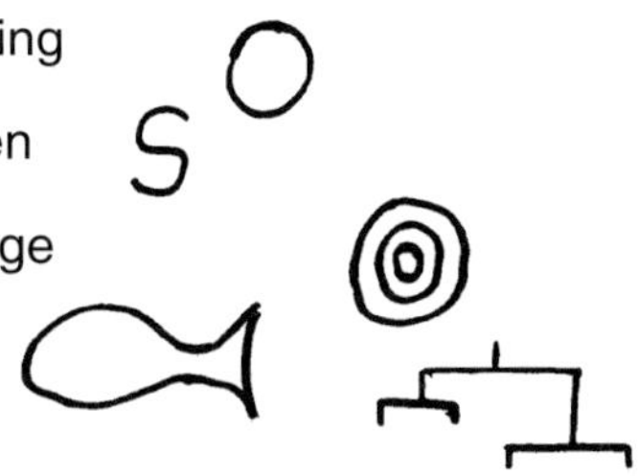

Biegen und Gestalten bestimmter Formen mit Hilfe eines Rundstabes (Holzdorn)	Draht an das Rundholz anlegen und so fest wie möglich um den Stab wickeln, so dass eine Spirale entsteht; eine Kerbe am oberen Ende dient der Fixierung des Anfangs des Drahtstückes 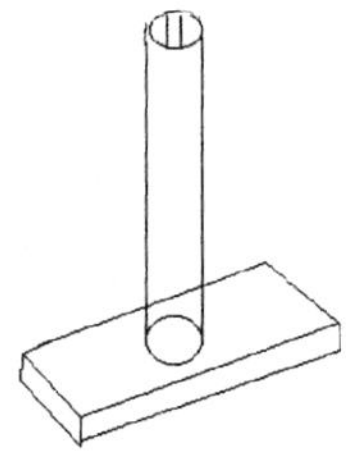
Biegen und Gestalten mit Hilfe einer Rundzange	Vgl. Arbeitsblatt aus Betzing 1986, S. 41/42
Wir fertigen einen Ring aus Kupferdraht • Draht auf vorgegebener Markierung mit Seitenschneider abtrennen • Holzdorn in Schraubzwinge spannen und Drahtende in Kerbe einlegen • Kupferdraht eng um den Dorn wickeln und abnehmen • Drahtende abschneiden, entgraten und • Ring mit Sprühlack lackieren	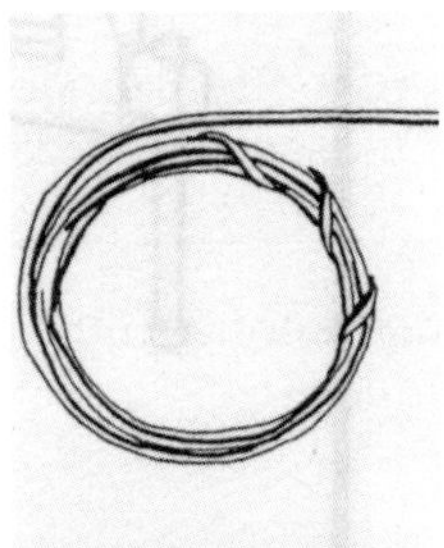
Wir fertigen einen Armreif • Kupferdraht um Biegeschablone wickeln • Mit einer Rundzange Ösen biegen	Vgl. Arbeitsblatt Betzing S. 43/44 Biegeschablone laut Maßangaben anfertigen

Ziele/Inhalte/Handlungsschritte	Methoden/Medien
Werkzeuge für die Metallverarbeitung kennenlernen	
Seitenschneider kennen und angemessen gebrauchen	Neben dem konkretem Gebrauch der einzelnen Werkzeuge bei der Fertigung der o.g. Werkstücke sollen diese auf entsprechenden Arbeitsblättern wiedererkannt und benannt werden Mit Hilfe von puzzleartigen Einzelbildern (Schneide, Drehpunkt, 2 Griffe) die Gesamtbilder der Werkzeuge zusammenlegen lassen Vorsichtsmaßnahmen beachten
Vorschneider (Beißzange) kennen und angemessen einsetzen	Für dickeren Draht verwenden; Draht richtig einlegen
Rundzange kennen und angemessen gebrauchen	• Durch runde Backen können Rundformen gebogen werden • Draht um die Backen biegen oder aber Biegung durch Drehung der Zange erreichen • mehrmaliges Nachfassen des Werkstücks mit der Zange beim Biegen
Flachzange kennen und angemessen gebrauchen	Geeignet, um Draht festzuhalten und „Ecken“ zu biegen 

Flachzange mit kombiniertem Seitenschneider kennen	
Blechschere als Instrument zum Durchtrennen von dünnem Draht und Blechen kennen und einsetzen	• Erfahren lassen, dass Draht und Bleche sich mit einer normalen Papierschere nicht durchschneiden lassen • Konkretes Tun
Metallfeile als Instrument zum Entgraten (Entfernen/Abschleifen) von Rändern kennen und gebrauchen	Gefährlichkeit und Verletzungsgefahr von am Rand abstehenden Metallsplittern deutlich machen Erfahren, dass diese mit einem besonders harten Werkzeug entfernt werden müssen
Stahllineal kennen und damit Abmessungen vornehmen • mit Hilfe vorgegebener Markierungen • nach Maßangaben	Das Messen nach Maßangaben eignet sich für leistungsstärkere Schüler, die bereits über einen Zahlbegriff verfügen; die Fertigkeit des Messens sollte lehrgangsorientiert angebahnt und ausgebaut werden
Für schwächere Schüler: abmessen mit Hilfe einer Schablone (Vorrichtung aus Holz)	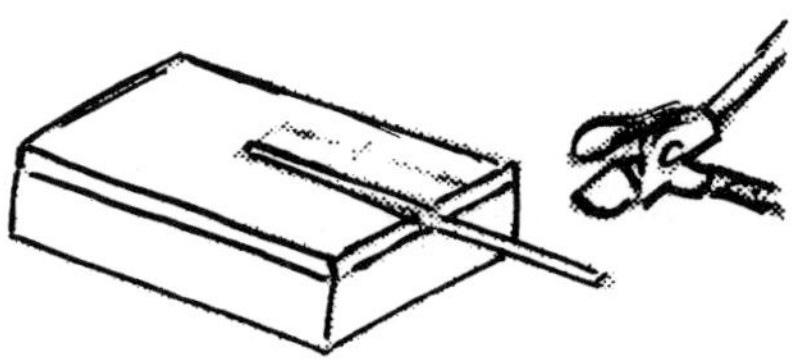 Drahtstück in einen Einlegeschlitz legen; mit Seitenschneider ablängen

Ziele/Inhalte/Handlungsschritte	Methoden/Medien
Wir fertigen eine Kupferschale	
Das Material Kupfer wahrnehmen und von anderen Metallen unterscheiden	Gebrauchsgegenstände aus Kupfer (Kessel, Aschenbecher) mitbringen und zeigen; in einer Metallwarenhandlung/einem Baumarkt Materialien aus Kupfer (Heizungsrohre) aufsuchen Besondere Eigenschaften (Farbe) wahrnehmen und beschreiben; mit ähnlichen Gefäßen aus Holz, Kunststoff und Glas vergleichen
Interesse entwickeln und äußern, ein einfaches Gefäß wie einen Aschenbecher bzw. eine Schale aus Kupfer selbst herzustellen	Eine getriebene Kupferschale zeigen; Verwendungsmöglichkeiten erkunden (als Aschenbecher oder als Gefäß für Süßigkeiten u.a.) Überlegen, ob sich so etwas auch zum Verschenken eignet 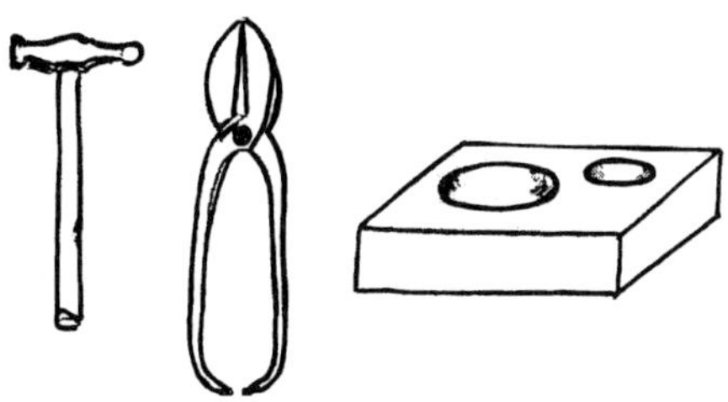
Die einzelnen Handlungsschritte zum Fertigen einer kleinen Schale ausführen:	Material: Kupferblech in der Stärke 1-1,5 mm
• bei einem quadratisch vorgeschnittenen Kupferstück nach Anleitung den Mittelpunkt bestimmen	Diagonalen (von Ecke zu Ecke) einzeichnen und Schnittpunkt als Mittelpunkt markieren

• einen Kreis mit Bogenzirkel zeichnen • Rundling (Kreis) mit Blechschere ausschneiden • Kupferblech auf Treibholz vom Mittelpunkt aus gleichmäßig treiben • Rand mit Metallfeile entgraten • auf dem Amboss eine ausreichend große Standfläche hämmern • Schale (Aschenbecher) nachbehandeln: mit Stahlwolle polieren und zaponieren (mit Zaponlack überziehen)	Dies erfordert in der Regel Vorübungen (in Streifen geschnittene Kupferbleche) und konkrete Hilfestellungen Hinweise zum Treiben: • Durch Vormachen zeigen, dass Treiben eine besondere Technik der Metallverarbeitung darstellt, durch die sich Metall (Kupfer) dehnt und verformen lässt; Hammerschläge frei, aber gezielt, gleichmäßig und dosiert anbringen; Kugelhammer verwenden; in der Mitte beginnend spiralförmig nach außen hämmern • Vorübungen an Metallstreifen; Veränderungen wahrnehmen und beschreiben • Verschiedene Treibhölzer als Unterlage auswählen und erproben • treiben und Veränderungen wahrnehmen; falls erforderlich ausglühen, um die Geschmeidigkeit wieder herzustellen
Mögliche Weiterverarbeitung: Emaillieren	

Literatur/Materialien:

Betzing, Albert: Werken. Ton - Gießton - Holz - Metall. Bad Honnef: Dürr & Kessler 1986

Bonn, Holger: Zur Grundlegung des Technikunterrichts im Materialbereich Metall. In: Lernen konkret: Unterricht mit Geistigbehinderten 6 (1987) Nr. 4, S. 1-5

Kultusministerium Rheinland-Pfalz (Hrsg.): Materialien zur Arbeit in der Werkstufe der Schule für Geistigbehinderte. Grünstadt: Sommer 1982

Lappe, Illa: Arbeitsprojekt: Holzuntersetzer mit eingelegter emaillierter Kupferplatte. In: Zeitschrift für Heilpädagogik 32 (1981), S. 567-570

Ministerium für Bildung, Frauen und Jugend (Hrsg.): Richtlinien für die Schule mit dem Förderschwerpunkt ganzheitliche Entwicklung und Lehrplan zur sonderpädagogischen Förderung von Schülerinnen und Schülern mit dem Förderbedarf ganzheitliche Entwicklung. Mainz: MfBFJ 2001; Kap. Arbeit und Beruf (2.4.2)

Pädagogisches Zentrum (Hrsg.): PZ-Information 1/89. Arbeitslehre Lernbereich Technik. Metallverarbeitung (SfL). Bad Kreuznach 1989

Staatsinstitut für Schulpädagogik und Bildungsforschung (Hrsg.): Metall. Handreichungen für den Werkunterricht in der Werkstufe der Schule für geistig Behinderte. München: Hintermaier 1983

Staatsinstitut für Schulpädagogik und Bildungsforschung München (Hrsg.): Lehrplan für den Förderschwerpunkt geistige Entwicklung. München: Hintermeier 2003; Kap. Werken (4.)

Wertenbroich, Wolfgang: Erfahrungen mit dem Metallbausystem „Construction". In: Förderschulmagazin 17 (1995), S. 23-24

Wittorf, Lothar: Zehn praktische Unterrichtsvorhaben zur Einführung in das Metallwerken. In: Zeitschrift für Heilpädagogik 35 (1984), S. 143-150

Worm, Heinz-Lothar: Der Zauberbaum. Lötarbeit aus Metalldrähten. In: Förderschulmagazin 17 (1995), S. 39-40

Zechlin, Ruth: Werkbuch für Mädchen. Ravensburg: O. Maier 1963, 230-235

Breit-/Flachschlagen eines schneckenförmig gebogenen Silberdrahtes

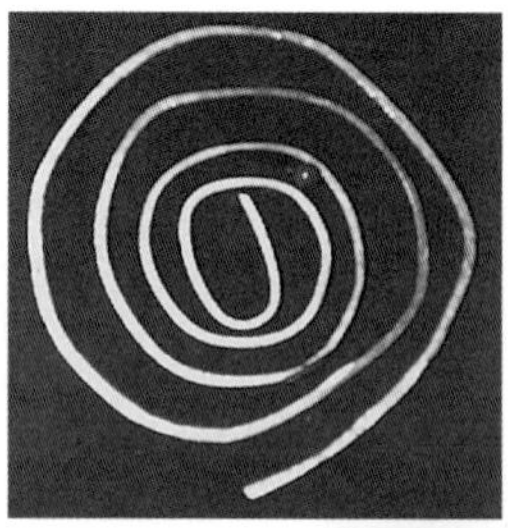

Eine fertige „Brosche"

Treiben einer Schale aus Kupfer

2.24 Wir gestalten mit Ton

Didaktische Vorüberlegungen

Wer kleine Kinder einmal beobachtet, wie sie intensiv, in Gedanken versunken und über längere Zeit mit Knete spielen, diese schlagen, drücken, schneiden, Kügelchen rollen, damit Kuchen oder Plätzchen backen oder Phantasiefiguren formen, weiß um die große Bedeutung dieses Materials für die kindliche Entwicklung. Dies trifft ebenso auf den Werkstoff Ton zu. Als das einzig nicht vorgeformte, aber unbegrenzt verformbare Gestaltungs- und Naturmaterial bietet es besonders günstige Voraussetzungen für die Gestaltungserziehung mit Kindern und Jugendlichen mit geistiger Behinderung und weist vielfältige Lern- und Entwicklungsmöglichkeiten auf, und zwar hinsichtlich

- der Ausbildung feinmotorischer Fähigkeiten und Fertigkeiten,
- der Weckung von Vorstellungskraft, Phantasie und kreativem Tun,
- der Aneignung von technischen Arbeitsverfahren (gestalten, trocknen, brennen, glasieren) oder
- der Entwicklung der Arbeitshaltung, dass Materialien und Arbeitsgeräte pfleglich zu behandeln, nach dem Gebrauch zu reinigen und wieder an ihren Platz zu stellen sind, damit sie beim nächsten Mal wieder eingesetzt werden können.

Ähnlich wie das Hantieren mit Sand, Wasser und Natursteinen geht die Beschäftigung mit dem Werkstoff Ton der Arbeit mit festen Materialien wie Holz, Baumaterialien, Draht oder Kupfer voraus, da es gilt, mit allen Sinnen Grunderfahrungen zu sammeln.

Bei einem Lehrgang bzw. Gestaltungsvorhaben mit Ton ist den Schülern zunächst die Möglichkeit zu geben, selbst und aus eigener Initiative heraus Erfahrungen mit diesem Material zu sammeln und im Rahmen der kindlichen Phantasie einfachste Gegenstände, und seien sie aus der subjektiven Sicht der Lehrperson noch so laien- und fehlerhaft, zu gestalten. Erst mit der Zeit können spezifische Arbeits- und Gestaltungstechniken vermittelt und eingeübt werden, um so die Voraussetzungen zu schaffen, auch kleinere Gefäße und anspruchsvollere „Kunstwerke“ zu modellieren.

Ton in seinen charakteristischen Eigenschaften erleben

Ziele/Inhalte/Handlungsschritte	Methoden/Medien
Ton von anderen Werkstoffen unterscheiden und charakteristische Eigenschaften erkunden und erfahren: • glatt • feucht • klebend • weich und formbar	Vergleich mit anderen Naturstoffen und Materialien Erkunden durch vielfältige sensomotorische Aktivitäten: kneten, schlagen, (ein)drücken, zerbrökkeln, durchbohren, klopfen u.a.
Möglichkeiten der Verarbeitung und Verwendung von Ton kennen • als Gebrauchsgegenstände (Vasen, Blumentöpfe, Krüge, Aschenbecher u.a.) • als Kunstgegenstände (Abdrücke, Schmuckgegenstände, Plastiken)	• Gegenstände aus Ton zusammensuchen und Objekte beschreiben • Besuch in einer Töpferei • Besuch in einem Keramikmuseum
Mit Ton frei manipulieren und erste Erfahrungen sammeln durch • schlagen, schürfen, kneten, bohren, schneiden u.a. • mit dem Finger oder der Faust Eindrücke erzeugen • ein Loch/eine Höhle „graben“ • einen „Berg“ auftürmen und Löcher aushöhlen	Um die kreativen Möglichkeiten nicht von vornherein einzuschränken, sollten die Schüler zunächst einmal die Möglichkeit erhalten, Ton nach Belieben zu bearbeiten, ohne dass ein „schönes“, gebrauchsfertiges Produkt entsteht (vgl. Müller 1976)

• Phantasiefiguren kreieren • Kugeln und Walzen rollen und verbinden	

Grundtechniken und Verfahren der Gestaltung mit Ton einüben

Grundform der *Kugel* herstellen	Ein Stück Ton weich klopfen/kneten und in beiden Händen so lange hin- und herbewegen, bis daraus eine runde Form wird Beweggründe/Motive für jüngere und leistungsschwächere Schüler: Murmeln oder „Eier“ herstellen
Grundform der *Rolle* herstellen	Kurze Rolle aus einer Kugel zwischen beiden Handflächen rollen; lange Rolle auf der Tischplatte mit einer oder beiden Händen rollen Beweggründe/Motive für die Schüler: wir machen „Würste“
Grundform der *Platte* herstellen	Größeres Stück Ton zunächst mit der Hand schlagen, später mit der Rolle glatt rollen, dabei immer wieder von der Unterlage abheben, da der Ton sonst festklebt Beweggründe/Motive für Schüler: wir machen „Pizza“, „Pfannkuchen“
Wulsttechnik: • Eine runde Platte formen • Wülste herstellen • diese auf die Platte legen	Materialien: Holzleisten, Schraubzwingen, Abschneidedraht

Ziele/Inhalte/Handlungsschritte	Methoden/Medien
• Durch Verstreichen mit der Platte verbinden • Weitere Wülste übereinanderlegen und mit der Platte verstreichen	Leisten in einem gewünschten Abstand am Arbeitstisch festschrauben; durchgearbeiteten Ton zwischen diese Leisten legen und ausrollen
Bändertechnik: • Ton zwischen zwei Leisten legen, ausrollen, über die Leisten abziehen und fertiges Band herausnehmen • Fertige Bänder auf eine Bodenplatte setzen und durch „Verstreichen“ verbinden • In dieser Technik verschiedene Gefäße herstellen	

Beispiele der Gestaltung mit Ton

Abdrücke herstellen • Tonklumpen zu einer Kugel formen, kräftig schlagen und „weich“ kneten • Tonkugel mit einem Roll- oder Nudelholz zwischen zwei Holzleisten bis in Leistenhöhe ausrollen • Gräser, Blätter oder andere Materialien mit dem Holz einrollen oder Abdruck durch Hände u.a. erzeugen • mit einem Vorstecher ein oder zwei Löcher stechen, um die Kachel später aufhängen zu können	Ton mit der Hand, dann mit dem Rollholz, glatt schlagen/rollen und einfache Körper- oder Materialabdrücke erstellen (Finger, Hand, Schlüssel, Gräser, Blätter) Weitere Möglichkeiten: Türschilder gestalten (vgl. Koers 1989)

• die Kacheln trocknen und nach ca. einer Woche im Brennofen brennen (Schrühbrand) • die Eindrücke mit Glasur ausmalen und nochmals brennen (Glasurbrand)	
Einen *Kerzenständer* oder Aschenbecher formen	• Gleichmäßigen Druck des Daumens auf die Innenseite und des Zeige- und Mittelfingers auf die Außenseite ausüben • Kugel flach drücken oder rollen; mit Hilfe eines runden Gegenstands (Deckel) ausschneiden
Aus Platten, Rollen und Kugeln möglichst frei und nach eigenen Ideen gestalten	Als Anregungen können konkrete Modelle oder Abbildungen vorgegeben werden (vgl. die verschiedenen Beiträge zu diesem Thema in der Zeitschrift „Lernen konkret“ Heft 3/ 1983: Maus, Uhu, Schildkröte, Blumenbilder u.a.).
Modellieren einer Schnecke • Eine Tonwurst mit beiden Handflächen fingerdick ausrollen und am Ende spitz auslaufen lassen • In der Mitte flach andrücken (als Standfläche) • Spitzes Ende als Schwanz vorsichtig nach oben biegen; das andere Ende steil nach oben biegen • Kopfende glätten; zwei Fühler rollen und am Kopfende „anschlikkern“	Fertiges Modell oder entsprechende Abbildung vorgeben, beschreiben lassen und Interesse wecken, ein solches Produkt selbst herzustellen Den gesamten Vorgang/die einzelnen Handlungsschritte beim Vormachen der Lehrperson beobachten Hilfestellung bei den einzelnen Schritten

Ziele/Inhalte/Handlungsschritte	Methoden/Medien
• Tonbrocken als Schneckenhaus auf den Schneckenleib anschlikkern • Mit einer Haarnadel Luftlöcher in den Schneckenleib stechen oder diesen von unten aushöhlen • Augen und Mund mit einer Haarnadel eindrücken • mit den Verschlüssen von Glasflaschen Ringe unterschiedlicher Größe ins Schneckenhaus eindrücken	Damit beim Brennen dieses Teil nicht reißt oder zerbricht 
Modellieren eines Marienkäfers • Tonklumpen zu einer Kugel rollen • In die flache Seite mit Pfriem Löcher einstechen • Mit einem Glasdeckel Abgrenzung für einen Kopf eindrücken • Mit einem Modellierholz gerade Linie als Rücken einritzen • Mit einem Bleistiftende Dellen als Punkte rechts und links vor der Mittellinie eindrücken • Mit der Bleistiftspitze Augen, Nasenlöcher und Mund eindrücken	 *Marienkäfer und eine Flunder*
Modellieren eines Fisches/einer Flunder • Aus Tonklumpen eine Kugel rollen und flach ausdrücken	

• Kleine Rolle als Rückenflosse, zwei kleine spitze Dreiecke für die Seitenflossen und längeres Dreieck als Schwanzflosse modellieren; alle Teile anschlickern, leicht andrücken und vorsichtig verstreichen • Mit einem Deckel Abgrenzung für das Gesicht eindrücken • Mit einem Kugelschreiberkopf Augen, mit Haarnadel Pupillen eindrücken • Kleine Kügelchen rollen und unterhalb der Augen ansetzen • Mit Kugelschreiberkopf Vertiefung eindrücken	

Übergreifende Lernziele

Vorbereitungen im Werkraum treffen: • u.U. Abdeckplatten von den Tischen nehmen oder Tisch mit Schutzfolie abdecken • Geeignete Unterlagen besorgen • Ton aus dem Aufbewahrungsbehälter nehmen, Plastikfolie entfernen und mit einem geeigneten Draht ein Stück Ton abtrennen	Alufolie oder angefeuchtetes Tuch (kein Papier)
Verschmutzungen der eigenen Kleidung vermeiden	Werkschürze anziehen

Ziele/Inhalte/Handlungsschritte	Methoden/Medien
Fertige Werkstücke nach dem Töpfern in den Trockenschrank legen	Nie auf einen Heizkörper stellen oder direkter Sonnenbestrahlung aussetzen
Erfahren, dass zu töpfernde Gegenstände nach dem Trocknen weitere Arbeitsgänge bis zum „Gebrauch“ durchlaufen müssen • Rohbrand • Glasurbrand	Beim Rohbrand dürfen mehrere Teile auf- oder ineinandergestellt werden Beim Brennen von glasierten Teilen ist zu beachten: • Teile auf Brennhilfsmittel stellen, so dass sie sich nicht berühren (Dreikantleisten oder Dreifüße) • genügend Abstand zwischen Gefäßrändern und nächster Etage lassen • Brennofen erst ausräumen, wenn Thermometeranzeiger auf „o“ steht
Den Arbeitsplatz (Tischplatte) nach Beendigung des Töpferns säubern	
Arbeitsgeräte säubern, trocknen und ordnungsgemäß wegräumen (an ihren Platz stellen)	Damit diese beim „nächsten Mal“ schnell gefunden werden und nicht schmutzig sind
Restlichen Ton in Plastikfolie geben, mit einem nassen Tuch umwickeln und in die Aufbewahrungskiste zurücklegen	Damit dieser feucht und weich bleibt

Literatur/Unterrichtsmateralien

Arbeiten mit Ton. Lernen konkret 2 (1983) Heft 3

Betzing, Albert: Werken. Ton - Gießton - Holz - Metall. Bad Honnef: Dürr & Kessler 1986

Blödner, Eva-Maria: Keramik-Reliefs. München: Don Bosco 1980

Buck, Mirka: Wir stellen Knetgummi her. Sachunterricht in den ersten beiden Schuljahren der Schule für Lernhilfe. Zeitschrift für Heilpädagogik 48 (1997) Heft 11, 463-468

Koers, Margret: Türschilder selbstgetöpfert. Stuttgart: Frech 1989

Koers, Margret: Töpfern mit Kindern. Stuttgart: Frech 2002

Kultusministerium Rheinland-Pfalz (Hrsg.): Materialien zur Arbeit in der Werkstufe der Schule für Geistigbehinderte (Sonderschule). Grünstadt: Sommer 1982, Kap. 2.12.3 und 2.32.6

Ministerium für Bildung, Frauen und Jugend (Hrsg.): Richtlinien für die Schule mit dem Förderschwerpunkt ganzheitliche Entwicklung und Lehrplan zur sonderpädagogischen Förderung von Schülerinnen und Schülern mit dem Förderbedarf ganzheitliche Entwicklung. Mainz: MfBFJ 2001; Kap. 2.4.9

Müller, Wilhelm: Elementares Arbeiten mit Ton. München: Don Bosco 1976

Niederreuther, Ursula und Erich: Gießtöpfern. Kreatives Arbeiten mit Gießformen für Keramik. Stuttgart: Frech 1985

Schwichtenberg, Tina: Geschirr töpfern. Ravensburg: Otto Maier 1984

Schwichtenberg, Tina: Schalen, Töpfe, Krüge formen ohne Töpferscheibe. Ravensburg: Otto Maier 1984

Schwichtenberg, Tina: Tiere modellieren. Ravensburg: Otto Maier 1982

Staatsinstitut für Schulpädagogik und Bildungsforschung München (Hrsg.): Lehrplan für den Förderschwerpunkt geistige Entwicklung. München: Hintermeier 2003; Kap. Werken (5.1.)

Stolle, Annett: Wir töpfern mit Kindern. Stuttgart: Urania 2003

Tacke, Marion: Kunsttherapeutisches Arbeiten mit behinderten Menschen. In: Geistige Behinderung 38 (1999) 3, 251-257

Freies Gestalten „Behausung“

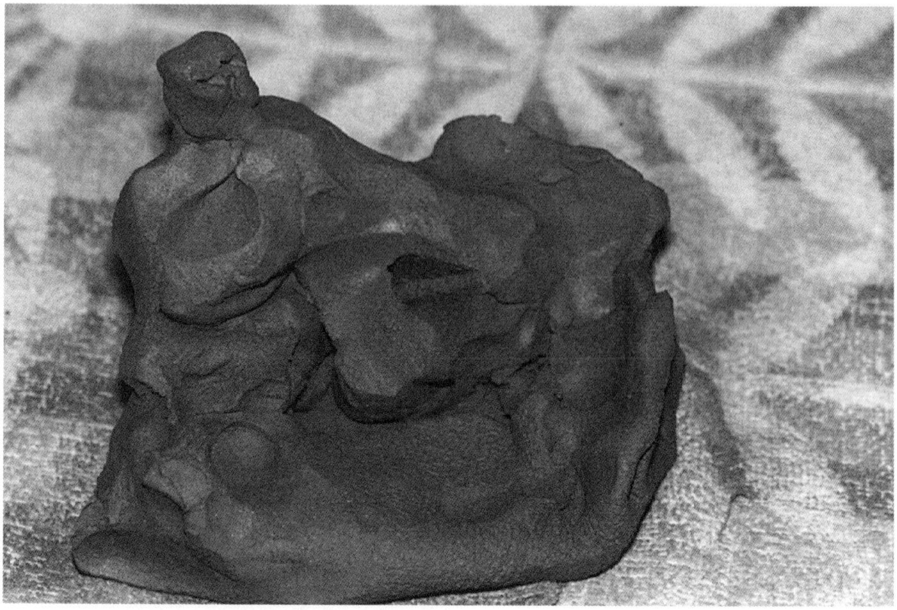

Phantasiefigur

Wulsttechnik

2.25 Wir arbeiten in der Werkstatt für behinderte Menschen

Didaktische Vorüberlegungen

Neben Betriebsbesichtigungen und -erkundungen hat das Betriebspraktikum die Aufgabe, den Schülern einen unmittelbaren Eindruck von der Arbeitswelt zu vermitteln. Während Betriebsbesichtigungen Schülern der Ober- und Werkstufenklassen eher einen allgemeinen Einblick in verschiedene Produktionsbereiche von Betrieben und Kenntnisse über unterschiedliche Berufe vermitteln und Betriebserkundungen einzelne Aspekte der zukünftigen Arbeitswelt vertiefend behandeln sollen, stellen Praktika Aufenthalte dar, bei denen der Schüler über mehrere Tage bis Wochen hinweg in den Produktionsbereich eines Betriebes eingegliedert ist, konkret mitarbeitet und so die Arbeitsatmosphäre kennen und seine Leistungsmöglichkeiten einschätzen lernen kann (vgl. Mertes 1983).

Über die Notwendigkeit und Möglichkeiten der Vorbereitung auf die spätere Arbeitswelt und die Zusammenarbeit zwischen Schule und WfbM informieren auch die in den einzelnen Bundesländern gültigen Lehrpläne. So heißt es in den früheren rheinland-pfälzischen Richtlinien: „Die Werkstufe setzt die Arbeit der vorausgegangenen Stufen fort und schafft Grundlagen für eine spätere berufliche Tätigkeit. Hierzu ist es erforderlich, dass die Schüler im Unterricht mit Grundtechniken vertraut gemacht werden und ohne Bindungen an bestimmte Berufsbilder mit verschiedenen Materialien umgehen können. Um die geistigbehinderten Jugendlichen mit den Bedingungen ihres künftigen Arbeitsplatzes vertraut zu machen, ist es in der Werkstufe erforderlich, Aufgaben auch unter den Bedingungen der Werkstatt für Behinderte durchzuführen. Der Unterricht muss die Beteiligung der Schüler an Arbeitsvorhaben bereits schon im Stadium der Planung zulassen, die notwendigen Möglichkeiten zur Motivation bei der Durchführung bieten und die Einbeziehung von Sinn und Zweck der jeweiligen Arbeit bzw. der praktischen Verwendung des hergestellten Produktes ermöglichen. Darüber hinaus ist es notwendig, den geistigbehinderten Jugendlichen im Betriebspraktikum in Werkstätten für Behinderte oder in geeigneten ähnlichen Einrichtungen einen Einblick in die Arbeitswelt zu geben" (Kultusministerium Rheinland-Pfalz 1980, 17 f).

Nach Abschluss des Praktikums empfiehlt es sich, die Beobachtungen und Erfahrungen in einem Bericht festzuhalten und als Grundlage für einen Elternabend oder für persönliche Einzelgespräche mit den Eltern im Rahmen von Hausbesuchen zu verwerten. Das Beobachtungsprotokoll in der Anlage kann als Beurteilungsgrundlage für den einzelnen Schüler dienen.

Ziele/Inhalte/Handlungsschritte	Methoden/Medien
Die Werkstatt für behinderte Menschen als eine Einrichtung erfahren, in der Schüler nach Verlassen der Schule für Geistigbehinderte tagsüber arbeiten und Geld verdienen können	• Vorbereitende Besuche und Betriebsbesichtigungen • Befragungen der dort Beschäftigten über Arbeits- und Verdienstmöglichkeiten • Im gemeinsamen Gespräch Unterschiede und Ähnlichkeiten zur Schule herausarbeiten
Das Bedürfnis entwickeln und äußern, selbst in der WfbM für einige Tage zu „arbeiten“	Falls es sich nicht um das erste Praktikum handelt, über Erfahrungen aus dem vergangenen Jahr berichten; sofern vorhanden, Videoaufnahmen oder Photos anschauen und versprachlichen
Namen und Ort der örtlichen WfbM für Behinderte kennen	

Die verschiedenen Produktions- und Versorgungsbereiche der WfbM kennen und sich in ihnen orientieren • Eingangshalle, Kantine, Umkleide- und Toiletten-, Aufenthalts- und Unterrichtsräume • Produktionsbereiche wie Schreinerei, Schlosserei, Montage, Wäscherei, Näherei, Gärtnerei u.a. • Außenbereiche	Durch regelmäßige Nutzung und selbständiges Aufsuchen der einzelnen Bereiche im Rahmen vorgegebener Regeln und in sich bietenden Situationen (jeden Morgen die Jacke im Umkleideraum aufhängen; die Tasche in einem zugeteilten Fach einschließen; nach Bedarf alleine die Toiletten aufsuchen; sich mittags in den Essraum begeben u.a.)
Spezielle Aufgaben, Arbeitsmöglichkeiten und charakteristische Eigenheiten der verschiedenen Produktionsbereiche wahrnehmen, unterscheiden und kennen und: • in den Verpackungs-/Montagegruppen werden Gegenstände verpackt (sortieren nach Farben und Formen, abzählen, Verpackungsarbeiten mit unterschiedlichen Schwierigkeitsgraden, Montagearbeiten u.a.) • in der Schreinerei wird Holz ver- bzw. bearbeitet (sägen, hobeln, feilen, nageln, bohren, dübeln, schleifen, lackieren u.a.); hier stehen viele Maschinen, und es ist oft sehr laut • in der Schlosserei wird Metall verarbeitet (messen, sägen, feilen, fräsen, bohren, Gewinde schneiden, löten, schrauben u.a.); auch hier ist es manchmal laut • In der Wäscherei wird Wäsche angenommen, gewaschen, gemangelt, gebügelt und gefaltet	Beobachtungen machen, versprachlichen und Vergleiche anstellen Nach Möglichkeit in jedem dieser Produktionsbereiche ein Zeitlang arbeiten und persönliche Erfahrungen über Arbeitsbelastung und -anforderungen sammeln können (dies wird erfahrungsgemäß von den Werkstattleitungen nicht immer ermöglicht, weil die Anzahl der Arbeitsplätze z.B. in einer Schlosserei oder Schreinerei häufig begrenzt sind und Tätigkeiten von Praktikanten hier besonders betreuungsintensiv und mit mehr Gefahrenmomenten verbunden sind als bei den relativ einfachen Montagearbeiten)

Ziele/Inhalte/Handlungsschritte	Methoden/Medien
• Die Gärtnereigruppe fährt zu Betrieben und öffentlichen Einrichtungen „nach draußen“ und hält dort die Anlagen in Ordnung (Rasen mähen, Sträucher und Hekken schneiden, Sommerpflanzungen ausführen u.a.) • In der Näherei werden Textilien verarbeitet (mit der Hand und der Maschine nähen, schneiden, stecken, messen, bügeln u.a.)	
Im Rahmen der eigenen Möglichkeiten und zugewiesenen Arbeitsplätze Aufgaben aus dem Bereich Serienfertigung möglichst konzentriert, ausdauernd, schnell und zuverlässig ausführen	Verhalten in einem Beobachtungsprotokoll festhalten, damit Veränderung im Laufe des Praktikums registriert werden und als Grundlage für die Planung des nächsten Praktikums verwendet werden können
• Die Hände bei den auszuführenden Teilhandlungen geschickt und in einem koordinierten Bewegungsablauf einsetzten • konzentriert und ausdauernd über eine längere Zeit hinweg arbeiten	
• Die notwendigen und übertragenen Arbeiten sorgfältig und gewissenhaft ausführen • Die Qualität der eigenen Tätigkeit anhand vorgegebener Qualitätskriterien beurteilen können	Entsprechende Kriterien sollten individuell bzw. kurshaft erarbeitet werden (z. Bsp. Vergleich mit einem Modell; Orientierung an den anderen Praktikanten bzw. an den in der WfbM schon seit längerer Zeit tätigen Beschäftigten)
Soziale Beziehungen aufnehmen und pflegen	
• Sich mit Namen vorstellen können	„Ich heiße..“; „Ich bin der...“

• Kontakte zu Mitarbeitern und Gruppenleitern aufnehmen und erwidern • Fragen stellen und Auskünfte einholen können	Bsp.: „Ich brauche ...“. „Wo ist die ...?“
Arbeitsregeln gewissenhaft beachten und einhalten • Mitarbeiter bei der Arbeit nicht unnötig stören • Gruppenleiter informieren, wenn der Arbeitsplatz verlassen wird	
Arbeitszeiten pünktlich einhalten	Sich nach dem Gong/der Klingel (die in Schulen für Geistigbehinderte in der Regel nicht anzutreffen sind) wieder auf seinen Arbeitsplatz begeben
Sich gegen Überforderungen und Ungerechtigkeiten wehren	„Ich kann das nicht!“ „Ich möchte etwas anderes machen!“
Nach Beendigung des Praktikums und Durchlaufen der verschiedenen Arbeitsbereiche persönliche Interessen und Leistungsmöglichkeiten einschätzen	Berichten von eigenen Beobachtungen und Erlebnissen, unterstützt durch Videoaufnahmen: • Wo habe ich gearbeitet? • Welche Tätigkeiten habe ich ausgeübt? • Mit welchem Material/Werkzeug habe ich gearbeitet? • Mit wem habe ich zusammengearbeitet? • Was habe ich Neues gelernt? • Was hat mir gut/nicht gefallen?

Ziele/Inhalte/Handlungsschritte	Methoden/Medien
Vorlieben und Wünsche für spätere Praktika entwickeln und ausdrükken	„Die Arbeit in der Schreinerei ist noch zu schwer“ „In der Schlosserei ist es mir viel zu laut ...“ „Beim nächsten Mal würde ich gerne wieder Malstifte verpacken ...“

Prospekte zusammenstellen

Stempeln mit Hilfe einer Schablone

Anhang: Hinweise für die Beobachtung und Gestaltung von Praktika in Arbeitsstätten (in Anlehnung an Dietrich 1986)

Es geht nicht darum, die „Persönlichkeit“ eines anderen Menschen zu beurteilen, sondern aufgaben- und situationabhängig ein von außen beobachtetes Verhalten zu beschreiben.

Sozialverhalten:

Soziale Beziehungen am Arbeitsort aufnehmen und erhalten (Kontaktfähigkeit)

1. Geht von sich auf andere zu, kann feste Kontakte aufbauen
2. Hat Kontakt zu anderen; versteht es, mit ihnen umzugehen
3. Zurückhaltend, nimmt nur angebotene Kontakte auf
4. Kontaktschwach, gehemmt oder störend kontaktfreudig
5. Völlig isoliert oder aufdringlich distanzlos

Status und damit zusammenhängendes Verhalten in der Arbeitsgruppe (Sozialverhalten)

1. Übernimmt Führungsaufgaben und wirkt positiv meinungsbildend
2. Nimmt am Gruppengeschehen aktiv teil und wird als Gruppenmitglied voll akzeptiert
3. Wird von der Gruppe anerkannt, ohne selbst häufig aktiv zu werden
4. Sondert sich ab bzw. hat Anpassungsschwierigkeiten
5. Wird von der Gruppe abgelehnt, ist isoliert

Persönlichkeit:

Verhalten des Teilnehmers bei der Bewältigung von gestellten Arbeitsaufgaben (Antrieb)

1. Sehr aktiv, entwickelt in hohem Maße Eigeninitiative
2. Aktiv, nur gelegentliche Anregungen (Motivationshilfen) notwendig
3. Benötigt zeitweise gezielte Anregungen von außen
4. Über längere Zeit passiv, ist überwiegend auf Fremdanstöße (Assistenz) angewiesen
5. Passivität oder Betriebsamkeit, die aber nicht aufgabenbezogen ist

Reaktion des Teilnehmers auf Kritik an seinem Arbeitsergebnis (Verhalten bei Fremdkritik)

1. Aufgeschlossen und in der Lage, Kritik anzunehmen und zu verwerten
2. Bemüht sich, Kritik für seine Arbeit zu verwerten
3. Wenig zugänglich, Kritik wird gelegentlich verwertet
4. Nicht bereit bzw. nicht in der Lage, Kritik zu verwerten
5. Lehnt Kritik ab und wird aggressiv bzw. reagiert unangemessen

Fähigkeit des Teilnehmers, eigene Leistungen durch Vergleich zu beurteilen (Kritikfähigkeit)

1. Treffsicher im Urteil, kritisch und sachlich
2. Überwiegend treffsicheres Urteil
3. Kommt mit Hilfestellung zu angemessener Beurteilung
4. Bleibt trotz Hilfestellung unsicher im Urteil
5. Sieht Fehler nicht

Arbeitsverhalten:

Sorgfalt des Teilnehmers bei des Durchführung der Arbeit und im Umgang mit Material, Werkzeugen und Maschinen (Sorgfalt)

1. Sehr sorgfältig, aufmerksam und gewissenhaft
2. Sorgfältig und achtsam
3. Hinreichend sorgfältig, jedoch kleinere Nachlässigkeiten
4. Nachlässig, muss häufig zur Sorgfalt angehalten werden
5. Ohne jegliche Sorgfalt

Bereitschaft und Fähigkeit des Teilnehmers, seinen Arbeitsbereich in Ordnung zu halten (Ordnungsbereitschaft)

1. Vorbildliche Ordnung am Arbeitsplatz
2. Fähig und bereit, Ordnung zu halten
3. Ordnungsbereit, aber nicht durchgehend
4. Muss häufig zu Ordnung angehalten werden
5. Keinerlei Bereitschaft bzw. Fähigkeit erkennbar

Fähigkeit zur Einhaltung von Arbeitszeiten (Pünktlichkeit)

1. Immer pünktlich
2. Häufig pünktlich
3. Unregelmäßig im Einhalten von Zeiten
4. Selten pünktlich
5. Keine Beziehung zur (kein Verständnis von) Pünktlichkeit

Arbeitsleistung:

Fähigkeit, sich einer Arbeit stetig zuzuwenden (Ausdauer)

1. Bleibt ausdauernd am Arbeitsplatz; führt die Arbeit über längeren Zeitraum und auch bei Schwierigkeiten zu Ende
2. Arbeitet ausdauernd, sucht ab und zu Wechsel in der Aufgabenstellung
3. Noch hinreichend ausdauernd, verlangt oder verschafft sich häufiger Aufgabenwechsel und Pausen
4. Geringe Arbeitsdauer, braucht immer wieder Hilfe, um bei der Arbeit zu bleiben
5. Stark begrenzte bzw. keinerlei Ausdauer, benötigt ständige persönliche Zuwendung

Arbeitstempo bei Arbeiten in der Serienfertigung (mit Monotoniebelastung)

1. Überdurchschnittlich schnell
2. Gleichmäßig und durchschnittlich schnell
3. Wechselndes Arbeitstempo, insgesamt durchschnittlich schnell
4. Langsam, bedächtig bzw. sehr ungleichmäßig; überdurschnittlicher Zeitaufwand
5. Extrem langsam (großer individueller Zeitaufwand)

Arbeitsqualität

1. Entspricht der vorgegebenen Aufgabenstellung
2. Kleinere Mängel, Arbeit aber verwertbar
3. Mängel, Arbeit jedoch mit Nachbesserungen
4. Erhebliche Abweichungen von der Aufgabenstellung

5. Nicht verwertbares Ergebnis

Leistungsverlauf während des Praktikums

1. Deutliche positive Veränderungen/Verbesserung der Leistung
2. Geringe Verbesserung
3. Gleichbleibende Leistung
4. Ausgeprägte, nicht auszugleichende Schwankungen
5. Deutliche Verschlechterung der Leistung

Beobachtungen zur Belastungsfähigkeit / zu individuellen Eigenheiten

bei	im
• Monotonie	• Sitzen,
• Maschinenarbeit	• Stehen
• Lärm	• Gehen
• Hitze	• Bücken
• der Arbeit im Freien	• Heben
	• Tragen

Literatur/Unterrichtsmaterialien:

Anders, Dietrich: Die Werkstatt für Behinderte (WfB). Anspruch und Wirklichkeit. Geistige Behinderung 26 (1987) Heft 4, 234-242

Beschäftigungsmöglichkeiten für Menschen mit (geistiger) Behinderung außerhalb der WfB. Grundlagenbeiträge, Praxisbeispiele, Arbeitshilfen. Hrsg. v. d. Bundesvereinigung Lebenshilfe für geistig Behinderte e.V. Marburg: Bundesvereinigung Lebenshilfe 1993

Bundesanstalt für Arbeit (Hrsg.): Informationen für die Beratungs- und Vermittlungsdienste. Berufliche Bildung und Förderung in der Werkstatt für Behinderte. Eine Auswahl praktischer Beispiele. Nürnberg 1999

Bundesvereinigung Lebenshilfe für geistig Behinderte (Hrsg.): Förderung schwer geistig Behinderter im Werkstatt- und Wohnstättenbereich. Sonderdruck. Marburg 1987

Bundesvereinigung Lebenshilfe für geistig Behinderte (Hrsg.): Musterförderplan für den Arbeitstrainingsbereich der Werkstatt für Behinderte. Eine Empfehlung. Sonderdruck 3. Auflage. Marburg 1983

Crämer, Sigmund: Landwirtschaft und Weinbau. Ökologischer Ansatz einer idealen Arbeit mit Menschen mit geistiger Behinderung. Geistige Behinderung 29 (1990) 1, 3-8

Dalferth, Matthias: Geistigbehinderte Menschen auf dem allgemeinen Arbeitsmarkt. Integrationschancen und -hemmnisse. Geistige Behinderung 34 (1995) Heft 1, 36-47

Dietrich, Michael: Die humane Werkstatt für Behinderte. Geistige Behinderung 22 (1983) Heft 4, 259-270

Dietrich, Michael: Förderdiagnostik in der Werkstatt für Behinderte. Geistige Behinderung 25 (1986) Heft 4, Praxisteil/Einhefter

Dürr, Hans-Gerhard: Ungenutzte Möglichkeiten der Eingliederung Geistigbehinderter in die Arbeitswelt. Zeitschrift für Heilpädagogik 43 (1992), Heft 3, 145-163

Fischer, Erhard: Gedanken zur nachschulischen Versorgung und Förderung schwer geistigbehinderter Erwachsener. Lernen konkret 6 (1987) Heft 1, 25-26

Friedrich, Jochen: „Die Entscheidung nimmt dir keiner ab!" Ein Bildungsurlaubskonzept zur Entwicklung der beruflichen Entscheidungskompetenz . Geistige Behinderung 42 (2003) Heft 1, 41-49

Grampp, Gerd: Selbstverwirklichung im sinnhaften Tätigsein. Die Bedeutung von Arbeit in der Werkstatt für Behinderte aus pädagogisch-anthropologischer Sicht. Geistige Behinderung 39 (2000) Heft 4, 324-333

Hahn, Martin/ Duelfer-Arndt, Gisela/ Mrozinski, Peter: Im Taetigsein Lebenssinn erfahren - Arbeit in der WfB (Werkstatt fuer Behinderte). Zur Orientierung, 16 (1992) 3, S. 4-43

Kultusministerium Rheinland-Pfalz (Hrsg.): Materialien zur Arbeit in der Werkstufe der Schule für Geistigbehinderte (Sonderschule). Grünstadt: Sommer 1982; Kap. 2.12.1 ; 2.12.2; 2.13

Lelgemann, Reinhard: Arbeit ist möglich. Arbeitshilfen und Arbeitsplätze für Menschen mit schweren und mehrfachen Behinderungen. Düsseldorf: verlag selbstbestimmtes Leben 1996

Lelgemann, Reinhard: Gestaltungsprozesse im Bereich der beruflichen Rehabilitation für Menschen mit schweren Körperbehinderungen als Herausforderung der Werkstätten für Behinderte und Tagesförderstätten. Aachen: Verlag Mainz 1999

Mertes, Josef Peter: Arbeitslehre in der Schule für Geistigbehinderte. Heidelberg: Schindele 1984

Mertes, Josef Peter: Betriebspraktika. Geistig behinderte Jugendliche in Werkstätten für Behinderte und Betrieben der Privatwirtschaft. Geistige Behinderung 22 (1983) Heft 4, Praxisteil

Ministerium für Bildung, Frauen und Jugend (Hrsg.): Richtlinien für die Schule mit dem Förderschwerpunkt ganzheitliche Entwicklung und Lehrplan zur sonderpädagogischen Förderung von Schülerinnen und Schülern mit dem Förderbedarf ganzheitliche Entwicklung. Mainz: MfBFJ 2001; Kap. Arbeit und Beruf (2.1; 2.2; 2.5; 2.6)

Staatsinstitut für Schulpädagogik und Bildungsforschung München (Hrsg.): Lehrplan für den Förderschwerpunkt geistige Entwicklung. München: Hintermeier 2003

Strassmeier, Walter: Nach der Schule - Was dann? Der Übergang von der Werkstufe in den beruflichen Bereich. Zeitschrift für Heilpädagogik 53 (2002) Heft 7, 272-278

2.26 Wir gestalten unsere Freizeit mit Gesellschaftsspielen

Didaktische Vorüberlegungen

Das Thema „Freizeit gestalten“ ist wichtig, da nicht wenige Schüler mit ihrer „freien“ Zeit oft nur wenig anzufangen wissen, sich langweilen, nicht wissen, womit sie sich beschäftigen können.

Zunächst gilt zu überlegen und zu klären, was eigentlich „Freizeit“ meint? In der „freien“ Zeit

- suchen wir Erholung, Entspannung und Freude,
- wollen „freisein“ von Verpflichtungen und Zwängen,
- handeln aus eigenem Antrieb und
- wählen unter verschiedenen Erholungs- und Spielmöglichkeiten.

Der Schüler muss daher bereits in den Unter- und Mittelstufenklassen erfahren, dass „Pausen“ Zeitabschnitte darstellen, die sich nicht zufällig ergeben, sondern sinnvoll geplante Unterbrechungen der Arbeitszeit darstellen, die ihm zustehen und die er verdient hat. Ein Bewusstsein für Freizeit, das Bedürfnis, freie Zeit nutzen zu können, setzt aber auch die Erfahrung und das Erleben voraus, Verpflichtungen zu übernehmen und subjektive Bedürfnisse zurückstellen zu können. Nur wer zu Hause wie auch in der Schule zeitweise „arbeitet“, d.h. Aufgabenstellungen und Aufträge für die Gemeinschaft übernimmt und Probleme bewältigt, kann den besonderen Charakter von freier Zeit erfahren und schätzen lernen.

Um sich in der Freizeit sinnvoll beschäftigen zu können, ist es zudem erforderlich, über bestimmte Kenntnisse und Fertigkeiten zu verfügen. Wenn ein Kind noch nicht bis 6 zählen kann oder nicht bereit ist zu warten, bis es an der Reihe ist, kann es auch nicht in der Gemeinschaft anderer „Mensch-ärgere-dich-nicht“ spielen. Ein Schüler wird insofern um so selbständiger und freier seine Freizeit gestalten können, je mehr er über entsprechende Kompetenzen verfügt. Nur wenn er technische Geräte bedienen kann, ist er in der Lage, auch über einen Cassettenrecorder oder CD-Player Musik zu hören, nur wenn er Melodien und Texte von Liedern kennt, kann er alleine oder mit anderen „nach Lust und Laune“ singen, nur wenn er über ausreichend Bewegungsfertigkeiten verfügt, kann er Sportarten ausüben und nur wenn er die Regeln von Gesellschaftsspielen durchblickt und akzeptiert, werden seine Mitschüler ihn als Partner an gemeinsamen Spielen teilnehmen lassen.

Freizeit*erziehung* ist nur dort möglich, wo die organisatorischen Voraussetzungen zur Gestaltung von freier Zeit gegeben sind. Daraus ergeben sich folgende Notwendigkeiten:

- Den Klassenraum so zu gestalten, dass genügend (Spiel-) Materialien und Geräte zur spontanen Beschäftigung und zu gemeinsamen Aktivitäten zur Verfügung stehen. Dazu gehört z.B., zumindest in Unter- und Mittelstufenklassen, gemütliche Spiel- bzw. Freizeitecken einzurichten (vgl. Kap. 2.20).

  Darüber hinaus sollten in allen Aufenthaltsräumen wie Aula, Flure oder Pausenhof, in denen Schüler sich in ihrer freien Zeit häufig aufhalten, vielfältige Materialien zur Beschäftigung und Bewegung wie Kicker, Tischtennis, Fahrräder u.a. bereitstehen.
- Freie Zeiten sollten bereits im Stundenplan festgehalten werden, damit den Schülern ausreichend Möglichkeiten zu eigenen Entscheidungen und Aktivitäten zur Verfügung stehen.
- Bestimmte Unterrichtsvorhaben und schulische Maßnahmen wie die Durchführung von Schullandheimaufenthalten oder Festen und Feiern sollten von vornherein auch unter dem Aspekt der Freizeitgestaltung gesehen und vorbereitet werden.

Das Verhalten der Lehrpersonen sollte bei diesem Thema geprägt sein durch Zurückhaltung, Offenheit und partnerschaftliche Zusammenarbeit. Als Vorbild sollten sie

- zumindest zeitweise auf die Durchsetzung eigener Zielsetzungen verzichten,
- immer wieder Wahlmöglichkeiten und Alternativen bereitstellen und
- durch sensible Anregungen und nicht-direktive Rückmeldungen eigene Entscheidungen und Initiativen fördern.

Für die konkrete Durchführung dieses Themas erscheint es vorteilhaft, sich auf einen bestimmten Bereich von Freizeitgestaltung zu konzentrieren, z.B. auf das Kennenlernen einiger bekannter Gesellschaftsspiele wie Würfel- und Kartenspiele.

Folgende Lernziele werden dabei verfolgt:

- Spielwünsche erkennen und äußern,
- sich in einer Gruppe beraten und einigen,

- abwarten, bis man an der Reihe ist,
- durch die Kenntnis von Spielregeln beurteilen können, ob man gewonnen oder verloren hat,
- eigene Leistungsmöglichkeiten einschätzen lernen.

Den Schülern sollte zudem angeboten werden, ein (Lieblings-) Spiel von zu Hause mitzubringen, um es den übrigen Schülern zu zeigen und vorzustellen. Wenn dieses Spiel dann auf allgemeines Interesse stößt, kann es einschließlich der Vermittlung der entsprechenden Spielregeln in das „Spielrepertoire“ der Klasse aufgenommen werden.

Allgemeine und übergreifende Zielsetzungen

Ziele/Inhalte/Handlungsschritte	Methoden/Medien
Den Wechsel von Entspannung und Anspannung bewusst erleben • Körperliche Ermüdungen wahrnehmen • Anspannung und mangelnde Konzentration nach längerer Arbeit bewusster wahrnehmen • Entspannung wahrnehmen und intensiv erleben	• Die eigene Erschöpfung/Anspannung kundtun • Anstrengung/Anspannung durch sprachliche Umschreibungen bewusst machen, z.B. nach dem Turnen, nach langem Stehen oder Wandern, nach schwerer Arbeit im Garten u.a. • Sich in bequemer Lage ausruhen; beruhigende Musik hören u.a.
Freie Zeit als angenehm erleben und den Wunsch äußern, nach längeren, anspannenden Beschäftigungen eine Pause machen zu dürfen	Ermutigung durch entsprechende Fragen

Ziele/Inhalte/Handlungsschritte	Methoden/Medien
Den Wochentag als ein Wechsel von Zeiten mit Verpflichtungen und Arbeit auf der einen und Freizeit auf der anderen Seite erleben und kennen	• Zum Schulbeginn Pausen einplanen • Rückblickend am Ende des Tages freie, selbstbestimmte und gebundene, mehr „fremdbestimmte“ Zeiten sprachlich ins Bewusstsein rufen • Tagesplan erstellen und entsprechende Zeiten kennzeichnen
Freie Zeit in der Schule bewusst als bestimmte Zeiteinheiten erleben, als • kurze Pause • freie Stunden (Mittagspause) • Feierabend (Zeit nach der Schule) • Wochenende zu Hause • Ferien	
Eigene Wünsche zur Freizeitgestaltung entwickeln und äußern	Abhängig von vorangegangenen Erfahrungen und Freiräumen Beispiele: „Wenn ich frei habe, gehe ich nach draußen in die frische Luft“; „In der Mittagspause spiele ich mit Peter Kicker“
Interessen und Vorlieben für Hobbys entwickeln	Als wiederholte Anwendung beliebter Aktivitäten, die Spaß machen und Freude und Entspannung bewirken

Freie Zeit alleine gestalten • sich zurückziehen • Musik hören • Malen oder Basteln • In einem Katalog blättern • Dösen oder Schlafen • mit Lego bauen • Textiles Gestalten (Knüpfen, Stricken, Häkeln u.a.)	 *„Grillen" in der Freizeit*
Freie Zeit mit anderen gestalten • umherlaufen und herumalbern • gemeinsame Bewegungsspiele (Kicker, Federball, Tischtennis u.a.) • Karten- und Brettspiele • sich unterhalten und gemeinsam „faulenzen"	
Für neue (Freizeit-) Erfahrungen offen sein	Viele Schüler unterscheiden zwar zwischen gebundener und freier Zeit, Arbeit und Freizeit, machen in den Pausen aber immer dasselbe. Daher erscheint es lohnenswert, aufzuzeigen, dass es vielfältige Möglichkeiten der Entspannung gibt „Neue Erfahrungen" beziehen sich nicht nur auf andere Aktivitäten, sondern auch auf andere Personen (sich einer anderen Gruppe anschließen; mit einem anderen Mitschüler Fahrrad fahren)

Ziele/Inhalte/Handlungsschritte	Methoden/Medien
Mit anderen einfache Gesellschaftsspiele spielen	
Eigene Spielwünsche erkennen und äußern	• Sich für etwas entscheiden • Bewusstwerden eigener Interessen und Vorlieben • Lieblingsspiele von zu Hause mitbringen und vorstellen
Sich in einer Gruppe beraten und abstimmen	
Eigene Wünsche vertreten und durchsetzten, aber auch einmal zurückstecken können	• Bestimmte Satzmuster einüben „Ich möchte/will Karten spielen“ • Rückmeldungen/Hilfestellungen der Lehrpersonen (in nicht direktiver Art)
Schwächeren Mitschülern Hilfestellung geben	
Im Spiel mit anderen „Gemeinschaft“ erleben	
Abwarten, bis man bei einem Spielzug an der Reihe ist	
Durch das Verstehen der Spielregeln beurteilen können, wer gewonnen bzw. verloren hat	
Sich über den Gewinn eines Spiels und eine damit verbundene Leistung freuen	
Misserfolg vermeiden und Leistungsmotivation entwickeln	

Eigene Leistungsmöglichkeiten und -grenzen einschätzen lernen	Tolerieren, dass man nicht immer und nicht gegen alle Mitspieler gewinnen kann Verbalisierung und Bewusstmachung emotionaler Vorgänge
Gesellschaftsspiele als Möglichkeit der Entspannung und Gestaltung von freier Zeit schätzen und in Zukunft aufgreifen	

Mögliche Kartenspiele:

- Quartette
- Schwarzer Peter
- Schwimmen
- Mau-Mau

Mögliche Würfelspiele:

- 4 erste Spiele. Ravensburg: Otto Maier 1974 (Nr. 602 5 0006)
- Tempo, kleine Schnecke! Welche Schnecke macht das Rennen? Ein spannendes Farbwürfelspiel für 2-6 Kinder von 3-7 Jahren. Ravensburger Spiele Nr. 001491
- Quips. Ein lustiges Würfelspiel für 2-4 Personen von 3-7 Jahren. Otto Maier Ravensburg Nr. 007875
- Disney Kinder-Kniffel. Würfelspiel für 2-5 Kinder ab 4 Jahre. Schmidt-Spiele Nr. 01821
- Obstgarten. Ein spannendes Gemeinschaftsspiel für zwei bis beliebig viele Mitspieler ab 3 Jahre. Habermaaß Nr. 4170
- Bauer Klaus und die Maus. Ein Erntespiel für 2 bis beliebig viele Mitspieler ab 3 Jahre. Habermaaß Nr. 4175
- Luftikus und Sausewind. Habermaaß Nr. 4197
- Mensch-ärgere-dich-nicht
- Fang den Hut

- Mein Bauernhof. Lauf schnell zum Markt und kaufe ein: ein Pferd, ein Schaf, eine Kuh, ein Schwein. Würfelspiel für 2-4 Kinder von 6-12 Jahren. Ravensburg: Otto Maier 1984 (Nr. 000227)

Beispiele für einfache Würfelspiele: Bilder würfeln

Eine bestimmte Zahl vereinbaren; mit insgesamt 6 Würfeln bei dreimaligem Würfeln möglichst viele Bilder mit der vereinbarten Zahl erhalten	
Die Würfel mit dem gewünschten „Bild" herausnehmen und mit den übrigen Würfeln weitermachen	
Die Anzahl der Würfel mit der richtigen Punktzahl bestimmen und notieren	Mit Hilfestellung in ein Raster eintragen

„Straße würfeln"

Mit 6 Würfeln eine Reihe würfeln, in der zunächst die 1, dann die folgenden Ziffern enthalten sein müssen	
Nach dreimaligem Würfeln erreichte Punktzahl durch Abzählen der Punkte bestimmen und notieren	Bsp. 1, 2, 3 = 6 Punkte 1, 2, 3, 4 = 10 Punkte
Den Gewinner der jeweiligen Runde(n) bestimmen	

Literatur/Unterrichtsmaterialien:

Ebert, Harald: Menschen mit geistiger Behinderung und ihre Freizeit. Beiträge zur Heilpädagogik. Bad Heilbrunn: Klinkhardt 2000

Kultusministerium Rheinland-Pfalz (Hrsg.): Materialien zur Arbeit in der Werkstufe der Schule für Geistigbehinderte (Sonderschule). Grünstadt: Sommer 1982; Kap. 2.22.12

Ministerium für Bildung, Frauen und Jugend (Hrsg.): Richtlinien für die Schule mit dem Förderschwerpunkt ganzheitliche Entwicklung und Lehrplan zur sonderpädagogischen Förderung von Schülerinnen und Schülern mit dem Förderbedarf ganzheitliche Entwicklung. Mainz: MfBFJ 2001; Kap. Freizeit und Lebensgestaltung (4.2.4.3)

Niedersächsisches Kultusministerium (Hrsg.): Lernbereich Freizeit. In: Rahmenrichtlinien für den Unterricht in der Schule für Geistigbehinderte. Abschlussstufe. Hannover 1994

Opaschowski, Horst W.: Pädagogik der freien Lebenszeit. Opladen: Leske und Budrich 3. Aufl. 1996

Staatsinstitut für Schulpädagogik München (Hrsg.): Lehrplan und Materialien für den Unterricht in der Schule für geistig Behinderte. München: Hintermaier 1982, S. 169 ff

Staatsinstitut für Schulpädagogik (Hrsg.): Lernbereich Freizeit. In: Lehrplan Werkstufe der Schule für Geistigbehinderte. Entwurf. München o. J.

Staatsinstitut für Schulpädagogik und Bildungsforschung München (Hrsg.): Lehrplan für den Förderschwerpunkt geistige Entwicklung. München: Hintermeier 2003; Kap. Zeit und Freizeit

Stuffer, Georg u.a.: Leben lernen in der Schule. Materialien für den Unterricht mit Geistigbehinderten. München: List 1980, S. 135 ff

Theunissen, Georg/ Dieter, Matthias/ Neubauer, Grit/ Niehoff, Ulrich: Zur Situation geistig behinderter Menschen in ihrer Freizeit. Eine Umfrage bei der Lebenshilfe in Deutschland. Geistige Behinderung 39 (2000) Heft 4, 360-372

Wilken, Udo/ Pich, Wolfgang: Der Stellenwert des Fernsehens in der Lebenswelt geistig behinderter Schüler, Heimbewohner und Werkstatt-Beschäftigter. Zeitschrift für Heilpädagogik 50 (1999) Heft 5, 247-253

Zielniok, Walter/ Schmidt-Thimme, Dorothea: Gestaltete Freizeit mit geistig Behinderten. Heidelberg: Schindele 1983

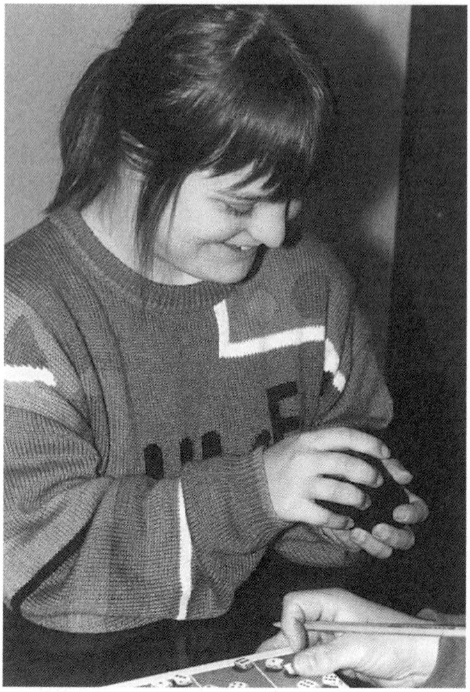

„Ich würfele jetzt eine Straße: 1-2-3-4-5-6“

Bei einem Farbwürfelspiel

Unterrichtsvorbereitung

Klasse: ....

Zeit: ....

Lehrplanbezüge: ....

Didaktische Vorüberlegungen

Ziele/Inhalte/Handlungsschritte	Methoden/Medien

Raum für Notizen:

Raum für Notizen:

Raum für Notizen: